Marianne Gäng (Hrsg.)

Heilpädagogisches Reiten und Voltigieren

Mit Beiträgen von

Dirk Baum, Marianne Gäng,
Carl Klüwer, Antonius Kröger,
Bernhard Ringbeck
und Johannes Voßberg

Dritte, veränderte Auflage
133 Abbildungen

Ernst Reinhardt Verlag München Basel

Bildnachweis

Foto Titelseite: Marianne Gäng
Holzschnitt: Robert Wyss
Fotos 1–70: Thomas Winzeler
Fotos 125–128, 130–133: Günter Springsfeld
Nicht gesondert aufgeführte Abbildungen wurden
von den Autoren des jeweiligen Beitrages
zur Verfügung gestellt

Die Deutsche Bibliothek – CIP Einheitsaufnahme

Heilpädagogisches Reiten und Voltigieren / Marianne Gäng
(Hrsg.). Mit Beitr. von Dirk Baum . . . – 3., veränd. Aufl. –
München ; Basel : E. Reinhardt, 1994
    ISBN 3-497-01324-2
NE: Gäng, Marianne [Hrsg.]; Baum, Dirk

Printed in Germany

Vorwort zur dritten Auflage

Die Nachfrage nach der 2., neubearbeiteten und erweiterten Auflage des Buches „Heilpädagogisches Reiten und Voltigieren" war so groß, daß nun bereits die 3. Auflage vorliegt. Ich möchte mich an dieser Stelle für die vielfältige Resonanz, Nachfragen und neue Anregungen aus dem Leserkreis bedanken, die zeigen, daß ein großer Bedarf zur Weiterentwicklung und Verbreitung des Heilpädagogischen Reitens besteht. Ich habe mich daher entschlossen, diesem Buch demnächst einen weiteren Band mit dem Titel „Ausbildung und Praxisfelder im Heilpädagogischen Reiten" folgen zu lassen, der neben grundsätzlichen und methodischen Fragen praktische Arbeit vorstellen wird.

Fehraltorf, im Januar 1994   Marianne Gäng

Vorwort zur zweiten Auflage

Mit ihrem 1983 erschienenen Buch „Heilpädagogisches Reiten" hat Frau *Marianne Gäng* ihre vielfältigen Erfahrungen verfügbar gemacht. Aus der Praxis für die Praxis schildert sie anhand unerschöpflich scheinender Übungen mit und auf dem Pferd die spürbare Auswirkung auf die betreuten Kinder. Angesprochen werden Gefühlsbereich, Wahrnehmungsbereich – auditiv, visuell, taktil – Raumlage – Bewußtsein, Bewegungsplanung, Schulung der Motorik, Koordinations-Bereich. Spielerisch werden Wege aufgezeigt zu vielen Therapiezielen und wird Wissen vermittelt zu wunderbaren Begegnungen mit dem Pferd.

Die vorliegende 2. erweiterte Auflage bringt eine neue Bestandsaufnahme für das Heilpädagogische Reiten und Voltigieren mit Beiträgen von weiteren fünf Autoren.

Antonius Kröger, Sonderschulrektor a. D., gibt seine Erfahrungen über Heilpädagogisches Voltigieren und Reiten bei lern- und geistigbehinderten sowie verhaltensauffälligen Kindern, Jugendlichen und Erwachsenen weiter. Didaktisch, methodisch und fachspezifisch durchleuchtet er straff die Zielsetzungen im individuellen und sozialen Be-

5

reich. Seine klare Definition für Organisation und Durchführung der Arbeit macht sie durchsichtig und nachvollziehbar.

Dipl. Psych. Dipl. Päd. *Bernhard Ringbeck* berichtet in seinem Beitrag über die Psychomotorische Förderung bewegungsauffälliger Kinder durch Heilpädagogisches Voltigieren. Bewegungsauffälligkeiten bei Kindern nehmen in erschreckendem Ausmaß zu. Fachkundig beschreibt er Ursachen und Diagnostik dieses Problems, stellt das Beobachten motorischer Auffälligkeiten beim Heilpädagogischen Voltigieren dar und zeigt vielfache Übungswege zur Besserung. Seine Erfahrung ermöglicht es ihm, immer die Beziehung zwischen Spiel und Ernst herzustellen.

Dipl. Päd. *Johannes Voßberg* stellt in seinem Beitrag „Anbahnung und Gestaltung positiver Beziehungen mit Kleinpferden" einen Ponyhof als Erlebnisraum für Kinder vor. Es gelingt ihm, vielfache Beziehungsfähigkeiten des Pferdes beim Namen zu nennen und aufzuzeigen, welch einzigartige Hilfen für das Beziehungserleben der Kinder damit aufgebaut werden können. Ausgehend von der Achtung des Pferdes als eigenständiges Lebewesen macht er deutlich, wie sich die Begegnung zwischen Pferd und Kind entwickelt und welche Lebensräume des Kindes sich damit erreichen und erfüllen lassen.

Prof. Dr. med. *Carl Klüwer* berichtet über Bewegungserfahrungen bei der Frühförderung kleiner Kinder im Umgang mit dem Pferd – dargestellt mit Elementen der Selbsterfahrung durch das Medium Pferd. Als hervorragender Kenner der Entwicklung des Kindes, seiner Mutter-Kind-Beziehung und der vielfachen Störungsmöglichkeiten auf diesem gemeinsamen Weg vom hilflosen Geschöpf zum freien Kind vermittelt er profunde Einsichten. Aus seiner langjährigen Erfahrung gibt er ausgezeichnete praktische Hinweise, um mit und auf dem Pferd die persönlichkeitsprägende, unwiederbringliche Zeit der Frühförderung für das Kleinkind zu nutzen. Dabei führt seine bekannte, unbestechlich wissenschaftlich fundierte Diktion die Feder.

Dipl.-Heilpädagoge *Dirk Baum* schreibt über seine Arbeit mit psychischen Kranken auf dem Pferd. In einer Fülle kritisch verarbeiteter Beobachtungen zeigt er dem Leser immer wieder neue Wege, um das „Wunder" der Anziehungskraft des Pferdes und die dadurch entstehende Öffnung des psychisch kranken Menschen zu verstehen. Er bringt Körperregionen des Menschen in Beziehung zum Medium Pferd und ordnet ablesbare Bewegungen des Außen als Ausdruck des Innen zu einer Einheit, deren viele Inhalte über das Pferd erreichbar und wandelbar werden.

Für die Arbeit mit dem Pferd beim Heilpädagogischen Reiten und Voltigieren schafft dieses Buch eine neue Basis.

Dr. med. Ingrid Strauß, Kreuth

Geleitworte zur ersten Auflage

Die Autorin kennt und liebt als erfahrene Heimleiterin sowohl die ihr anvertrauten Kinder als auch ihr Steckenpferd: die Ponys. So gelingt es ihr in sympathischer Weise, die je arteigene Begegnung und Achtung zwischen Kind und Tier ins Zentrum ihrer pädagogischen Vermittlungsarbeit zu stellen. Eine vordergründig funktionelle und manchmal sogar lieblose Verzweckung des Reitens – als einer mensch-tierischen Spielform – Richtung Therapie, Leistungssport oder Modegag wird bewußt vermieden. Frau Marianne Gäng macht überdies deutlich, daß es nicht unbedingt eines menschlichen Antlitzes bedarf, um sich in seinem Wesen, seinen Grenzen und Möglichkeiten zu erfahren. Manchmal hat uns die stumme Kreatur mehr zu sagen als der geschwätzige Artgenosse. Ich wünsche dem Büchlein, daß es vor allem in Heimen und Schulen mit geeigneten Rahmenbedingungen zum Anreiz wird, die Beziehungen zwischen Kind und Tier in der hier geschilderten naturhaft-schlichten Weise zu pflegen und zu vertiefen.

PD Dr. E. E. Kobi
Institut für Spezielle Pädagogik und Psychologie der Universität Basel

Mit der vorliegenden Arbeit schließt Frau Gäng eine Lücke im Bereich der heilpädagogischen Bemühungen für gehemmte, kontaktarme und insbesondere auch für Kinder, die an einem infantilen hirnorganischen Psychosyndrom leiden. Es geht darum, daß – neben dem besonders wichtigen Kontakt und der Pflege der Tiere – die Kinder mehr Sicherheit und Selbstvertrauen, aber auch Zuverlässigkeit und Durchhalten lernen. Das „Heilpädagogische Reiten" ist ein wichtiges Instrument für Kinder, die an einem POS leiden. Neben einer Besserung im gestörten motorischen Verhalten ist insbesondere der pädagogische Ansatz zur Besserung der Wahrnehmungsstörungen im optischen, akustischen und taktilen Bereich außerordentlich günstig. Das hilft den Kindern zu mehr Sicherheit und zusammen mit dem Kontakt und der Pflege der Tiere und Rücksichtnahme auf die Kameraden zu besseren mitmenschlichen Beziehungen.

Dr. med. H. Städeli, Chefarzt
Ostschweizerischer Kinder- und Jugendpsychiatrischer Dienst St. Gallen

Die Autoren

Dirk Baum
Diplom-Heilpädagoge
Sender Straße 227
D-33415 Verl

Marianne Gäng
Dipl. Erzieherin
Ilgenhalde
CH-8320 Fehraltorf

Professor Dr. med. Carl Klüwer
Am Zaarshäuschen 22
D-51427 Bergisch Gladbach-Refrath

Antonius Kröger
Sonderschulrektor a. D.
Kerkheideweg 34
D-48163 Münster

Bernhard Ringbeck
Diplom-Pädagoge, Diplom-Psychologe
Waltrup 54
D-48341 Altenberge

Johannes Voßberg
Diplom-Pädagoge
Werler Straße 66
D-59457 Werl-Hilbeck

Inhalt

11

Einführung

Übersicht über die Entwicklung des Heilpädagogischen Reitens und Voltigierens in der Schweiz und in Deutschland
Von Marianne Gäng

Der Umgang mit dem Pferd – das Reiten oder Voltigieren – beinhaltete schon immer eine erzieherische Funktion. So ist bei Xenophon etwa 400 v. Chr. über die Reitkunst zu lesen, daß sie hohe Anforderungen an die Disziplin des Reitens stellt. Außerdem zeichnen sich gute Reiterführer durch Klugheit, Besonnenheit, Mut und Übersicht in allen Lebenslagen aus – Eigenschaften, die wir heute besonders wieder bei Kindern und Jugendlichen durch den Umgang mit Pferden fördern möchten.

In den 60er Jahren dieses Jahrhunderts begannen Pädagogen und Psychologen, das Reiten bzw. Voltigieren bei Kindern mit unterschiedlichem Problemverhalten einzusetzen.

Mit meinem 1983 im Ernst Reinhardt Verlag erschienenen Buch „Heilpädagogisches Reiten" versuchte ich, ein erstes wegweisendes Zeichen zu setzen auf dem Gebiet, auf dem sich wohl schon einige bewegten, aber noch keiner so recht die Richtung kannte. Wie kam es zu dieser Publikation? Aus ersten Versuchen in den 60er Jahren mit Islandpferden und den eigenen Kindern wuchs der Mut, Gleiches auch mit lernbehinderten Schülern und Schülerinnen an den Sonderklassen Basel-Stadt und mit geistig behinderten Jugendlichen eines Heims zu wagen. Systematisch weiterentwickelt wurde die Idee und Praxis in der Anwendung bei Kindern mit POS (psychoorganisches Syndrom) bzw. MCD (minimale cerebrale Dysfunktion) in einem ländlichen Schulheim. Der Umgang mit den Pferden und das Reiten waren ein wichtiger Teil des Heimalltages. Miteinbezogen waren auch die Erzieher und die Lehrer.

Immer häufiger wollten Interessenten das Heilpädagogische Reiten (HPR) kennen lernen. So lag es nahe, Informationstage durchzuführen, aus denen sich bald eigentliche Ausbildungskurse entwickelten. Daß irgendwann das Erarbeitete einem weiteren Kreis zugänglich gemacht werden sollte, lag auf der Hand; so entstand dann das Buch.

In der Schweiz hatte sich die Idee des Heilpädagogischen Reitens und Voltigierens vor allem im Umgang und in der Begegnung mit dem Lebewesen Pferd und dem Reiten entwickelt.

1985 wurde die Schweizerische Vereinigung für Heilpädagogisches

Reiten und Voltigieren (SV-HPR) aus der Taufe gehoben. Ihr Ziel ist die Verbreitung der HPR und ihre Aufgabe, die Durchführung von Ausbildungslehrgängen. Inzwischen haben fast 100 Fachkräfte die Ausbildung zum diplomierten Reitpädagogen SV-HPR abgeschlossen, ebensoviele stecken mittendrin. Die Absolventen sind Pädagogen aus Deutschland, Österreich, Luxemburg, Finnland und der Schweiz. Sie arbeiten in Heimen, psychiatrischen Kliniken, heilpädagogischen Tagesschulen, auf Jugendfarmen und privaten (heilpädagogischen) Reitbetrieben.

In der Bundesrepublik Deutschland war es das Verdienst Antonius Krögers, den persönlichkeitsbeeinflussenden Wert der Einbeziehung des Pferdes in die Erziehung von lern- und verhaltensauffälligen Kindern erkannt und seine Erfahrung als erster in der Bundesrepublik Deutschland publiziert zu haben (Kröger 1969). Als Junglehrer an einer Heimsonderschule für lernbehinderte und verhaltensauffällige Jungen (St. Josefhaus, Wettringen), der noch in den sechziger Jahren eine Landwirtschaft angeschlossen war, entdeckte Kröger das starke Interesse dieser Kinder am Umgang mit dem Lebewesen „Pferd". Diese Faszination nutzte er, indem er sich selbst ein Pferd zum Voltigieren ausbildete und es im Rahmen des Schulunterrichtes mit seinen Schülern wöchentlich für Voltigierübungen einsetzte.

Nach mehrjähriger praktischer und theoretischer Vorarbeit hat Carl Klüwer 1970 begonnen, Hippotherapie und Heilpädagogisches Voltigieren durchzuführen. Seine Erfahrungen hat er seit 1973 in zahlreichen Vorträgen und Veröffentlichungen – 1979 mit einem Film – publiziert.

Es sollte an dieser Stelle nicht unerwähnt bleiben, daß auch in der DDR schon 1974 durch Ohms/Göhler von ähnlich positiven Auswirkungen durch den Einsatz des Pferdes bei Kindern aus psychiatrischen Kliniken berichtet wurde.

Zunächst wurde das Pferd überwiegend in Heimen – zum Teil mit angeschlossener Sonderschule – und Kliniken mehr oder weniger intuitiv eingesetzt. Jeder Praktiker gab seiner Tätigkeit mit dem Pferd eine andere Bezeichnung wie „Pädagogisches Reiten", „Therapeutisches Voltigieren", „Heiltherapeutisches Voltigieren und Reiten", „Therapeutische Reitschule", „Therapeutisches Reiten in der Psychiatrie".

1977 trafen sich auf einem Symposium in Wettringen (vgl. Ringbeck 1978) Wissenschaftler aus den Bereichen Medizin, Pädagogik, Psychiatrie, Sport und Pferdefachleute sowie Sonderschullehrer und Heimerzieher, um die bisherigen Aktivitäten im Therapeutischen Reiten zu systematisieren, zu koordinieren und zu intensivieren.

Es wurde beschlossen:

1. alle zur Zeit praktizierten Einsatzmöglichkeiten des Pferdes bei Kindern und Jugendlichen aus dem Bereich der Heil-/Sonderpädagogik

unter dem Fachausdruck „Heilpädagogisches Voltigieren und Reiten" zusammenzufassen,

2. die verschiedenen Anwendungsformen auf ihre Effektivität und Vermittelbarkeit (Lehrbarkeit) kritisch zu hinterfragen und daraus schlußfolgernd,
3. eine Weiterbildungsmaßnahme für interessierte Berufsgruppen aus pädagogischen und psychologischen Bereichen anzubieten.

Bis heute ließen sich rund 200 Fachkräfte im Heilpädagogischen Voltigieren oder Reiten ausbilden, und somit konnte das Angebot auf weitere Institutionen wie Tagesbildungsstätten, Jugendfarmen, Beratungsstellen, Schulpsychologischen Diensten, Volkshochschulen, Regelschulen (Grund- und Hauptschulen, vereinzelt auch Realschule und Gymnasium) erweitert werden.

Heute werden unter dem Begriff „Heilpädagogisches Reiten und Voltigieren" pädagogische, psychologische, psychotherapeutische, rehabilitative und soziointegrative Angebote mit Hilfe des Pferdes bei Kindern, Jugendlichen und Erwachsenen mit verschiedenen Behinderungen oder Störungen zusammengefaßt. Dabei steht nicht die reitsportliche Ausbildung, sondern die individuelle Förderung über das Medium Pferd im Vordergrund, d. h. vor allem eine günstige Beeinflussung der Entwicklung, des Befindens und des Verhaltens. Im Umgang mit dem Pferd, beim Reiten oder Voltigieren wird der Mensch ganzheitlich angesprochen: körperlich, geistig, emotional und sozial.

Im deutschsprachigen Raum ist man sich international weitgehend einig, daß die Bezeichnung „Reitpädagoge/in" angemessen ist, was aber im Einzelfall nicht ausschließt, von „Voltigierpädagoge/in" zu sprechen.

Wenn in diesem Buch der Begriff „Reitpädagoge/in" Verwendung findet, so ist damit derjenige gemeint, der die Ausbildung in der Schweiz, in Österreich oder der Bundesrepublik gemacht hat. Für diese Länder gibt es eigene Ausbildungsgänge:

Die Aufnahmekriterien für die Bewerber bezüglich beruflicher Ausbildung stimmen in allen drei Ländern überein.

Kleine Abweichungen bestehen in den reiterlichen Zulassungsbedingungen, die durch die verschiedene Art der Vermittlung der relevanten Pädagogik und der Pferdeauswahl bedingt sind. Während die BRD und Österreich bei der Ausbildung das Voltigieren als Trainingsfeld bevorzugen, übt die Schweiz dasselbe über das Reiten mit Kleinpferden, Schwerpunkt emotionaler Umgang mit dem Pferd, aus.

Die reiterlichen Voraussetzungen im einzelnen:
BRD = Voltigierwart oder Reitwart
Österreich = Voltigierwart oder Reitwart
Schweiz = die verbandseigene Reitqualifikations- und Handpferdereitprüfung (vorzugsweise auf Kleinpferden) oder Bereiter, Reitlehrer, Reitwart; der Voltigierwart muß zusätzlich die Handpferdritprüfung absolvieren.

Die landeseigenen Zertifikate bei bestandener Prüfung lauten:
BRD und Österreich = Befähigungsnachweis/Diplom für das Heilpädagogische Voltigieren erhält der Voltigierwart, für das Heilpädagogische Reiten der Reitwart.
Schweiz = Diplom als Reitpädagoge der Schweizerischen Vereinigung für Heilpädagogisches Reiten und Voltigieren.

Die Ausbildung findet in den drei Ländern gegenseitige Anerkennung für den Bereich, für den die entsprechende reiterliche Qualifikation vorliegt.

Die Veröffentlichung der gegenseitigen Anerkennung der Ausbildung in den Fachzeitschriften wurde bei der letzten Arbeitskreissitzung für Pädagogen des Kuratoriums für Therapeutisches Reiten am 14. 1. 1989 in Bielefeld beschlossen.

Je eine Vertreterin aus Österreich und der Schweiz haben in diesem deutschen Arbeitskreis Einsitz; die gute und enge Zusammenarbeit wirkt sich positiv und befruchtend auf die gemeinsame Sache aus zum Wohle der Behinderten und der eingesetzten Pferde.

(SV-HPR 1989, Ausbildung zum Reitpädagogen SV-HPR)

Als Informations- und Kontaktadressen stehen folgende Vereinigungen zur Verfügung:

Schweizerische Vereinigung für Heilpädagogisches Reiten und Voltigieren (SVHPR)
Postfach 24
CH–8320 Fehraltorf

Kuratorium für Therapeutisches Reiten e. V. (KThR)
Freiherr-von-Langen-Straße 13
D–4410 Warendorf

Kuratorium für Hippotherapie, Heilpädagogisches Voltigieren und Reiten, Behindertenreiten (KHHpV + RB)
Kinderspital Salzburg
Müllner-Hauptstraße 48
A–5020 Salzburg

Der Bereich des Heilpädagogischen Voltigierens / Reitens im Gesamtgebiet des Therapeutischen Reitens
Von Carl Klüwer

In dem gesamten Gebiet des Therapeutischen Reitens werden die emotionalen und kommunikativen Möglichkeiten des Pferdes (sein „Interieur") ebenso wie seine körperlichen und bewegungsspezifischen Besonderheiten (sein „Exterieur") eingesetzt, um Kranke oder behinderte Menschen aller Altersstufen zu fördern. In englischsprachigen Ländern heißt der Oberbegriff „Riding for the Disabled" (Reiten für Behinderte).

Wird die Skala der Möglichkeiten aufgefächert, zum Beispiel

– nach der wissenschaftlichen Präzision in der Erforschung der Wirkfaktoren und in der Kontrolle der Ergebnisse,
– nach der Eindeutigkeit ärztlicher Indikation in Bezug auf die neuro-, senso-, psycho-, oder soziomotorische Förderung,

so steht die medizinische Anwendung der Hippotherapie als Heilmethode in der Krankengymnastik ganz klar an erster Stelle, wie zahlreiche Publikationen belegen. (Literaturverzeichnis des Kuratoriums für Therapeutisches Reiten, Warendorf).

Das Behindertenreiten mit der sportlichen Betonung der Leibesübung ist – auch wenn in wissenschaftlicher Hinsicht nicht mehr als die im Sport üblichen Untersuchungen vorliegen – von hervorragendem lebensdiätetischem Wert und vor allem dadurch ausgezeichnet, daß die „vier gesunden Beine des Pferdes" dem Behinderten zur Verfügung stehen und bei geeigneten Hilfsmitteln eine unvergleichliche Chance der Integration im Sport mit Nichtbehinderten darstellt.

Wenn Hippotherapie und Reiten als Sport für Behinderte an den Enden eines Fächers gesehen werden, so liegt das Heilpädagogische Voltigieren und Reiten zwischen diesen beiden (Abb. 1).

1

Innerhalb des heilpädagogischen Bereichs gibt es ein breites Spektrum, zum Beispiel

– im Einsatz des Pferdes und seiner Ausrüstung;
– in den Grundberufen der Übungsleiter;
– in den Zielgruppen der Betreuung;
– in den Schwerpunkten der Zielsetzung;
– in der Bevorzugung von Einzel- oder Gruppenbehandlung.

19

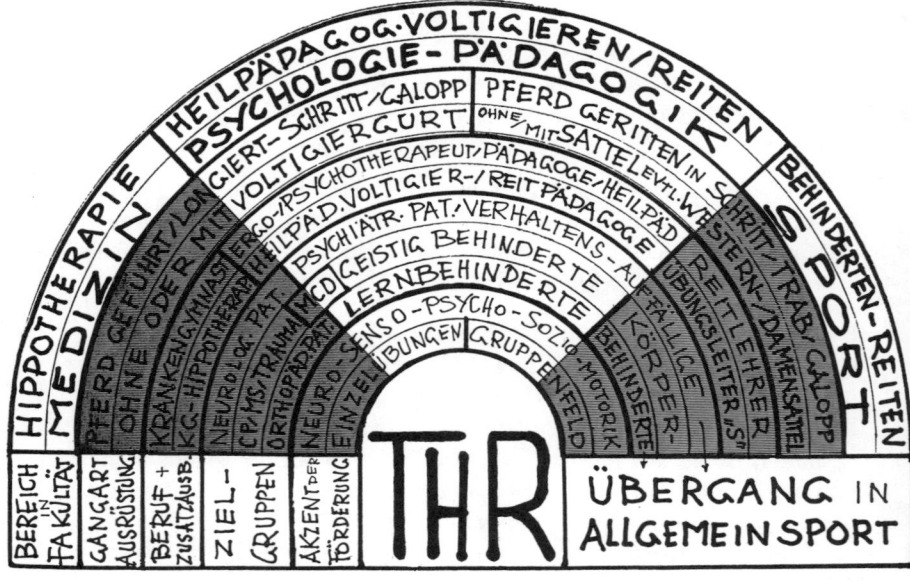

2 *Therapeutisches Reiten (ThR)*

Einen graphisch zusammenfassenden Überblick bietet die schematische Auffächerung (Abb. 2). Dieses Schema, das man am besten von links nach rechts liest, gibt eine Übersicht der Zuordnungen, die in Worten kaum so klar dargestellt werden kann. Doch sind wohl für den nicht vorerfahrenen Leser einige Erläuterungen von Nutzen.

Die Zuständigkeit der Fakultäten Medizin, Psychologie, Pädagogik und Sport wird keine Verständnisschwierigkeiten bereiten. Es gibt allerdings auch ärztliche Psychotherapeuten und spezialisierte Beschäftigungstherapeuten, die, im Heilpädagogischen Voltigieren und Reiten ausgebildet und eingeordnet, doch im Sinne der entwicklungsfördernden psychomotorischen Behandlung ein Grenzgebiet zwischen der Krankengymnastik und der Heilpädagogik betreuen. Das fällt dann aber wieder unter die Bedingungen eindeutiger ärztlicher Verordnung und Aufsicht. Deshalb reicht diese Spezialform medizinischer Heilpädagogik im Schema ein Stückchen in den medizinischen Sektor.

Die bereichsüberschreitenden Pfeile im Schema sollen aufweisen, daß nach ausreichender Förderung ein Übergang der Patienten oder Klienten in den angrenzenden Bereich möglich wird und sinnvoll sein kann – in Einzelfällen bis zur Teilnahme am freien Sport.

Die internationale Situation und deren Entwicklung
Von Carl Klüwer

Die internationale Situation und deren Entwicklung läßt sich aus den Themen der Internationalen Kongresse ablesen.

- „Rehabilitation durch Reiten", 1974 Paris
- „Rehabilitation durch Reiten – Reittherapie", 1976 Basel
- „Reiten für Behinderte", 1979 Warwick (GB)
- „Therapeutisches Reiten", 1982 Hamburg
- „Rehabilitation durch Reiten", 1985 Mailand
- „Forschung im Therapeutischen Reiten", 1988 Toronto.

In Frankreich entwickelte sich das Therapeutische Reiten aus der Grundlage des Klassischen Reitens (Handi-Cheval). In den letzten Jahren hat sich die Anwendung im engeren (besonders psycho-) therapeutischen Sinne intensiviert und zum Beispiel zur Gründung einer neuen Gesellschaft geführt (FENTAC).

In der Schweiz, in beiden Deutschland und in Österreich stand zunächst die Hippotherapie im Vordergrund, dann kamen das Heilpädagogische Reiten und Voltigieren, sowie das Reiten als Sport für Behinderte hinzu (KThR; KHHpV+RB; SGH-SVHPR).

In England wurde der Freizeitwert des Reitens für die Behinderten besonders herausgestellt (RDA, Riding for the Disabled Association) und die pädagogische Bedeutung eingesetzt (Fortune Center).

In Italien war die Entwicklung ähnlich, doch entfalteten sich daneben spezialisierte Programme in Hippotherapie und heilpädagogischer Entwicklungsförderung (ANIRE).

In den USA spielt bis heute das Westernreiten eine große Rolle im Behindertensport, doch gewannen auch hier Hippotherapie und entwicklungsfördernde Programme wachsende Bedeutung (NARHA).

In Kanada nimmt das Freizeitreiten ebenfalls einen großen Raum ein, wurden doch zahlreiche Zentren mit therapeutisch-rehabilitativer Zielsetzung ausgebaut, in denen heilpädagogisches Reiten mit körperlich und geistig Behinderten durchgeführt wird. Außerdem entstanden spezialisierte Programme für Hippotherapie (CanTRA).

Während sich die Kongresse bis 1982 um eine immer umfassendere Bestandsaufnahme bemühten, setzten 1985 breitere Bestrebungen ein, die Bereiche des Therapeutischen Reitens zu präzisieren, die Ausbildungen zu vergleichen, um Standards zu erarbeiten, und die praktische Arbeit mit Ergebnissen zu dokumentieren, um sie wissenschaftlich zu begründen und auszuwerten.

Die Vorarbeiten führten in Toronto 1988 zur Gründung der *Föderation Therapeutisches Reiten International* (Federation Riding for the

Disabled International = RDI). Die Einteilung in die Bereiche Hippo-therapie, Heilpädagogisches Voltigieren und Reiten und Reiten als Behinderten-Sport wurde international übernommen.

Literatur

Kröger, A. (1969): Mit Pferden erziehen. Jugendwohl, 3, 104–110.
Ohms, U., Göhler, I. (1974): Erste Erfahrungen mit dem Therapeutischen Reiten bei verhaltensgestörten Kindern. Die Heilberufe (DDR), 26, 119–124.
Ringbeck, M. und B. (1978): Symposion über die Ausbildung im Heilpädagogischen Reiten und Voltigieren. THR, 5, 5–6.
Rostock, A.-K., Feldmann, W. (1986): Islandpferde. Selbstverlag (Gestüt Aegidienberg, 5340 Bad Honnef 6).

Heilpädagogisches Reiten

Von Marianne Gäng

Kontakt mit dem Tier – ein menschliches Bedürfnis

Kinder haben aus einem grundlegenden menschlichen Bedürfnis heraus eine natürliche Zuneigung zu Tieren. Sie suchen den Kontakt mit dem Tier, wollen es lieben und geliebt werden. Tiere – insbesondere Haustiere – schaffen ein ungezwungenes und lebensfrohes Klima, von dem sich selbst „schwierige" Kinder ansprechen lassen. Sie finden zu ihnen oft leichter Zugang als zum Menschen. Durch Tierhaltung und den Umgang mit Tieren kann die Persönlichkeitsbildung gefördert und die Kontaktnahme zu den Mitmenschen und zur Umgebung erleichtert werden.

Ponys eignen sich besonders dazu, weil sie vielfältige Möglichkeiten anbieten: Sie lassen sich beobachten, pflegen, füttern, misten, reiten; sie sind anspruchsvolle Spielgefährten, immer bereit; das alles macht sie besonders begehrt und liebenswert.

Die Idee des Heilpädagogischen Reitens

Der Gedanke, den spielerischen Umgang von Kindern mit einem Pony pädagogisch zu nutzen, entsprang Beobachtungen und Erfahrungen mit den Kindern in der eigenen Familie. Der Umgang mit den eigenen Ponys ermöglichte unseren Kindern auf fast selbstverständliche Art und Weise

– sich selbst zu überwinden, sich abzuhärten aus Liebe zum Tier, weil das Pony ohne Ausnahme bei jedem Wetter und zu ganz bestimmten Zeiten gefüttert und gepflegt sein wollte;
– gegenseitige rücksichtsvolle Kontaktnahme und Auseinandersetzung zu spüren, positive *und* negative Erfahrungen zu machen;
– erfüllte Freizeit ohne Langeweile zu erleben, in der wenig Verlangen nach den üblichen Freizeitgenüssen der meisten Schulkameraden aufkam; dafür bereit zu sein auch (als angenehme Nebenerscheinung) zu intensiveren Schulleistungen;
– Kontakt zu gleichdenkenden und gleichfühlenden Kameraden zu finden, was zu Freundschaften führte, die bis ins Erwachsenenalter anhalten;
– Kinderträume und Abenteuerlust in Wirklichkeit umzusetzen, ohne

Anstoß bei der Umwelt zu erregen, weil sie erst nach gründlicher Überlegung und Planung in der Verantwortung dem Tier gegenüber durchgeführt wurden, dann aber volle, genußreiche Erfüllung ermöglichten.

Die Erlebnisse meiner Kinder und mein eigenes aktives, begeistertes Mittun trugen sicher dazu bei, daß wir heute alle miteinander die Ponys lieben wie eh und je. Der Umgang mit ihnen stellt heute für uns eine echte Alternative zum Streß des Berufslebens dar.

Sinn – Zweck – Ziel

Pferde und Ponys sind als Erziehungshilfen in Sozialisationsprozessen und bei *verhaltensauffälligen Kindern* besonders geeignet. Zum Ausgangspunkt nehme ich das angeborene Bedürfnis, die Veranlagung jedes Menschen, mit Lebendigem – Menschen, Tieren – umgehen zu wollen. Pferde sind in ihrem Verhalten weitgehend konstant, also verläßlich und in Erziehungsprozesse einplanbar. Pferde ändern ihr Verhalten auch kaum, wenn sie inmitten einer lebhaften Kinderschar sind. Pferde sind „einfühlsam", „rücksichtsvoll", bleiben z. B. stehen, wenn sie spüren, daß ein Kind von ihrem Rücken herunterzufallen droht. Pferde haben ein feines Gespür für Stimme und Stimmungen. Sie zeigen Angst, Ungeduld, Unruhe oder reagieren auf falsche Behandlung. Dadurch fordern sie das Kind zum Handeln, zum Reagieren auf. Pferde zeigen gegenüber dem Menschen Zurückhaltung. Diese Eigenschaft ist gegenüber sozial gestörten Kindern besonders wichtig. Pferde biedern sich nicht an, sondern sie lassen sich umwerben. Um so stärker ist dann das Erlebnis ihrer Zuneigung. Das Kind wird zu aktivem Beobachten und Sich-Einfühlen genötigt. Pferde reagieren artgerecht. Sie können sich nicht verstellen. Pferde reagieren nicht menschlich: sie rächen sich nicht, sie strafen auch nicht. Sie sind gutmütig (können aber auf schlechte Erfahrungen negativ reagieren). Diese Erfahrung ist für verhaltensgestörte Kinder besonders wichtig: so erfahren sie, daß ihr abweichendes Verhalten nicht unbedingt und nicht überall aggressive Reaktionen hervorruft.

Die *Motivation* für ein Kind, sich mit einem Pferd einzulassen, ist natürlich die Möglichkeit des Reitens selbst: sich fortbewegen, sich tragen lassen, sich bewähren, sich durchsetzen müssen. Das Kind kann sich über seinen Körper mitteilen (die oft abgelehnte menschliche Sprache fällt weg!) und empfängt vom Pferd und von seinem Körper Signale und Mitteilungen. Körperliches und seelisches Fühlen und Empfinden wird wach. Die eingangs erwähnten Eigenschaften des Pferdes sind auch besonders geeignet, *Urvertrauen* zu bilden, was bei verhaltensauffälligen Kindern besonders wichtig ist. Außerordentlich wichtig ist auch die Motivation durch den Umgang mit dem Pferd. Die Pflege des Tieres, des Sattelzeugs, des Stalls sind für die Kinder nicht Arbeiten wie Schreiben oder Zähneputzen, sondern eindeutig einsichtig und als notwendig anerkannt. Die Motivation durch den Umgang mit etwas ästhetisch Schönem – und ein Pferd ist etwas Schönes – mag mit dazu beitragen, sich selbst schöner zu erleben und als von den eigenen Mängeln weniger belastet.

Lassen Sie mich zum Schluß darauf hinweisen, daß das Kind dem Pferd gegenüber Respekt, Angst, Bewunderung und Liebe empfindet. Diese Dinge sind pädagogisch bekannt als die Voraussetzungen für Erziehungs- und Lernprozesse. Das Pferd vermag durch seine Gestalt und durch sein Wesen bei verhaltensauffälligen Kindern Verhaltensweisen zu bewirken, die diese Kinder im Normalfall verweigern würden. Reiten und der Umgang mit Pferden kann in idealer Weise dazu beitragen, positive Sozialisationsprozesse in Gang zu setzen und Störungen zu beheben, weil es

erstens das Bedürfnis nach positiver Zuwendung befriedigt (und damit die Störungsursachen erreicht) und

zweitens soziale Fertigkeiten trainiert, indem es dem Kind Möglichkeiten des Kontakts und der sozialen Betätigung verschafft, die anders gar nicht mehr vom Kind akzeptiert würden (M. Baum, 1981).

Das Pony als ein lebendes Wesen wird zum echten Partner. Sein Körperrhythmus überträgt sich auf den Reiter. Die Bewegung und die Wärme des Pferdeleibes spricht wohltuend auf direktem Weg den Gefühlsbereich an. Das Gleichgewichtsempfinden wird gefördert, und Verkrampfungen seelischer als auch körperlicher Art können sich lösen. Dadurch, daß das Pony nicht nur seinen Körper anbietet, sondern zusätzlich mit allen seinen Ausdrucksformen wie Körperhaltung, Mimik und Stimmäußerung beteiligt ist, fordert es direkt zur verbalen und psychischen Kontaktnahme und Auseinandersetzung heraus, dadurch kann sich das Körperbewußtsein als eine Grundform des Selbstbewußtseins entwickeln.

Materielle und andere Voraussetzungen

Die Auswahl des geeigneten Reittiers

Pferde *und* Ponys sind geeignet. Der gutmütige Charakter des ausgewählten Tieres und ebenso die Sympathie des Reitpädagogen zu seinem
Tier sind entscheidender als die Pferderasse. Meine Erfahrungen beziehen sich allerdings fast ausschließlich auf den Umgang mit Island-Ponys.
Sie bestätigen, daß sich diese Rasse sehr gut für das Heilpädagogische
Reiten eignet, allerdings sollten sie immer die gleiche Bezugsperson
haben, die sie betreut und auch reitet. Gut ist, wenn der Reitpädagoge
zugleich auch der Besitzer der Tiere ist. In Heimen, Kliniken oder
Reitbetrieben haben sich Haflinger und Freiberger bestens bewährt. Es
sind ruhige, gutmütige Gewichtsträger; zudem kann mit ihnen noch
gefahren werden.

Vom Charakter her sollte es weder ein zu temperamentvolles, stürmi-
sches, draufgängerisches Pony noch ein phlegmatisches sein, das immer
angetrieben werden muß. Daß das Pony nicht verdorben sein, d. h. keine
gravierenden Unarten wie Schlagen, Beißen, Bocken haben darf, versteht sich von selbst. Ein waches, leichttrittiges, vorwärtsgehendes, gut-
mütiges Pony entspricht der Idealvorstellung. Das Pony darf durchaus
etwas sensibel oder ängstlich sein, es soll sich nicht alles gefallen lassen;
es soll seinen Unmut kundtun können. Wenn mehrere Ponys zur Verfügung stehen, die verschiedenartige Charaktere mitbringen, erhöhen sich
naturgemäß die Einsatzmöglichkeiten bei den einzelnen Kindern.

Der Einsatz des Ponys

Ängstlichen Kindern gebe ich ein anhängliches, ruhiges Tier, dem
gegenüber sie sich überlegen fühlen. Ein solches Tier gibt ihnen auch die
notwendige Sicherheit, die sich günstig auf ihr weiteres Verhalten dem
Tier gegenüber auswirkt.

Andererseits finden draufgängerische Kinder bei einem eigenwilligen
Tier, das sich nicht alles gefallen läßt, die für ihre Mäßigung notwendigen
Grenzen.

In jedem Fall ist es wichtig, den Kindern die Achtung vor dem Tier
beizubringen, indem man ihnen, in bezug auf sie selber, erklärt, was sie
sich erlauben können und was nicht. Ich mache die Kinder darauf
aufmerksam, daß das Pony Angst oder Schmerz, Lärm oder Ruhe
ebenso empfindet wie sie selbst.

Es gilt als ein ungeschriebenes Gesetz, daß Ponys nie unbeaufsichtigt
und schutzlos den Kindern „zum Gebrauch" überlassen werden. Die

Kinder dürfen ihre Aggressionen nie an den Ponys auslassen. Der Schaden, den die Ponys erleiden könnten, wird rasch irreparabel. Ponys vergessen zugefügten Schmerz sehr lange nicht und würden sich unter Umständen nie mehr zum Einsatz bei den Kindern eignen.

Ponys lassen sich im allgemeinen von Kindern erstaunlich viel gefallen. Sie erdulden Dinge, die sie von Erwachsenen nie akzeptieren würden. Sind sie des Umgangs mit dem Kind jedoch müde, verstehen sie dies allerdings zu zeigen: Vielleicht durch Weglaufen, wenn ihnen die Liebkosungen zu stürmisch werden oder durch langsames schlampiges Gehen, wenn sie spüren, daß das Kind nicht mehr bei der Sache ist. Das Kind akzeptiert in der Regel und zieht auch oft die richtigen Schlüsse. Es begehrt ob dieser Zurechtweisung nicht auf, wie es dies vielleicht gegenüber seinem Erzieher täte.

Über eine kürzere Zeitspanne soll das gleiche Pony vom gleichen Kind benützt werden können. Erst wenn Pony und Kind einander nicht mehr gerecht werden, soll gewechselt werden.

Das Pony wird immer geführt, anfänglich von einem Erwachsenen, später von den Kindern selber. Im Führen des Ponys liegen viele pädagogische Werte, wie sich einfühlen lernen, sich im rechten Moment durchsetzen (Abb. 3), sich anpassen, Befehle erteilen, Gespräche führen

3   Sich im rechten Moment durchsetzen

mit dem Pony und vieles mehr. Der Vorteil des Führens von Hand liegt für das Pony darin, daß es sorgfältig behandelt wird, daß ihm jemand Vertrauen einflößt (da ja das Kind auf seinem Rücken sich so ganz anders verhält als es vom „normalen Reiter" her gewöhnt ist).

Erfahrungen und Ratschläge

Der Reitpädagoge soll noch folgendes bedenken: „Das Verhalten der Pferde wird, wie das des Menschen, von den beiden großen Komponenten Umwelt und Vererbung bestimmt. Auch unsere Pferde sind das vielzitierte Produkt ihrer Umwelt mit allen unter Umständen gemachten möglichen Aufzucht- und Erziehungsfehlern, allen modernerweise Frustrationen genannten unerfreulichen Erfahrungen, die ihnen im Laufe ihres Lebens zuteil werden. Man glaube nicht, nur weil Pferde im ‚menschenartlichen' Sinne dümmer als wir sind, würden sie weniger häufig und intensiv frustriert; ihre unliebsamen Erfahrungen und Lebensumstände liegen eben lediglich auf einer andern, ihnen artspezifischen Ebene. So ist die ganze Haustierhaltung, je wörtlicher man sie praktiziert, eine stufenweise graduierte Einschränkung sämtlicher Lebensbereiche und ruft manchmal wohl dieselben Qualen und Psychosen hervor, wie eine Gefangenschaft des Menschen, die auch von der Zelle bis zum Leben in Großstadtstraßenschluchten abgestuft sein kann. Ich glaube, daß einer der Kardinalfehler unserer ganzen Einstellung gegenüber dem Pferd darin liegt, daß wir uns im allgemeinen viel zu wenig klar machen, daß Tiere an sich nicht dazu erschaffen sind, zum Beispiel einen Reiter zu tragen, auch wenn sie von uns speziell dazu gezüchtet wurden. Ein Pferd reagiert unter Zwang so, daß es uns sinnvoll und nützlich erscheint; für das Pferd selber aber ist das Tragen des Reiters, das Aufhebenlassen seines Hufes und fast alle von ihm verlangten Dinge ebenso völlig sinnlos und an sich unverständlich, wie etwa die Rationierung der Rauhfuttermenge, damit es schön schlank bleibt." (Schäfer 1974).

Es ist gut, solches zu wissen, es sich immer wieder zu vergegenwärtigen und es in sein Handeln einzubeziehen. Die Folgerung daraus ergäbe, daß wir dem Partner Pony während und nach Absolvierung seines täglichen Pflichtprogrammes aus Mitgefühl und Gerechtigkeit, wie auch als Dank, seine Erholungspause gönnen. Artgerecht erholen kann es sich dann, wenn genügend Auslauf zum Austoben vorhanden ist; wenn es sich auf einem Sandplatz oder auf einer Wiese wälzen kann, und wenn es anschließend trinken und sich seinen Bauch mit Gras oder Heu füllen darf. So wie der Übungsleiter ein Anrecht auf erholsame Freizeit hat, wollen wir sie auch dem Pony zugestehen.

Pflege des Ponys

Es geht hier in erster Linie um den erzieherischen Wert einer regelmäßigen Beschäftigung mit dem Pony. Einem großen Teil unserer Kinder fehlt die Beziehung zur Natur und damit auch der Einblick in den Lebenszyklus lebendiger Organismen. Damit fehlt ihnen auch die Möglichkeit, Fütterung und Pflege eines abhängigen Lebewesens als natürliche, selbstverständliche Vorgänge zu erleben und zu erlernen und die Verantwortung gegenüber einer abhängigen Kreatur zu tragen. Für uns gilt der Grundsatz: Zuerst die Bedürfnisse des Tieres und dann erst die eigenen befriedigen. Die Kinder zu solcher Haltung dem Tier gegenüber zu erziehen, dazu verhilft die regelmäßige Beschäftigung in der Art von Pflege und Fütterung des Ponys. Daß dadurch auch echte Bindungen zwischen Mensch und Tier entstehen, ist logisch und beabsichtigt.

Dies geschieht allerdings nicht von selbst, sondern braucht vorausschauende Planung und entsprechende Vorbereitung. Gerade in der Forderung der immer wiederkehrenden Pflichten und Zeiten liegt der pädagogische Wert. Da das Kind jedoch zur Erfüllung dieser Pflichten erst erzogen werden muß, braucht es den erfahrenen Erwachsenen. Er steht dem Kind mit Geduld und Sachkenntnis zur Seite und spendet Lob nach richtig getaner Arbeit. Daß sich bei der Mithilfe und während des Anleitens die Möglichkeit zum Zwiegespräch geradezu anbietet, ist ein weiteres Plus. Während des Pflegens werden Gefühle und Regungen frei, wie es kaum anders auf so spontane Art möglich wäre. Der hautnahe Kontakt zum Pony hilft Ängste abbauen, schenkt Selbstbestätigung und tiefempfundene Freude am Umgang mit dem Pony. Die Lust nach reiterlicher Auseinandersetzung mit ihm wird geweckt.

Den Stall misten

Wichtig und wertvoll bei dieser Betätigung ist die Regelmäßigkeit während einer gewissen Zeit (z. B. während einer Woche). Die Zeitspanne dehne ich anfänglich nicht zu weit aus, nach einiger Zeit erst beginne ich zu steigern. Eine gründliche Einführung durch einen Erwachsenen ist Voraussetzung zum Gelingen, ebenso die anfängliche Mithilfe, bis die einzelnen Handgriffe im Gedächtnis der Kinder eingeprägt sind und mühelos in die Praxis umgesetzt werden können. Zu einem späteren Zeitpunkt genügt eine gelegentliche Überwachung und Kontrolle, um festzustellen, wie sich das Kind verhält. Hat es aus irgendeinem Grund Mühe, oder läßt sein Einsatz nach, bespreche ich die Lage mit ihm. Unter Umständen besteht die Lösung in der Mithilfe eines zweiten Kindes. Dieses zweite Kind kann nach Bedarf wieder „abgesetzt" werden. Die Erfahrung zeigt, daß es Kinder gibt, die über sehr lange Zeit nur zusammen mit einem zweiten fachgerecht misten können. Wenn sie dann aber von sich aus das Verlangen zeigen, von nun ab alleine arbeiten zu wollen, so lassen sie in Arbeitseinsatz und Gründlichkeit kaum etwas zu wünschen übrig. Gerade diese Kinder sind später oft gute Anleiter. In jedem Fall wird eine außergewöhnliche Maßnahme zuerst mit dem Kind besprochen, ehe sie ergriffen wird.

Die Ausrüstung für das Pony

Das Pony trägt ein gutsitzendes, jedoch bequemes Stallhalfter, dazu eine Führleine mit Panikhaken. Bei Bedarf kann ein Voltigiergurt gute Dienste leisten.

Die Kleidung für das Kind

Das Kind braucht kein besonderes Reittenue. Trainingshose und Pullover für die Übergangszeit, im Sommer ein Baumwolleibchen und bei kühlerem Wetter eine Windjacke genügen vollauf. An den Füßen haben sich Turnschuhe am besten bewährt. Das Kind soll sich in der Kleidung wohl fühlen.

Die Reitzeiten

Wir benützen die Bahn im Freien vom Frühling bis in den Spätherbst. Ich gönne meinen Ponys eine Winterpause, und auch den Kindern tut sie gut. Alle freuen sich wieder auf den Frühling und gehen mit besonderer Lust ans Reiten.

Während der heißen Sommerzeit reiten wir bis 10 Uhr morgens und wieder ab 17 Uhr abends. Während den übrigen Jahreszeiten ist das Reiten den ganzen Tag über möglich. Bei starkem Regen reiten wir nicht.

Der Übungsreitplatz

Wir benützen einen fest eingezäunten, ovalen Grasplatz (Abb. 4), dessen Längsdurchmesser ca. 20 m und dessen Querdurchmesser ca. 12 m beträgt; an der Außenseite des Ovals zieht sich eine 2 m breite Bahn mit Hart- oder Sandbelag entlang. Diese Bahn gibt uns die Möglichkeit, bei (fast) jedem Wetter zu reiten. Die Grasfläche im Innern der Bahn

4 Der Übungsreitplatz

ermöglicht den Ponys, in einer kurzen Pause zu grasen oder sich zu wälzen, ohne daß sie nachher schmutzig sind. Die Balken vor der Eingangsöffnung sind 1,5 m lang.

Offenstall, Auslauf- und Gruppenhaltung

Der Wunsch eines jeden Reitpädagogen ist ein ausgeglichenes und einsatzfreudiges Pferd. Um dies zu erreichen, ist die Haltung eines Pferdes von entscheidender Bedeutung. Das Pferd, als Herdentier geboren, braucht seine Artgenossen, und um seinen Bewegungsdrang auszuleben, genügend Auslauf. Die Offenstall-, Auslauf- und Gruppenhaltung kommt diesem Bedürfnis entgegen. Diese artgerechte Pferdehaltung wird heute vielerorts praktiziert. Für mich ist diese Art der Pferdehaltung eine Selbstverständlichkeit. Meine Pferde sind gesund und zufrieden bis ins hohe Alter.

Der hier skizzierte Offenstall bietet Platz für zwei Pferde, kann aber jederzeit beliebig erweitert werden. Der Stall ist ein Ständerbau, geschraubt, zerlegbar, aus unbehandeltem, gut gelagertem Holz (Zimmermannsarbeit). Die Stallböden sind ebenfalls aus Holz, der Liegebereich wird mit Stroh eingestreut. Unter dem Dach ist zusätzlich Platz für Stroh und sonstiges Material.

31

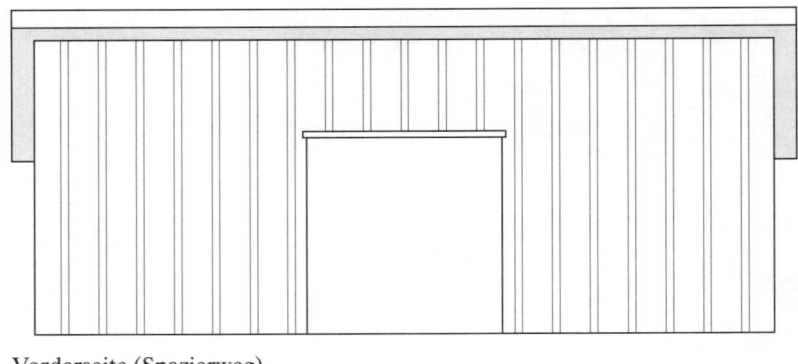
Vorderseite (Spazierweg)

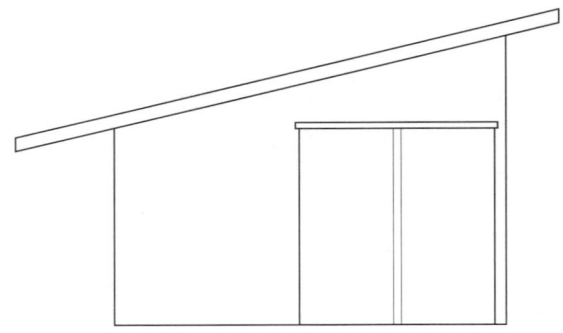
Seitenansicht mit Freßboxen

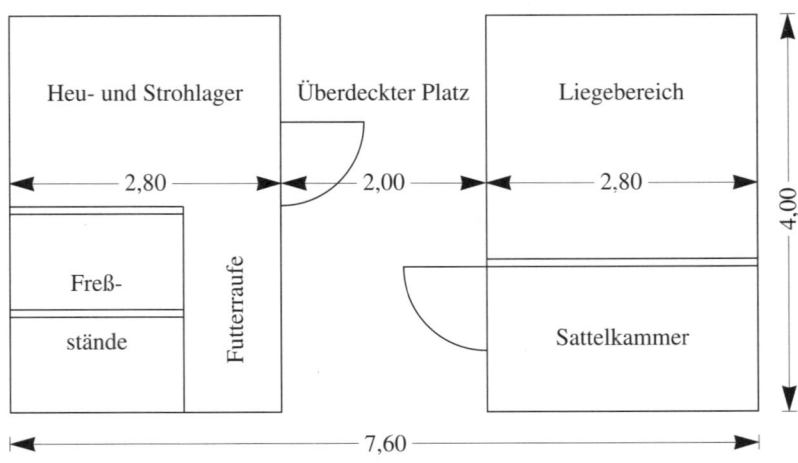

Grundriß und Einteilung: 2 Freß-Stände, Futterraufe, Heu- und Strohlager, überdeckter Platz, Liegebereich, Sattelkammer.

Diese Art des Offenstalls bietet dem Reitpädagogen für sein Arbeitsfeld einige Entfaltungsmöglichkeiten. An den Stallaußenwänden wurden Halterungen für Trennstangen angebracht, damit die Pferde einzeln abgegrenzt werden können, ohne daß man sie anbinden muß. Solche Abgrenzungen und Nischen sind bevorzugte Arbeitsplätze für die emotionale Kontaktaufnahme (S. 33–35), sie bieten gefahrlos die nötigen Freiräume für die Begegnung zwischen Mensch und Pferd. Der überdachte Mittelteil wird bei Regenwetter bevorzugt. Von dort hat man auch Einblick in die Futterraufe und kann so ungestört den Pferden beim Fressen zusehen. Ein großer Wassertrog dient den Pferden als Tränke und ist im Sommer ein beliebter Anziehungspunkt. Bäume und Sträucher schützen vor Sonne und Wind, liefern Äste zum Beknappern. Hier kann die so oft zitierte „Atmosphäre des Sich-Wohlfühlens" entstehen.

Der *Auslauf* hat verschiedene Beläge. Der Boden unter dem überdeckte Platz und hinter den Freß-Ständen ist mit Zementsteinen belegt. Der übrige Auslauf, abgesehen vom Sandplatz, ist aus Juramergel. Der Untergrund des ganzen Platzes besteht aus drei Schichten: Quadersteine, grober Mergel und Mergelsand. Die oberste Schicht wurde eingeschwemmt und gewalzt. Sie wird alle zwei Jahre ausgebessert.

Der Auslauf um den Stall ist mit einem Holzzaun fest eingezäunt. Auf drei Seiten rund um den Stall ist ein Abstand von drei Metern von der Stallwand bis zum Zaun. Auf der vierten Seite ist der Sand- und Wälzplatz, der Abstand beträgt dort 15 Meter.

Auf relativ kleinem Raum haben die Pferde viel Bewegungsfreiheit; sie können um den Stall herum und dazwischen durch, aber sie können sich nie gegenseitig den Weg versperren. Die Rundumsicht genießen sie, je nach Jahres- und Tageszeit halten sie sich an einer der vier Stallseiten auf. Sie nehmen regen Anteil am Geschehen, können sich aber auch jederzeit zurückziehen, je nach Bedürfnis. Pferde, die jedes Geräusch kennen, sind auch weniger ängstlich im Umgang beim Reiten.

Unmittelbar an den Auslauf grenzt ein Stück *Hausweide,* dort dürfen sie sich austoben und wälzen. Auf der gegenüberliegenden Seite ist die in vier Teile eingeteilte *Weide,* sie dient zur teilweisen Nahrungsaufnahme von Frühling bis Spätherbst.

Die emotionale Kontaktaufnahme zum Pferd

Das individuelle Bedürfnis, sich emotional mit dem Pferd auseinander setzen zu wollen, ist unterschiedlich und kann nicht einfach vorausgesetzt werden. Oft muß man es sogar erst wecken; es darf aber keinesfalls erzwungen werden. Einfühlsam und flexibel soll der Pädagoge vorgehen.

Das Pferd soll als Lebewesen über alle Sinne wahrgenommen und von seinem Wesen, seinem Körper und seinen Bewegungen her erfahren werden. Dadurch erhält das Kind, der Jugendliche, der Erwachsene eine genaue Vorstellung von ihm, kann differenziert reagieren und so eine tiefere Beziehung zu ihm aufbauen. Zwischen Mensch und Pferd entwikkelt sich ein Vertrauensverhältnis; Arbeiten rund ums Pferd werden einsichtig und nachvollziehbar, werden auch als notwendig erkannt und gerne erbracht. Dadurch, daß fast alle Handlungen direkt über das Pferd erfolgen und der Reitpädagoge sich dabei bewußt zurückhält, ist auch der nötige Freiraum für Eigenaktivität des Kindes gewährleistet. Das Zusammensein mit dem Pferd ermöglicht immer wieder Erfahrungen, welche die Grundstimmung des Menschen positiv beeinflussen und unmittelbar auch sein Bedürfnis nach Zuwendung und Angenommensein befriedigen. Diese Art der Kontaktaufnahme und des Umgangs mit dem Pferd kann modellhaft im Sinne späterer Übertragung auf den Mitmenschen sein.

Hinweise für den Reitpädagogen

Diese für das Kind, den Jugendlichen und Erwachsenen wichtige Angewöhnungsphase benötigt eine entsprechend sorgfältige und klar strukturierte Einführung, wenn sie später die gewünschten Auswirkungen haben soll. Bei den Eltern herrscht oft die Vorstellung, den Umgang mit Pferden und das Reiten müsse man nicht lernen, das könne man einfach. Dazu kommt noch die Erwartung, daß das Pferd Wunder vollbringe, das Kind müsse nur Reiten, und schon seien alle Schwierigkeiten behoben. Um solch falschen Vorstellungen vorzubeugen und alle Beteiligten vor Enttäuschungen zu bewahren, lädt man Eltern und Kinder zu einer Besichtigungs-Reitstunde ein. Diese sollte Teile der Angewöhnungsphase und nicht „das Reiten" enthalten. Klar hervorgehen sollte, was artgerechter Umgang mit dem Pferd beim Kind zu bewirken vermag und wie das Kind von sich aus, bereitwillig eine Leistung erbringt aus Zuneigung zum Pferd. Die entspannte Atmosphäre, die glückliche Kinderschar inmitten der heißgeliebten Pferde werden für sich sprechen. Im Anschluß an die Stunde wird mit den Eltern das weitere Vorgehen besprochen.

Die emotionale Kontaktaufnahme zum Pferd sollte zu Beginn der Stunde in Einzelsituationen erfolgen, d. h. ein Kind und ein Pferd halten sich in einem abgegrenzten Teil des Auslaufes zusammen auf, *das Pferd ist nicht angebunden.* Es sollen sich beide frei bewegen können und so ungehindert zueinander finden. Der *Reitpädagoge gibt keine Anweisungen, er beobachtet* und greift nur ein, wenn es gefährlich werden sollte. (Zu einem späteren Zeitpunkt können sich auch zwei Kinder, z. B. ein ängstlicheres und ein mutigeres, ein Pferd teilen.) Während der Phase der emotionalen Kontaktaufnahme zum Pferd ist die Haltung des Reitpädagogen besonders wichtig. Es ist seine Aufgabe, durch geschickten Einsatz in erster Linie das Pferd und sein Umfeld zur Wirkung kommen zu lassen. Er soll sich selber zurückhalten, sowenig wie möglich, jedoch soviel wie nötig eingreifen. Wie geht das vor sich? Z. B. durch nonverbale Vorbildwirkung, über punktuelles Eingreifen (wo erforderlich in Form von Mitgehen oder Festhalten), durch Abwarten, teilweise bewußtes Gewährenlassen, Zusehen können. In jeder Phase aber erscheint es mir wichtig, daß immer wieder genügend Freiräume für Eigenaktivität offen bleiben. Dadurch lerne ich Motivationen des Kindes kennen und erhalte wichtige Anhaltspunkte für das weitere Vorgehen.

Diese Art der freien Bewegung bietet dem Reitpädagogen ein breites Spektrum von Beobachtungsmöglichkeiten: Wie reagieren Kind und Pferd aufeinander? Wird das Pferd vom Kind überhaupt berührt? Läßt sich das Pferd berühren? Wie erfolgt die Berührung usw.? Aus der Art und Weise, wie sich das Kind dem Pferd gegenüber verhält, ohne die Anweisungen des Reitpädagogen, wird ersichtlich, wie weit die Beziehung Kind/Pferd sich schon entwickelt hat.

Detailübersicht:
Phasen der emotionalen Kontaktaufnahme

1. Vom Boden aus

a) *Das Pferd beobachten, begrüßen:* Schon wie zum Pferdestall, zur Weide gegangen wird, kann entscheidend sein: ob es allein erfolgt/in Begleitung, verbal/nonverbal, kurz/lang, schnell/ruhig.

Die Ankunft beim Stall/der Weide, wo zur Beobachtung der Pferde und ihres Verhaltens untereinander viel Zeit gelassen wird; ferner das Verhalten bei der Begrüßung des Pferdes – *dabei ist die Vorbildfunktion des Reitpädagogen wichtig.*

b) *Den Pferdekörper erfassen über Erspüren, Ertasten mit den Händen:* Beschaffenheit von Fell/Schweif, Mähne erforschen; weiche, warme, kalte Körperteile mit den Händen/Armen umfassen, mit den eigenen Körperteilen vergleichen (Abb. 5–9).

c) *Das Pferd anhalftern:* Wie begegne ich dem Pferd dabei (Angst, Einfühlungs- und Durchsetzungsvermögen)? Die räumliche Orientie-

▲ 6

5 Den Pferdekörper erfassen über Erspüren mit dem ganzen Körper
6 Den Pferdekörper erfassen über Erspüren, Ertasten mit den Händen
7 Beschaffenheit von Fell, Schweif, Mähne erforschen
8 Teile des Pferdekörpers mit den Händen/Armen umfassen ...

▼ 7   ▼ 8

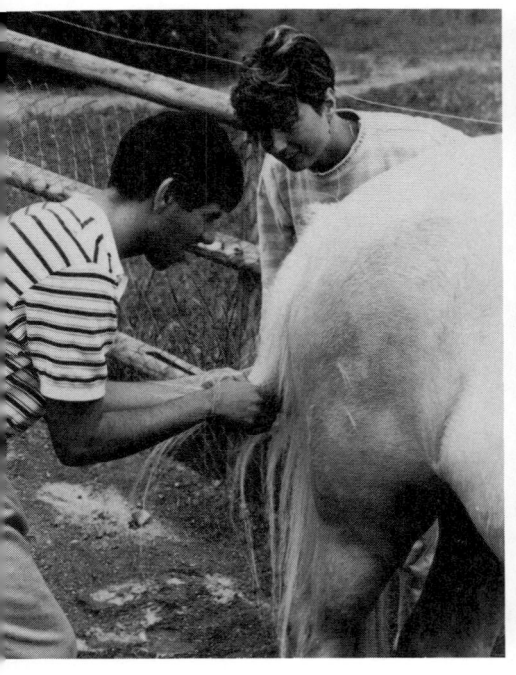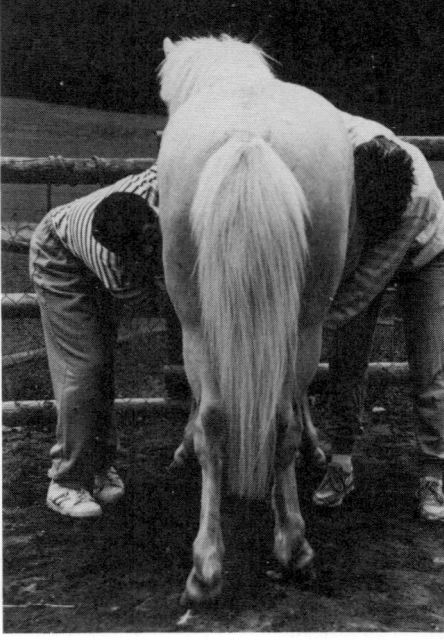

9 ... und mit dem eigenen
   Körper vergleichen

10 Sich anpassen, einfühlen

rung finden (wo ist Halfter/Strick) und die Technik des Anhalfterns lernen (Erkennen und Erlernen von Handlungsabläufen).

d) Das Pferd führen: Dabei geht es darum, das Pferd als Wesen mit eigenem Willen zu erleben. Sich anpassen, einfühlen; erfahren, daß das Pferd geht, ich gehe mit, wir gehen gemeinsam (Abb. 10).

e) Das Pferd füttern: Das Futter zubereiten und das Freßverhalten miterleben.

2. Das Aufsteigen

Dem „Wie" messe ich eine große Bedeutung zu.

a) Aufsteigen mit der Treppe: Der Ängstliche oder leicht Körperbehinderte kann beim Aufsteigen über die Treppe den Zeitpunkt und das Tempo selber bestimmen. Die Treppe ist stabil und gibt Sicherheit, so kann er Schritt für Schritt sein Ziel, das Pferd vor Augen, erreichen. Er kann sich dabei mit ihm verständigen (Abb. 11).

b) Aufsteigen mit Steighilfe durch den Partner: Dabei geht es um die Absprache mit dem Partner (Abb. 12).

37

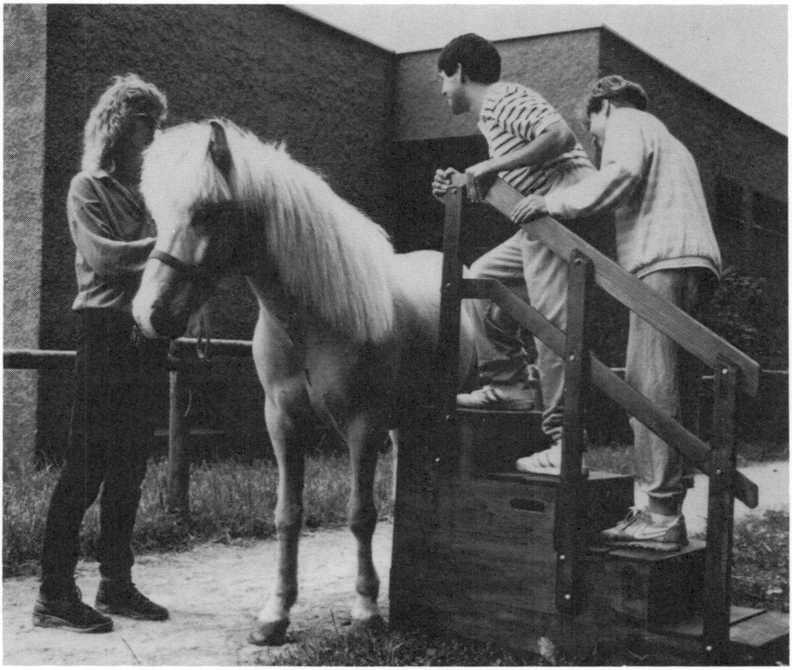

11 ▲

12

13

3. Auf dem Pferd im Stand

Das Pferd aus einer anderen Perspektive kennenlernen; fest sitzen, nicht einfach weglaufen können (Abb. 13).

a) Das Sitzen auf dem Pferderücken genießen.

b) Beobachten: Den Kopf von oben/hinten beobachten, auf Anruf dem Ohrenspiel zusehen (Abb. 14), den Pferdebeinen entlang mit den Augen den Boden suchen usw.

c) Begrüßen und liebkosen: Sich auf den Hals des Pferdes legen und ihn mit den Armen umfassen, das Gesicht in die Mähne drücken usw. (Abb. 15).

d) Erspüren: Über das Gesäß die Wirbelsäule und die Rundung des Pferdeleibes wahrnehmen, mit den Händen Körperteile vorn/hinten/seitlich/unten erkunden, die vom Boden aus nicht erreichbar waren.

14   Die Ohren berühren

15   Die Mähne kraulen

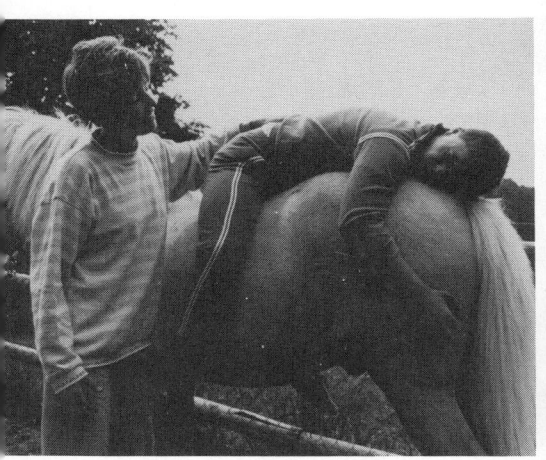

16 *Erspüren: Über den ganzen Körper*
   den Pferdekörper wahrnehmen

17 *Änderungen der*
   Raumlage erfahren

e) Erfahrungen sammeln in Raumlage-Änderungen: Seitlich/rückwärts
auf den Pferderücken sitzen, längs/quer, bäuchlings aufs Pferd liegen,
die Beine hochziehen/pendeln lassen/nach unten strecken, dabei erleben, daß man keine Verbindung zum Boden hat (Abb. 16, 17, 18).

18 *Die Beine hochziehen*

4. Auf dem Pferd im Schritt

a) Spazierritt: Zum ersten Mal kommt nun die Fortbewegung auf dem Pferd hinzu und dadurch das Gefühl des „Getragenwerdens ohne eigenes Dazutun" (Abb. 19).

19

Das Pferd wird geführt, und der Reiter soll sich unbeschwert den neuen Empfindungen, die er durch die Bewegungen des Pferdes erhält, hingeben können. Es ist wichtig, daß er genügend Zeit und Muße dazu hat. Über längere Zeit folgen geführte Spazierritte durch Feld und Wald. Das Erlebnis des Getragenwerdens soll sich tief einprägen und durch nichts gestört werden. Gesprochen wird nur ausnahmsweise, wenn angezeigt und vom Reiter signalisiert. Solche Ausritte machen es möglich, Signale von seinem eigenen Körper zu empfangen und unterschiedliche Bewegungen zu erleben. Ein neues Wahrnehmungsfeld wird erschlossen, besonders auch, wenn die Ausritte zu verschiedenen Jahreszeiten durchgeführt werden.

b) Erlebnispfad: Nachdem das „Lebewesen Pferd" erschlossen wurde (Wesen, Körper, Bewegungen wie in der Angewöhnungsphase beschrieben), folgen nun die Spazierritte im Gelände. Der in der Wahrnehmung nicht zu stark behinderte, aufmerksame und sensible Reiter macht vielfältige Erfahrungen. Jedes Mal erschließt sich für ihn ein kleines Stück Pferdewelt. Behinderte haben oft nicht die Möglichkeit, die ganze Vielfalt wahrzunehmen, zu verstehen und zu verinnerlichen. Jeder nimmt auf seine ihm eigene, eingeschränkte Art wahr, daher müssen *wir mit ihm* gemeinsam Schritt für Schritt die Umwelt erschließen, „greifbar" machen. Um dies zu ermöglichen, haben wir für Behinderte einen *Erlebnispfad* geschaffen. Übersicht über einzelne Elemente des Erlebnispfades

- *Bodenbeschaffenheit:* Steinplatten, Kieselsteine, Schotter, Häcksel, Sand, Gras, Wasser
- *Unebenheiten:* Bergauf/-ab (Abb. 20), Gefälle variieren Gräben, Hügel, Wall, verschiedenartige Hindernisse
- *Biegungen:* In der Ebene, am Hügel mit unterschiedlichen Radien

20   *Erlebnispfad: Bergauf*

- *Verengungen:* Vom offenen Feld bis zum eng begrenzten Weglein (Abb. 21), unter Hindernissen durch (Abb. 22), Labyrinth (Abb. 23)
- *Treppen:* aus Naturmaterial
- *Nischen:* aus Naturmaterial
- *Hindernisse:* Tonnen, Cavallettis, Pneus
- *Tunnel / Unterführung:* Naturmaterial

Zwei Beispiele seien zum besseren Verständnis näher erläutert.

Das Labyrinth aus Sträuchern, mit Tunnel: Im Labyrinth gilt es, sich immer neu zu orientieren, andere Durchschlupfe zu suchen und Unerwartetes mit dem Pferd zusammen auszuprobieren. Es braucht echte Überwindung, den Laubentunnel zu betreten, vor allem, wenn das Pferd zögert und der Ausgang nicht sichtbar ist. Unter Büschen durchzureiten, gleichzeitig mit den Augen den Weg zu suchen, dem Pferdeführer die Wegrichtung anzugeben, fordert Orientierungsvermögen und Entscheidungsfreudigkeit. Kurz nach einem Regen, wenn alle Büsche naß sind und das Laub recht schwer und dick ist, wird einiges an Überwindung gefordert.

21   Erlebnispfad: Vom offenen Feld zum eng begrenzten Weglein

22 *Erlebnispfad: Zwischen Hindernissen durch*

23 *Das Labyrinth aus Sträuchern, mit Tunnel*

Die Pergola oder offene Gartenlaube aus Holz und Schlingpflanzen: Die Pergola ist ein Ort der Stille. Hier ist es möglich, ohne abgelenkt zu werden, mit seinem Pferd zusammen zu sein. Eine Bank ladet zum Sitzen oder Draufliegen ein. Das Pferd darf grasen. Die Pergola ist besonders für leicht ablenkbare, unruhige Kinder geeignet, aber auch als Ausruhplatz auf dem Weg durch den eindrucksreichen Erlebnispfad.

Die Arbeit auf dem Erlebnispfad lockern wir zwischendurch mit kurzen (10–15 Min.) Ausritten im Schritt in ebenem Gelände auf, wo der Behinderte sich *ganz dem Pferd, dem Sich-tragen-lassen* hingeben kann. Das gemeinsame Überwinden der Schwierigkeiten auf dem Erlebnispfad soll dazu dienen, eine intensive partnerschaftliche Beziehung zwischen dem Behinderten und dem Pferd, aber auch mit dem Reitpädagogen entstehen zu lassen.

Diese Kombination von Erlebnispfad und Ausritt im Schritt bietet für den Gruppenunterricht vielseitige Möglichkeiten, den Nichtreiter zu integrieren: Gemeinsam werden die Hindernisse überwunden. Man muß aufeinander eingehen und Rücksicht nehmen; kann dabei auch zeigen, was man schon beherrscht, und darf sich bewundern lassen.

Das Führen des Pferdes auf dem immer wieder veränderten Erlebnispfad bedeutet eine rechte Herausforderung für den Behinderten: Für das Pferd bringt der immer wieder neu zusammengestellte Pfad eine wohltuende Abwechslung. Das gemeinsame Lernen läßt den Behinderten Erfahrungen neuer Art über das Wesen des Pferdes gewinnen. Da der Erlebnispfad auch das Pferd vor immer wieder neue Situationen stellt, zeigt es Neugierde, Unruhe, Angst, eventuell sogar Verweigerung: das wiederum verlangt vom Behinderten Anpassung und Geduld. Er muß aktiv werden, die Situation zu meistern versuchen indem er das Pferd anleitet, auf seine Gefühle und Reaktionen eingeht, mit ihm spricht, versucht, ihm seinen Willen kundzutun. Das Pferd lernt, dem Behinderten zu gehorchen. Das Pferd bleibt aufmerksam, wach und wird weniger schnell therapiemüde.

Der Leser wird sich an dieser Stelle fragen, weshalb es einen speziellen Erlebnispfad benötigt und nicht einfach geeignetes Gelände zur Benützung gelangt? Dazu ist zu sagen: Der Pfad ist überschaubar und daher für den Behinderten leichter zu erfassen. Die Begrenzung durch einen Zaun ist eine zusätzliche Orientierungshilfe und gibt die nötige Sicherheit. Die Bodenbeschaffenheit und der Verlauf des Pfades können behinderungsspezifisch ausgewählt, nach Bedarf entsprechend verändert werden und ermöglicht Flexibilität. Dadurch ergibt sich auf engem Raum eine große Vielfalt von Eindrücken und Übungsmöglichkeiten. Ein solcher Pfad ist auch für kurzfristige Einsätze schnell erreichbar.

Welche Auswirkungen auf den Behinderten erhofft man sich von der

Benützung des Erlebnispfades? Die nachfolgende Aufzählung zeigt die angestrebten Ziele:

- durch intensive Bewegungen des Pferdekörpers erfolgen starke physische und psychische Impulse
- bessere Wahrnehmung der Wärme des Pferdekörpers
- Lösen von Fixierungen durch vermehrte Konzentration auf das Geschehen, auf das „Erlebnis"
- differenzierte akustische und geruchliche Wahrnehmung des Pferdes und der Umgebung
- visuelles Erfassen der Schwierigkeiten des Pfades und Einschätzen der Anforderungen in verschiedenen Situationen
- Gefallen finden am Lösen neuer Aufgaben
- Entwickeln von Eigeninitiative und Kreativität
- vertiefte partnerschaftliche Beziehung zum Pferd und Mitbehinderten entwickeln
- über gemeinsames Handeln eine Erweiterung der sozialen Kompetenzen in Gang setzen.

Die Benützung des Pfades und das Lösen der Aufgaben soll den Behinderten in seiner Ganzheitlichkeit ansprechen. Es können zwar vorübergehend und phasenweise einzelne Funktionen geübt werden, die dann aber wieder in die Gesamtheit des Behinderten integriert werden müssen; wir erhoffen, daß das Gelernte in den Alltag übertragen und integriert wird.

Für den leichter Behinderten kann mit den Allgemeinen Übungen begonnen werden. Einzelne spezielle Übungen kommen dann dazu, wenn sie für den Behinderten angezeigt sind. Mir ist es ein Anliegen, *daß bei den Übungen das Pferd immer mit einbezogen ist.* Geführte Ausritte sollen von Zeit zu Zeit weiterhin angeboten werden. Das Erlebnis des unbeschwerten Getragenwerdens soll erhalten bleiben.

Nun ist es mir möglich, die weiteren Stunden dem Bedürfnis des Kindes entsprechend zu planen und zu gestalten. Wenn sich ein Kind trotzdem langweilt, so kann es daran liegen, daß es bei seinen Handlungen unterbrochen wurde, weil der Reitpädagoge zu sehr sein gestecktes Ziel erreichen wollte. Emotionale Kontaktaufnahme braucht Zeit, Muße und Geduld. Abschließend ist darauf hinzuweisen, daß die Aufnahme und die Bestätigung des Kontakts zum Pferd nie abgeschlossen ist; sie wird immer einen Teil einer Stunde ausmachen. Sie kann differenziert und verfeinert werden; sie wird zur eigentlichen *Intimsphäre, in der eine erfüllte Beziehung entsteht.*

Solche Begegnungen von Kind und Pferd sollten so oft wie möglich einen Teil einer Stunde ausmachen, da sich die Beziehung stets weiterentwickelt. Der Ablauf einer Unterrichtslektion, mit einzelnen Schwerpunkten, könnte wie folgt gehandhabt werden.

Ablauf einer Unterrichtslektion

Jede Lektion ist schriftlich vorbereitet aufgrund einer Feinzielplanung. Die linke Spalte enthält stichwortartig die Tätigkeit mit dem Pferd, die rechte Erläuterungen dazu.

1. Emotionale Kontaktaufnahme, Beziehungsanbahnung Kind/Pferd

Zeit: ca. 10–15 Min.

Dem Pferd in verschiedenen Situationen begegnen; Weide, abgegrenzter Raum, Nische; das Pferd ist frei oder angebunden.	Nahbereich Kind/Pferd, möglichst ohne Einwirkung des Reitpädagogen; Beobachtungsmöglichkeit: Beziehung Kind/Pferd.

2. Hauptteil

Zeit: mind. (a) 30 Min. bzw. (b) 50 Min. bei Fortgeschrittenen

(a) Beschäftigung mit dem Pferd	vom Boden aus, auf dem Pferd im Stand/Schritt, im Parcours.
(b) Reiten	auf dem geführten Pferd, beim selbständigen Reiten, beim Handpferdreiten.

3. Verabschieden und Versorgen

Zeit: ca. 10 Min.

Das Pferd in den Stall, Auslauf oder die Weide bringen	unter Aufsicht des Reitpädagogen oder Helfers.

4. Kurze schriftliche Stellungnahme zum Lektionsverlauf

	durch den Reitpädagogen und/ oder durch den Beobachter: systematisch, durch notierte Beobachtungen.

Allgemeine Übungen zum Heilpädagogischen Reiten

Die allgemeinen und speziellen Übungen habe ich sowohl mit normalbegabten, verhaltensauffälligen (auch POS-)Kindern, mit Vorschulkindern und Jugendlichen, als auch mit geistig behinderten Kindern erprobt und angewendet.

Zusammen mit Therapeutinnen haben auch Kinder und Jugendliche von der Behandlungsstelle für CP Patienten den allgemeinen Übungsteil mit Erfolg durchgearbeitet (als Vorbereitung auf das Therapeutische Reiten).

Dies soll jedoch nicht heißen, daß sie sich nur für diese Kinder eignen. Wer um die Zusammenhänge zwischen frühkindlichen Fehlentwicklungen und späterer Gesamtentwicklung weiß, wird verstehen, daß sich diese Übungen auch für viele andere Arten der Behinderung bei Kindern eignen und darüber hinaus auch für alle gesunden Kinder von Bedeutung sein können. Das Alter und den Entwicklungsstand jedes Kindes, das ich unterrichte, beziehe ich in meine Überlegungen ein und berücksichtige sie bei der Durchführung der Übungen. Auf Flexibilität des Übungsleiters kann nicht genug hingewiesen werden. Das Kind oder der Jugendliche darf nie überfordert werden, nur so bleibt Freude und Lust an den Übungen und die Neugier auf weitere Aktivitäten erhalten, wird sie sogar gesteigert.

Je nach Art der Behinderung und der Zielsetzung setzt sich eine Gruppe aus zwei Kindern und einem Pferd bis maximal acht Kindern und vier Pferden zusammen. Die Gruppengröße hängt vom Entwicklungs- und Leistungsstand der Kinder ab.

Ich habe die einzelnen Übungen zu *Übungsblöcken* zusammengefaßt und versucht, sie in eine pädagogisch sinnvolle Reihenfolge zu setzen, die auch vom fortschreitenden Schwierigkeitsgrad her gerechtfertigt ist.

Die Reitdauer während eines Übungsblockes beträgt 20–30 Minuten pro Kind, dann wird abgewechselt. Das Kind, welches das Pony geführt hat, sitzt nun auf und übergibt dem Kind, welches schon geritten ist, die Führleine.

Vom zweiten Übungsblock an helfen sich die Kinder durch Steighilfen gegenseitig beim Aufsitzen.

Diese Übungsblöcke bilden einen Teil einer Lektion und sollten nie isoliert stattfinden. Zu jeder Lektion gehören Teile aus der emotionalen Kontaktaufnahme, evtl. kombiniert mit Arbeit am Pferdekörper mit dem Tellington-Touch „Bruns-Tellington 1985" oder kürzere Putzphasen an Körperstellen, an denen das Pferd auch wirklich Schmutz aufweist, (nicht einfach putzen um zu putzen).

Bei den ersten drei Übungsblöcken des allgemeinen Übungsteils geht das Pony nur im Schritt. Bei ängstlichen Kindern empfiehlt es sich, alle

24 *Der Reitsitz*

Übungen erst im Stehen zu machen. Beim Übungsblock IV können als Steigerung einzelne Übungen im Tölt ausgeführt werden.

Zwischen den einzelnen Übungen immer wieder im entspannten Reitsitz sich in die Bewegung des Ponys einfühlen, die Körperwärme, den Rhythmus zu spüren versuchen.

Bei sehr verkrampften Kindern lasse ich die folgenden zwei Entspannungsübungen ausführen. Diese Übungen beginne ich immer beim stehenden Pony.

Das Kind liegt vorwärts in Bauchlage längs auf dem Pony, Arme und Beine hängen rechts bzw. links am Ponyhals herab. Der Kopf liegt am Hals des Ponys, die Augen sind geschlossen. Darauf prüfe ich den Entspannungszustand z. B. an den Armen, am Rücken. Ich lasse erst anreiten, wenn das Kind ganz entspannt ist. Nach einigen Runden halten wir an, dann helfe ich dem Kind beim Aufsitzen, lasse es kräftig durchatmen und dann noch einige Runden im Reitsitz weiterreiten (Abb. 24).

Die „Allgemeinen Übungen" müssen alle Kinder absolvieren. Auf ihnen bauen die späteren „Speziellen Übungen" auf.

Innerhalb der „Allgemeinen Übungen" unterscheide ich zwischen

Angewöhnungs- (A) und Eingewöhnungsübungen (E). Bei den A-Übungen ist das Kind vorwiegend passiv, es versucht sich und das Pony zu erfühlen. Bei den E-Übungen kommen erste leichte Bewegungen der Arme und Beine dazu; das Kind erlernt, die Balance zu halten und vom Pony abzusitzen (Abgänge).

Der erste Übungsblock ist als *Angewöhnungsphase* gedacht. Er hilft Ängste abbauen; er erlaubt erste Körperkontakte auf dem Pony und hilft, den Partner Pony näher kennenzulernen.

Der zweite Übungsblock testet die Grobmotorik und die Geschicklichkeit; er vermittelt *Wohlbehagen* oder *Unbehagen* je nach dem Gelingen der Übungen.

Der dritte Übungsblock schult das *Gleichgewicht,* fördert die *Sicherheit* und die *Vertrautheit* mit dem Pony, fordert zu ersten Mutübungen heraus.

Der vierte Übungsblock wiederholt alle Übungen, vertieft die Sicherheit, das Vertrauen, das Wohlbefinden, macht neugierig auf noch mehr.

Die Übungen der Blöcke I–IV

I
1. Steighilfe beim Aufsitzen geben (A)
2. Reitsitz (A)
3. Augen schließen, den Pferdeleib zu spüren versuchen (A)
4. Arme hängen lassen, sich schwer machen (A)
5. Mit dem Pony lieb sein (A)
6. Abgang über den Ponyhals (A E) oder dem Ponybauch entlang (A E)
7. Abrutschen lassen

II
1. Mähne kraulen (A E)
2. Kruppe beklopfen (A E)
3. Arme waagrecht halten (E)
4. Mit den Armen kreisen (E)
5. Arme im Genick verschränken (E)

III
1. Erstes Ballspiel (E)
2. Verkehrter Reitsitz (E) und bäuchlings auf den Ponyrücken liegen (A E)
3. Unter dem Tuch das Pony genießen (A E)
4. Abgänge: Kruppe, seitlich abrutschen, Flanke (E)

IV

1. „Mehlsack"
2. Wiederholen aller Übungen (A E)

Übungsblock I

I-1

Sind die Ponys geputzt und haben sie ein Stallhalfter an, so werden sie von je einem Kind an der Führleine in den Paddock geführt und im Abstand von vier Metern aufgestellt. Die Kinder, die als erste reiten dürfen, warten am Eingang. Ich rufe das jeweilige Kind beim Namen und helfe ihm beim Aufsteigen, indem ich ihm *mit den Händen Steighilfe* gebe.

I-2

Ich vergewissere mich, daß das Kind im tiefsten Punkt auf dem Ponyrükken bequem sitzt und zeige ihm, wie es an der Mähne oder am Voltigiergurt, wenn es ängstlich ist, sich festhalten kann. Nun werden die Ponys auf dem Reitbahnoval geführt. Ich gehe von Kind zu Kind und beobachte, gebe Anweisungen und versuche herauszubekommen, wie sich jedes fühlt. Das Kind sollte *gelöst auf dem Ponyrücken* sitzen, die Wärme und die Bewegungen des Ponyleibes verspüren. Es soll es genießen, fortgetragen und von den Kameraden ob seines Mutes bewundert zu werden.

I-3

Hat das Kind einige Runden auf dem Ponyrücken zurückgelegt, muntere ich es auf, *die Augen zu schließen* und so den Ponyleib noch bewußter zu spüren versuchen (Abb. 25).

I-4

Die Arme hängen lassen, sich schwer machen.

I-5

Die Aufforderung, *mit dem Pony lieb zu sein,* beinhaltet alle Liebkosungen, die ein Kind vom Ponyrücken aus seinem Tier zukommen lassen kann: tätscheln, kraulen, liebe Worte zuflüstern etc. Je mehr ein Kind mit seinem Pony vertraut ist, um so inniger und einfallsreicher werden die Liebkosungen.

I-6

Die letzte Übung von Block I ist der *Abgang mit einem Bein über den Ponyhals.* Das Pony wird angehalten. Ich erkläre dem Kind den Vorgang

25   Augen schließen, den Pferdeleib spüren

26   Abgang über den Ponyhals

genauestens. Das Kind schwingt ein Bein über den Ponyhals, läßt sich langsam seitlich abrutschen und landet mit beiden Füßen zugleich auf dem Boden (Abb. 26).

I-7
Für ganz ängstliche oder leicht körperbehinderte Kinder hat sich das Abrutschenlassen, dem Ponybauch entlang, bewährt. Das Kind legt sich nach vorn auf den Ponyhals, die Beine liegen auf dem Rücken und der Kruppe des Tieres. Der Reitpädagoge nimmt nun beide Beine und dreht das Kind seitlich zum Pony, so daß es sanft dem Ponybauch entlang abrutschen kann.

Übungsblock II

Zum Warmwerden auf dem Ponyrücken, zu Beginn einer Lektion und zum Vertiefen des Gelernten werden einzelne Übungen aus dem vorangegangenen Übungsblock wiederholt. Das kann so vor sich gehen, daß einmal das Kind wählen darf, ein anderes Mal der Übungsleiter dem Kind Übungen zuteilt, z. B. solche, die es noch nicht gut kann; solche, die es besonders gerne macht; solche, die für die reiterliche Weiterentwicklung notwendig sind. Nun folgen die neuen Übungen:

II-1
Den Oberkörper nach vorne beugen und abwechslungsweise mit der rechten, dann mit der linken Hand *unter der Mähne das Pony kraulen;* eventuell steigern, bis das Kind mit beiden Händen zugleich und mit ganz nach vorn gebeugtem Oberkörper auf dem Ponyhals liegt und das Tier zwischen den Ohren krault.

II-2
Das Kind dreht den Oberkörper abwechselnd nach links hinten, rechts hinten und *der ausgestreckte Arm beklopft die jeweilige Kruppenhälfte* (Abb. 27).

II-3
Nach weiteren Runden folgen die Aufforderungen: rechten *Arm in die Waagrechte hochheben,* linken Arm hochheben, beide Arme hochheben, in die Ausgangsstellung zurückgehen und das Pony loben, d. h. mit der Hand den Ponyhals tätscheln.

27   *Kruppe beklopfen*   28   *Arme im Genick verschränken*

II-4
Mit den Armen kreisen: mit dem rechten, mit dem linken Arm kreisen, vorwärts/rückwärts.

II-5
Während zweier Runden werden die *Hände im Genick verschränkt* (Abb. 28), dann werden zusätzlich noch während zweier Runden die Augen geschlossen.

Übungsblock III

III-1

Erstes Ballspiel: Das Kind wirft seinem Übungsleiter einen farbigen Plastikball zu; dieser fängt ihn auf, wirft ihn zurück und geht dann zum nächsten Kind. Unterdessen übt das erste Kind allein weiter: Es rollt seinem Pony den Ball um den Hals und beschäftigt sich dadurch wieder mit ihm. *Beim Üben sollte das Pony immer wieder unmittelbar einbezogen werden.*

29   *Verkehrter Reitsitz*

III-2

Aufsitzen und eine halbe Drehung auf dem Ponyrücken ausführen; das Kind schaut nun nach hinten, *verkehrter Reitsitz* (Abb. 29), es darf sich anfänglich auf der Kruppe abstützen, später versucht es freihändig zu reiten. Nun lassen sich in dieser Stellung alle Armübungen aus Block I und II ausführen. Zwischendurch immer wieder im gelösten Reitsitz reiten lassen.

56

30 *In Bauchlage auf dem Ponyrücken*

Das Kind liegt bäuchlings auf dem Ponyrücken, sein Kopf liegt seitwärs auf der Kruppe, Arme und Beine hängen herunter (Abb. 30). Jetzt lasse ich das Pony langsam anreiten.

Ich gehe nebenher, wenn es möchte oder ich es als nötig erachte, lege ich meine Hand auf seinen Rücken. Fühlt sich das Kind unwohl wird angehalten bis es sich wieder wohl fühlt. Anfänglich sollte diese Übung nur während einer, später während zwei bis drei Runden durchgeführt werden. Die Übung ist auch sinnvoll, wenn sie nur im Stand ausgeführt wird.

III-3
Eine weitere Übung, die ebenfalls der Entspannung dient: Das Kind kann auf dem Pony sitzen oder sich hinlegen, nun nimmt der Reitpädagoge ein großes Tuch und bedeckt das ganze Kind. Für Ängstliche ein durchsichtiges Tuch benützen (Abb. 31, 32).

Das Kind darf so lange darunter bleiben wie es will und *die Zweisamkeit mit dem Pony genießen*. Die Übung beginnt im Stand, auf Wunsch kann auch im Schritt geritten werden.

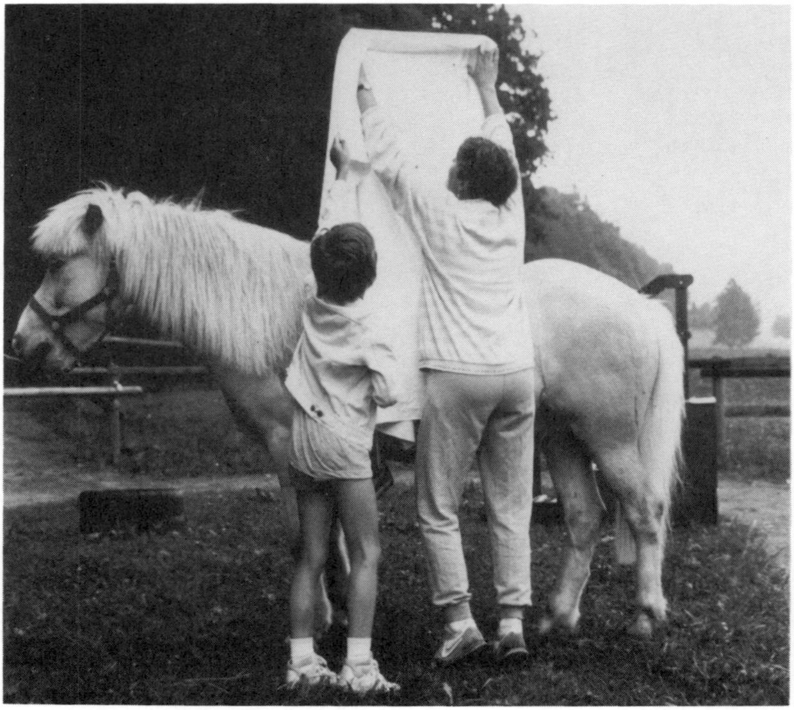

31 Entspannung und Vertrauen
32 Zweisamkeit

33   Mit beiden Händen abstützen

III-4

Wir üben den *Abgang über die Kruppe*. Mit beiden Händen stützt sich das Kind auf der Kruppe ab (Abb. 33) und stößt sich wie beim Bocksprung mit den Händen ab (Variante für besonders Mutige: Abgang mit dem Purzelbaum über die Kruppe). Mithilfe eines Erwachsenen ist in allen Fällen nötig. Ängstliche dürfen sich abrutschen lassen (Vorsicht bei Stuten!). Weitere Abgänge sind: Seitlich abrutschen (Abb. 34), mit der Flanke (Abb. 35).

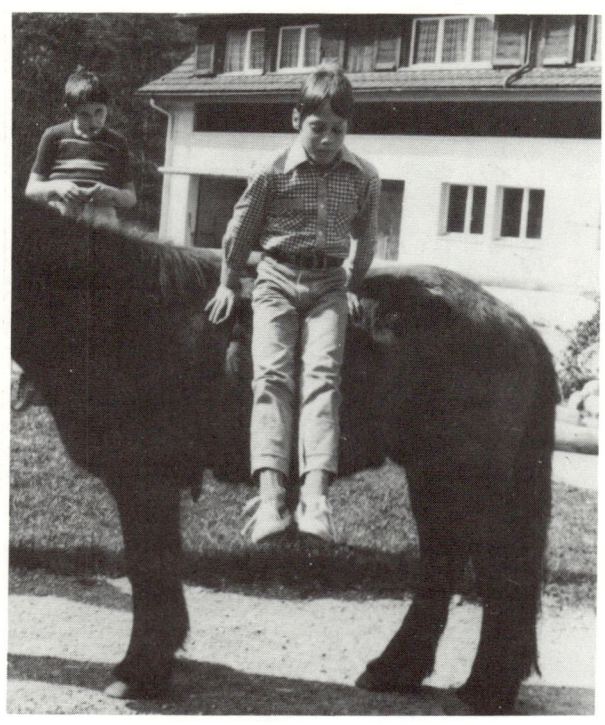

34 *Seitlich abrutschen*

35 *Abgang mit der Flanke*

36 *„Mehlsack"*

Übungsblock IV

IV-1

„Mehlsack": Das Kind liegt bäuchlings quer über dem Ponyrücken und hält die Balance (Abb. 36). Achtung: Anfänglich muß unbedingt ein Erwachsener mitgehen und eventuell das Kind halten. Zum Schluß läßt es sich auf der Beinseite abrutschen. Wagemutigere rappeln sich in den Reitsitz auf.

IV-2

Wiederholen aller Übungen (AE).

Spezielle Übungen zum Heilpädagogischen Reiten

Mit den *speziellen* Übungen gehe ich bei den mir in meinem Beruf anvertrauten – oft verhaltens- und bewegungsauffälligen – Kindern bewußt ein Fehlverhalten, eine Fehlhaltung, eine Fehlentwicklung an in der Hoffnung, diese zu verändern, zu bessern – mit dem Pony als Partner. Die zunächst völlige Ausschaltung jeglichen sportlichen Zielstrebens ist selbstverständlich. Diese speziellen Übungen sollen sein:

– Beabsichtigtes und gezieltes Zusammenführen von Kind und Pony zum Zweck der Auseinandersetzung, der Anpassung, des Einfühlens und des Rücksichtnehmens;
– Erziehung zur Regelmäßigkeit, Genauigkeit, Gewissenhaftigkeit und Ordnung sowie zur Selbstüberwindung und zur Abhärtung.

Wir können die Übungen unterscheiden nach

– Übungen, die den Gefühlsbereich ansprechen
– Übungen zur Behandlung von Wahrnehmungsstörungen
  im auditiven Bereich
  im visuellen Bereich
  im taktilen Bereich
– Übungen zur Schulung der Motorik
– Übungen im sozial-integrativen Bereich
– Übungen im Kommunikationsbereich

Diese Übungen wurden zur Anregung und Ermunterung für den Übungsleiter zusammengestellt; daraus sollen neue Übungen entstehen. Die besten und brauchbarsten sind oft diejenigen, welche zusammen mit dem Kind während des Übens entwickelt werden.

Übungen, die den Gefühlsbereich ansprechen

Diese Übungen zielen darauf hin, Körper und Seele harmonisch miteinander in Einklang zu bringen. Daraus soll sich ein zufriedenes Ich entwickeln, das wiederum Voraussetzung ist, Behinderungen in anderen Bereichen gezielter angehen zu können.

Der kindliche Bewegungsdrang als elementares Bedürfnis, gesteuert ausgelebt (durch gezielte Übungen), wird sich so positiv entfalten. Als unmittelbare Folge verspürt das Kind im psychischen Bereich Wohlgefühl, Wohlbehagen.

Kommt nun das Kind zu mir in die Stunde, beobachte ich als erstes seine Körperhaltung, seine Bewegungen; diese erlauben mir, Schlüsse zu ziehen über seine momentane seelische Stimmung. Ich lasse es ohne weitere Anweisungen einige Runden reiten. Sitzt es mit hängendem Kopf, mit in sich zusammengefallenem Körper fast willenlos auf dem Pony, so erlaube ich mir die Deutung, daß offensichtlich sein seelisches Gleichgewicht nicht im Lot ist. Sitzt es jedoch aufrecht, guckt die Nasenspitze vorwitzig in die Luft und geht sein Körper gelöst und harmonisch im Rhythmus des Ponyleibes mit, so weiß ich, daß ich mit diesem Kind sofort gezielt arbeiten kann, und daß es auch zu neuen oder schwierigeren Übungen bereit sein wird.

Das Wissen um das Zusammenwirken von psychischem Wohl- oder Unwohlsein und körperlichem Ausdruck soll mir meine Arbeit mit dem Kind wesentlich erleichtern. An Haltung und Bewegung erkenne ich, ob das Kind zu den Selbstbewußten/Erfolgreichen oder zu den Bedrückten/Versagern gehört. Wie kann nun gezielt vorgegangen werden?

Meine Erfahrung zeigt, daß eine Voraussetzung zum guten Gelingen gegeben ist, wenn sich einem eher bedrückten Kind ein unkompliziertes, gut vorwärtsgehendes, eher aufdringliches Pony zuteile, ein Pony also, das durch sein Verhalten das Kind zum Kontakt mit ihm herausfordert und es von den Kinderproblemen ablenkt. Einem „aufgestellten" Kind gebe ich eher ein sensibles Pony, welches durch nahen, jedoch dosierten Körperkontakt volle Aufmerksamkeit vom Kind verlangt.

Kann ich das Kind selbst unter zwei oder drei zu ihm passenden Ponys (Farbe, Größe) wählen lassen, ist ein Optimum erreicht. Ist das Pony zugeteilt oder ausgewählt, halte ich das Kind an, sein Tier gründlich zu striegeln und währenddessen ständig mit ihm zu reden. Ich selbst halte mich in der Nähe auf, beschäftigte mich aber vordergründig mit etwas anderem. Mein Ohr und zeitweise auch mein Auge sind jedoch beim Kind, damit ich stets beobachten kann, wie seine derzeitige Stimmung ist.

Diese intensive Zuwendung des Kindes zum Pony bleibt *nie* ohne positive Wirkung. Das Tier genießt sie und gibt dem Kind das auch unmißverständlich zu merken. Kommt dann noch das Lob des Erwachsenen und die Bewunderung der Umstehenden dazu, so steigt das Kind „mit gestärktem Rückgrat" auf sein Pony: Die erste Voraussetzung zum guten Gelingen der kommenden Übungen ist erfüllt.

Ohne Einschränkung gültig und sehr wichtig ist bei allem, was nun folgt, daß das Kind dieses „gestärkte Rückgrat" behält, damit das Wohlbehagen, welches es dabei empfindet und erlebt, anhält. Der Wunsch und die Sehnsucht muß wach bleiben, daß dieses Gefühl recht lange andauern möge oder aber sich recht bald und recht oft wiederhole (erste Schritte zum Übertragen in andere Bereiche und auch auf Personen). Nun lasse ich die beiden folgenden Übungen ausführen.

Das Kind sitzt stolz „mit gestärktem Rückgrat" auf dem Pony. Ich sage

37 „Hans Guck-in-die-Luft"   38 Das gelöste und
                                         glückliche Gesicht

zu ihm: „Strecke Dein Gesicht, Deine Nasenspitze hoch in die Luft und
atme dabei tief durch; erzähle mir, was Du fühlst und was Du siehst."
    Das Kind darf so lange auf diese Art reiten, wie es möchte. Es fühlt
sich dabei leicht und unbeschwert, so daß es oft vergißt, wo es ist. Es
besteht die Gefahr, daß es aus dem Gleichgewicht gerät und abrutscht.
Ich gehe deshalb neben dem Kind her, um es allenfalls auffangen zu
können.
    Das Kind kann bei dieser Übung auch aufgefordert werden, zeitweise
die Augen zu schließen. Kinder halten diese Übung erstaunlich lange
durch, und sie macht ihnen ohne Ausnahme Spaß. Oft bewegen sie auch
unbewußt Arme und Beine, oft sogar geht der ganze Körper im Rhythmus der Pferdebewegung mit. „Hans Guck-in-die-Luft" (Abb. 37) ist
besonders geeignet für unkonzentrierte, leicht ablenkbare Kinder. Nun
folgt die zweite Übung.
    Lieb sein mit dem Pony. Diese Übung ist als Belohnung für das Pony
gedacht und führt das Kind wieder zu seinem Partner Tier zurück.
    Für das Pony ist diese Übung eine rechte Konzentrationsleistung. Ich

64

erlebe oft, wie das Pony auf seine wacklige Last ausbalancierend einwirkt oder sofort stehen bleibt, wenn es spürt, daß das Kind aus dem Gleichgewicht gerät. Am Spiel der Ohren, an der Kopfhaltung erkenne ich, wie das Tier mit seiner eigenen Wahrnehmung beteiligt ist. Mit Inbrunst wird nun das Pony gestreichelt, gekrault und liebkost. Das Pony ist zufrieden, und das gelöste glückliche Gesicht des Kindes zeigt mir, daß sich auch bei ihm in diesem Moment Körper und Seele im Einklang befinden (Abb. 38).

Das noch *unsichere, eher zaghafte* Kind möchte vielleicht weiterhin so unbeschwert weiterreiten; es möchte eingehüllt bleiben in seinem körperlichen und seelischen Wohlbefinden, es „weigert sich", seine Lage zu verändern. Ich reite also auf dem Zirkel einige Zeit weiter mit ihm. Dann führe ich es langsam aus dem Paddock heraus, auf den Ausgang des Heimareals zu, und auf dem nahe gelegenen idyllischen Waldweg wandern wir weiter. Ich versuche damit dem Kind zu zeigen, daß sein Wohlbefinden auch außerhalb seiner vertrauten Umgebung (Zirkel) anhalten kann. Ja, es kann sogar noch verstärkt werden durch das Gezwitscher der Vögel, das Rauschen des Baches usw. Gesprochen wird ganz selten dabei und nur dann, wenn das Kind damit beginnt oder die Situation es erfordert. Behutsam kehren wir dann nach 20–30 Minuten in den Stall zurück. Das Pony wird unter meiner Aufsicht vom Kind versorgt und entlassen.

Waren die Übungen aus dem Gefühlsbereich erfolgreich, hat das Kind genügend Selbstsicherheit erlangt, und fühlt es sich wohl auf seinem Pony, so kann mit den folgenden Übungen weitergefahren werden. Diese richten sich nach der Behinderung oder Störung des zu behandelnden Kindes. Die folgenden Übungen sind zur gezielten Schulung gedacht.

Übungen zur Behandlung von Wahrnehmungsstörungen

Im auditiven Bereich

A Mit Triangel, Tamburin und Rasselbüchse

I

Der Reiter reitet ohne, später mit verbundenen Augen, ein Kind geht vor dem Reiter und schlägt den Triangel an (im Zahlenraum 1 bis 10). Der Reiter gibt die Endzahl bekannt oder zeigt sie mit den Fingern.

II

Variation: das gleiche mit einer Rasselbüchse oder auf dem Tamburin.

65

39

III

Das gleiche auch umgekehrt (Abb. 39). Will man den Zahlenraum erweitern, so wird mit beiden Händen immer nur die 10er Stufe gezeigt (10, 20 etc.).

IV

Der Reiter rasselt mit der Büchse, schlägt mit dem Tamburin, wenn er aufhört, muß der Führer stehen bleiben.

V

Variation: Dem Reiter werden die Augen verbunden. Vor dem Pony geht ein Kind und rasselt; hört es auf, muß der Reiter dem Führer verbal das Zeichen zum Halt geben.

VI

Das gleiche mit mehreren Ponys, unabhängig voneinander.

B Mit dem Ball

I

Ein Kind in der Mitte des Zirkels schlägt eine Zahl zwischen 1 und 10 auf dem Tamburin. Der Reiter wirft einen Ball der geschlagenen Zahl entsprechend in die Luft und fängt ihn wieder auf.

40 Lockruf

II

Ein Kind in der Mitte klatscht nacheinander in die Hände. Zahlen im Zahlenraum zwischen 1 bis 20 (evtl. bis 50). Der Reiter

- hört zu und wirft anschließend seinen Ball soviele Male in die Luft wie er Klatschen gehört hat
- wirft seinen Ball in die Luft und klatscht jedesmal die gehörte Zahl und fängt den Ball wieder auf
- wirft dem Kind in der Mitte seinen Ball soviele Male zu wie er Klatschen gehört hat
- klatscht sofort nach und wirft dann anschließend seinen Ball nochmals soviele Male in die Luft wie er geklatscht hat.

C Lockruf

I

Die Läufer warten in der Mitte der Reitbahn mit dem Tuch über den Augen, die Reiter reiten auf dem Oval und locken die Läufer mit Rufen. Sind sie am Ziel, wird gewechselt. Auf den Ruf: „Festhalten!" formieren sich die Kinder wieder wie vorher.

Variation: durch Klatschen in die Hände etc. (Abb. 40).

II

Reiter und Ponyführer bewegen sich frei im Paddock. Der Führer hat die Augen verbunden. Der Reiter leitet ihn mit den Worten: „Rechts, links, geradeaus, Halt, vorwärts, rückwärts!"

Erschwernis: andere Kinder dürfen sich als Hindernis in den Weg stellen.

Im visuellen Bereich

A Befolgen von Flaggensignalen

Vier Kinder stellen mit vier verschiedenfarbigen Tüchern Signalmuster dar. Jede Farbe signalisiert eine andere Bewegungsaufgabe: So bedeutet z. B. rot: Mach' eine Übung mit den Händen; blau: mit den Beinen; grün: mit dem Ball; gelb: erfinde selber eine Übung.

B Farbball

In der Mitte des Zirkels stehen vier Kinder mit vier verschiedenfarbigen Papierkörben; die Reiter tragen analog dazu gleichfarbige Tennisbälle in einer Tasche. Sie reiten bei den Kindern mit den Papierkörben vorbei und versuchen ihre Bälle in den gleichfarbigen Papierkorb zu werfen (Abb. 41). Derjenige Reiter, der zuerst alle seine Bälle richtig plaziert hat, ist Sieger.

Variation: Anstelle von Bällen können auch Bonbons verwendet werden, die nachher aufgegessen werden können.

C Mit den Augen ein Ziel fixieren

In der Mitte des Zirkels steht ein Kind und hält einen roten Ball hoch. Die reitenden Kinder auf den Ponys müssen ihre Augen ohne Unterlaß auf dem Ball ruhen lassen.

D Zielübung

Am Zirkelrand steht ein Kind und hält einen Besenstiel senkrecht hoch. Die vorbereitenden Kinder müssen versuchen, Kartonhülsen am Stab aufzustecken (z. B. Toilettenpapierrollen, Abb. 42). Wer zuerst alle seine Hülsen hat aufstecken können, ist Sieger.

41 Farbball

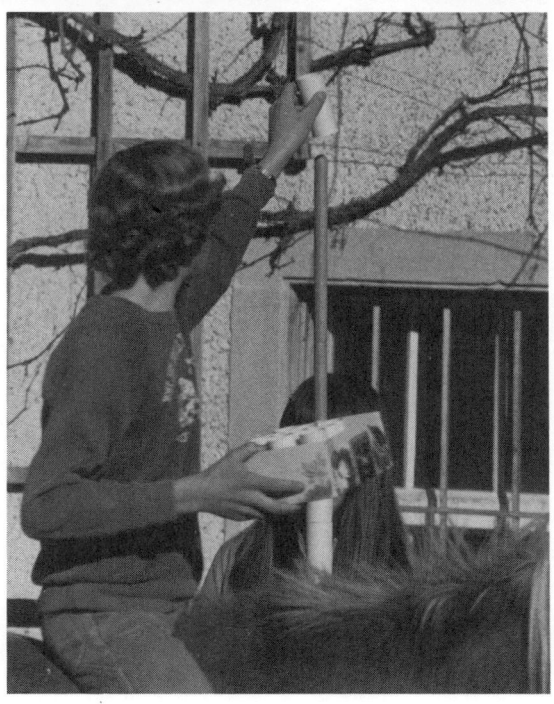

42 Zielübung

E Eine Menge fallender Gegenstände mit den Augen erfassen

I

Aus einem undurchsichtigen Gefäß werden einige Gegenstände (z. B. Apfel, Kastanie, kleiner Ball, Bleistift, Stein, etc.) in ein anderes Gefäß fallen gelassen. Die reitenden Kinder versuchen, die Gegenstände zu benennen (Abb. 43).

II

Die reitenden Kinder versuchen, die Anzahl der Gegenstände zu bestimmen.

Im taktilen Bereich

A Dosierter Einsatz beider Hände

I

Klopfe mit der rechten/linken Hand, mit beiden Händen auf den Ponyhals, bzw. die Kruppe

    langsam–sanft (Hals)
    langsam–kräftig (Hals)
    schnell–sanft (Kruppe)
    schnell–kräftig (Kruppe)

II

Zeichne mit der rechten/linken Hand, mit beiden Händen Kreise ins Fell

    kleine – große
    runde – ovale

B Tasten

I

Der Reitbahn entlang hängen verschiedene Gegenstände: Ringe, Dreieck, Ball, Apfel, Lappen. Das Kind auf dem Pony wird zwei- bis dreimal daran vorbeigeführt. Nun werden die Augen verbunden. Bei jedem Gegenstand hält der Ponyführer an, und das Kind auf dem Pony soll erraten, um welchen Gegenstand es sich handelt, es darf ihn ertasten. Hat es den Apfel ertastet, so darf es das Tuch wegnehmen und den Apfel dem Pony verfüttern (Abb. 44). Zugleich ist das auch Platzwechsel.

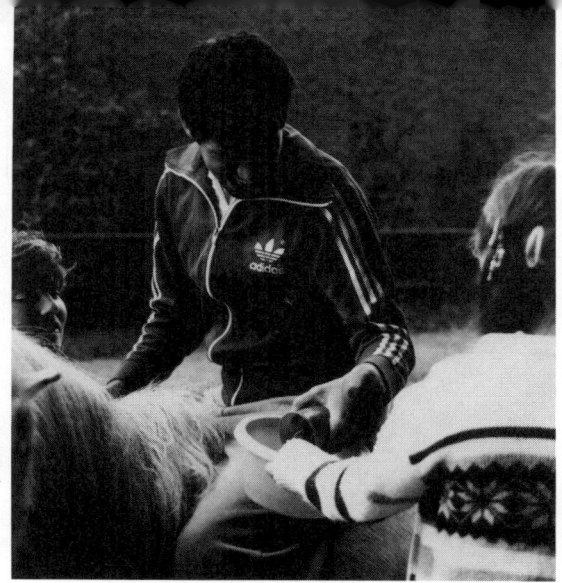

43

Variation: Es werden nur Apfel und Tücher aufgehängt. Findet der Reiter einen Apfel, darf er das Pony damit füttern und muß absteigen; erwischt er ein Tuch, darf er oben bleiben und das Pony überall abstauben (Abb. 45), dann weitermachen.

44   45

46

II

Die Kinder bilden mit geschlossenen Augen der Reitbahn entlang eine
Kette, der Reiter reitet vorbei und läßt sanft ein Tuch jedem Kind über
den Kopf gleiten (Abb. 46).

III

Der Reiter erhält ein Tuch über den Kopf. Die Kinder stehen der
Reitbahn entlang und berühren die ausgestreckte Hand des Reiters.
Spürt er eine Berührung, muß er sofort sein Pony streicheln, erst dann
darf er die Hand wieder ausstrecken.

Übungen zur Schulung der Motorik

A Erleben, Erfassen des Körperschemas

Erfassen der rechts-links-Beziehung am eigenen, am fremden Körper.
Die Anweisungen werden nur in mündlicher Form erteilt:

I

Zeige mit Deinem rechten Zeigefinger auf ein Ohr, auf Deine Nase, auf
Deinen Mund, auf ein Auge (etc.). Und anschließend: Zeige mit dem
linken Zeigefinger auf ein Ohr, die Nase, den Mund (etc.) des Ponys
(Abb. 47).

Erschwert:
- Zeige mit dem rechten Zeigefinger auf das rechte Ohr, Auge, etc.
- Zeige mit dem linken Zeigefinger auf das linke Ohr, Auge, etc.
- Anschließend fasse ich eine Reihe von drei bis vier Befehlen zu einer Aufgabe zusammen. Mit Linkshändern mit dem linken Zeigefinger beginnen.

B Die Begriffe vorn – hinten, neben – oben – unten, in Beziehung zum eigenen Körper erleben

I
Klopfe dem Pony mit der einen Hand vorn, oben und unten auf die Brust und halte Dich mit der andern Hand oberhalb des Mähnenkamms fest.

II
Laß den Kopf nach vorn und hinten, bzw. auf beide Seiten hängen (Abb. 48).

Erschwert: Mit geschlossenen Augen alle Übungen wiederholen.

47   48

C Arm- und Beinbewegungen kombiniert

I
Stütze dich mit beiden Händen auf dem Ponyhals ab und ziehe gleichzeitig beide Füße auf die Kruppe hoch.

II
Hebe abwechslungsweise das linke und das rechte Bein hoch und berühre dann unter dem Knie durch mit beiden Händen das Pony.

D Kreuzende Bewegungen

I
Berühre mit der rechten Hand die linke Schulter und umgekehrt; das Knie.

II
Berühre Deine Ohren, abwechslungsweise das rechte mit der linken Hand und das linke mit der rechten Hand.

III
Berühre abwechselnd kreuzweise das rechte und das linke Knie (Abb. 49).

IV
Berühre dein rechtes/linkes Bein und dann die des Ponys.

V
Kraule den Ponykopf und nachher deinen Kopf.

VI
Erfühle den Ponyschweif hinten und die Ponybrust vorne.

VII
Rechts/links dem eigenen Bein nachfahren bis zur Fußspitze (Abb. 50).

VIII
Hinten unten den Ponyschenkel beklopfen (rechts/links).

49

50

E Balance

I

Vorwärts knieend reiten, Arme hängen lassen, Gleichgewicht halten, eventuell mit den Armen ausbalancieren.

Variation: Das gleiche rückwärts reitend.

II

Im Schneidersitz vorwärts reiten, zuerst Hände abstützen, dann ausbalancieren (Abb. 51).

Variation: Das gleiche rückwärts reitend.

III

Im Reitsitz einen Ring über den eigenen Körper streifen (Abb. 52–55).

IV

Im verkehrten Reitsitz die Arme seitlich ausstrecken, abwechselnd ein Bein nach dem anderen auf die Kruppe legen. Mutige dürfen beide Beine zugleich oben lassen.

51

52

53

54

55

V

Beine auf die Kruppe stellen, abwechslungsweise, dann zusammen, sich mit den Händen abstützen oder frei balancieren.

VI

Sich quer über den Ponyleib legen (Abb. 56).

F Behutsamkeit

Die Reiter versuchen, einen Reifen über das Kind, welches am Zirkelrand steht, zu werfen. Das Kind darf sich entgegen neigen.

Variation: Abstand vergrößern, Kind darf sich nicht bewegen (Abb. 57).

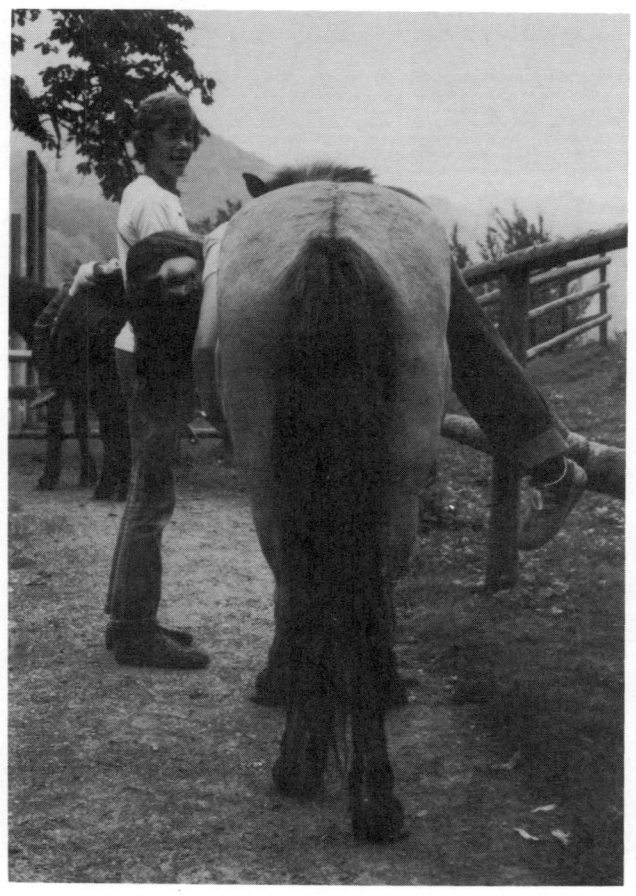

56

57

G Handgeschicklichkeit

I
Die reitenden Kinder sollen während des Reitens Sand (Wasser, Erbsen) von einem Gefäß in ein anderes umschütten, ohne dabei etwas zu vergießen.

Variation: An Stelle von zwei gleichen Gefäßen: ein größeres und ein kleineres; eines mit enger und eines mit weiter Öffnung.

II
Das reitende Kind schlenkert ein Seil in unregelmäßigem Zickzack neben dem Pony am Boden herum. Ein zweites muß versuchen, das Seilende mit der Hand zu fassen (Abb. 58).

58

Übungen im sozial-integrativen Bereich

Während einer Viertelstunde einen Teil der Kinder fünf Übungen frei wählen und ausführen lassen, die übrigen Kinder beobachten und kommentieren (nur positive Kommentare sind erlaubt).
Die Gruppe wird in Reiter und Beobachter geteilt. Die Reiter machen unter sich ab, welche fünf Übungen sie ausführen wollen. Die Beobachter müssen die Übungen erraten. Danach werden die Rollen getauscht.

I
Einige Kinder reiten auf der ovalen Sandbahn, eines oder mehrere Kinder gehen zu Fuß in der Gegenrichtung. Wenn sie sich begegnen, geben sie sich rasch eine Hand, beide Hände, der Reiter legt dem Läufer die Hand auf die Schulter, der Läufer dem Reiter die Hand aufs Knie, übergibt ihm einen Holzstab und nimmt ihn wieder entgegen etc. (Abb. 59).

II
Die Reiter legen sich das Tuch so über den Kopf, daß die Augen bedeckt sind, die Läufer berühren die Reiter bei der Begegnung.

III
Jeder Reiter erhält ein Tuch und soll es so bewegen, wie sein Vorderreiter es tut (z. B. Armkreisen vor, über oder neben dem Körper etc.).

59

60

IV
Der Reiter reitet auf dem Oval, einige Kinder stehen mit erhobenem Holzreifen an der Reitbahninnenseite. Von der Mitte aus versucht ein Kind den Ball dem Reiter durch den Ring hindurch zuzuwerfen, dieser versucht ihn wieder durch den Ring zurückzuwerfen (Abb. 60).

V
Jeweils zwei Kinder sitzen dicht hintereinander. Beide lassen die Arme wie Windmühlenflügel gleichmäßig kreisen, damit sie nicht die Flügel anschlagen. Zuerst kreisen alle Arme gleichmäßig vor und zurück, später rechter Arm vor, linker zurück und umgekehrt.

VI
Zwei Kinder sitzen Rücken gegen Rücken auf dem Pony, der Ball wird seitwärts weitergegeben; den Ball zehnmal kreisen lassen (Abb. 61).

Mit mehreren Ponys

VII
Zwei Kinder reiten nebeneinander und spielen sich den Ball zu, ein drittes geht mit und hebt den Ball auf, wenn er herunterfällt.

81

61

VIII

Das Kind auf dem vorderen Pony sitzt im verkehrten, dasjenige auf dem hinteren Pony im gewöhnlichen Reitsitz; sie werfen sich gegenseitig einige Male den Ball zu. Ein drittes Kind hebt den Ball auf, wenn er hinunterfällt und wirft ihn einem Reiter wieder zu (Abb. 62).

62

82

Übungen im Kommunikationsbereich

„Spielchen"

Es geht hier darum, bestimmte Probleme oder Situationen mit den Kindern zusammen zu bearbeiten und nach Lösungen zu suchen. Die Kinder gaben dieser Art Beschäftigung den Namen. Ein Kind oder ein Pony hat in seinem Verhalten anderen gegenüber ein Problem. Wie können wir helfen? Was können wir tun? Antwort: Wir machen ein *Spielchen* mit ihm.

Beispielsweise benahm sich das Pony Gâski auffällig, wenn etwas knisterte. Es wich plötzlich zur Seite aus, und das konnte für die Kinder beim Reiten unangenehm oder gar gefährlich werden. Wir fragten uns, warum sich Gâski so verhalten mußte. War es aus Angst? Hatte er vielleicht schlechte Erfahrungen mit knisternden oder flatternden Gegenständen gemacht? Wir wußten es nicht und konnten auch niemanden danach fragen. Wir beschlossen, ihm zu helfen. Wir, das waren vier eher ängstliche Knaben im Alter von 8 bis 10 Jahren und ich, füllten eine Tüte mit Brotstücken und gingen damit auf die Ponyweide. Wir riefen dem Tier und knisterten mit der Tüte dazu. Dâski stellte die Ohren und machte sich bereit zur Flucht, wir waren ihm nicht geheuer. Wir beschlossen, uns im Halbkreis auf den Boden zu setzen, seinen Namen zu rufen und von Zeit zu Zeit zu knistern. Gâski beobachtete uns gespannt: das Spiel seiner Ohren verriet uns, daß er sowohl das Locken wie auch das Knistern wahrnahm. Wir wirkten aber offensichtlich für ihn nicht mehr so bedrohlich, weil wir uns niedergesetzt hatten. Gâski kam Schritt um Schritt näher. Für die Kinder war es ein spannungsvolles, langes Ausharren und Stillehalten; jede falsche Bewegung hätte das Pony wieder erschreckt. Als das Tier ganz nahe war, entdeckte es das Brotstück, welches aus der Tüte guckte. Gâski, der große Brotliebhaber! Ganz sachte fischte er mit den Lippen das Stücklein Brot aus der Tüte und fraß es genüßlich. Wir lockten ihn und zogen ein neues Stücklein heraus, aber nur so weit, daß er die Tüte berühren mußte. Etwas rascher als das erste Mal schnappte er danach, und da knisterte es! Er trat einen Schritt zurück, hatte aber das Brot schon im Maul. Wir sprachen beruhigend auf ihn ein und lockten wieder. Siehe da, er kam sofort näher, steckte ohne Zögern sein Maul in die Tüte und schnappte sich ein weiteres Stück Brot. Wieder knisterte die Tüte, doch diesmal wich er nicht zurück. Wir erlebten mit, wie er Stücklein um Stücklein aus der Tüte holte; sein Kopf verschwand sogar darin und blieb fast stecken. Ohne sichtbare Zeichen von Angst fraß er alles auf. Die Kinder lobten ihn und waren stolz, daß das Experiment gelungen war.

Mit weiteren ähnlichen „Spielchen" halfen wir ihm, seine Anst zu überwinden. Die Kinder hatten immer neue Ideen. Heute ist Gâski „geheilt", kein noch so lautes Knistern erschreckt ihn mehr. Wenn die Kinder wieder etwas neues mit ihm ausprobieren wollen, kommt er neugierig herbei und macht mit.

„Spielchen", welche die Kinder zu spontanen Äußerungen ermuntern und ihre Phantasie anregen: Wir stellen uns vor, wie dem Ponyführer und dem Reiter auf ihrem Ausritt viele Hindernisse den Weg versperren. Die beiden werden gezwungen, entsprechend zu reagieren (d. h. vor dem jeweiligen Hindernis eine entsprechende Übung zu machen). Das Hindernis ist allerdings nicht sichtbar, sondern ein Kind in der Mitte des Paddocks kündigt es an. Es ruft zum Beispiel:

„Ein Ast hängt herunter!" Das bedeutet: Lege Dich auf den Ponyhals!

„Eine Wespe fliegt um Dich herum!" Der Reiter muß mit den Armen kreisen, um die Wespe abzuwehren.

„Jemand liegt auf dem Weg!" Der Ponyführer muß nach links oder nach rechts ausweichen, je nachdem, mit welcher Hand der Reiter zeigt.

„Der Müller lädt einen Sack auf!" Der Reiter legt sich wie ein Mehlsack quer über das Pony.

„Der Reiter ist müde!" Er legt sich nach hinten auf die Kruppe usw.

Die letzte Übung des Hindernis-Ausrufers heißt: „Der Reiter hat genug!" Das bedeutet Wechsel zwischen Ausrufer und Reiter bzw. Ponyführer.

„Spielchen", wie man eine unangenehme Begebenheit spielerisch bewältigen kann: Ein Kind ließ sich immer wieder plötzlich und ohne ersichtlichen Grund vom Pony fallen. Es kippte einfach auf die Seite und ließ sich heruntergleiten (Abb. 63). Ich konnte dieses Kind nur auf Blakkur reiten lassen, denn nur Blakkur bleibt dann sofort stehen, manchmal sogar schon vor dem Fall, als ob er mich warnen wollte.

Im Gespräch mit dem Kind selbst konnte ich nicht herausfinden, weshalb es sich so benahm. Ich war mit meiner Weisheit am Ende, auch meine Geduld ließ merklich nach. Ich versuchte, dem Kind klar zu machen, daß das Fallenlassen gefährlich sei, daß es sich ernstlich verletzen könnte, und daß vor allem ich es nicht mehr auffangen könne. So geschah es dann auch. Einmal glitt der Knabe langsam wie im Zeitlupentempo zu Boden. Er machte ein erstauntes Gesicht, fing an zu lachen, und plötzlich lachten auch die anwesenden Kinder mit. Ich aber hatte genug davon, ich wollte kein weiteres Risiko mehr eingehen.

Ich schlug ein „Spielchen" vor. Wir setzten uns zusammen und erdach-

63   Unser „Fall"-Spezialist

ten ein „Spielchen", mit dem wir das unvorsichtige Kind vielleicht „heilen" konnten. Es kamen einige gute Vorschläge; vom betreffenden Kind selber kam einer, der sofort von den anderen begeistert aufgenommen wurde: *Alle* Kinder sollten sich fallen lassen dürfen. Immer wenn ein Kind sich fallen lassen wollte, müßte es mich mit dem Ruf „Ich falle!" warnen, damit ich rechtzeitig springen könnte, um es aufzufangen. Wir spielten das „Spielchen"! Ich rannte von Kind zu Kind, fing auf, und alle außer den Ponys und mir hatten einen Heidenspaß. Nun gab ich bekannt, daß wir das Spiel ein wenig abändern würden: *Ich* dürfe nun auch etwas rufen und zwar: „Jetzt nicht!" Dann herrsche Fallverbot. Antworte ich aber „Ja", dann wäre es erlaubt. Das „Spielchen" nahm seinen Lauf, und alle hielten sich an die Regel. Nach Beendigung des Spiels setzten wir uns wieder zusammen und diskutierten, was am Fallenlassen und Aufgefangenwerden denn so schön sei. Wir beschlossen, das „Spielchen" offiziell bei uns einzuführen. Kein Kind durfte sich mehr vom Pony fallen lassen, ohne daß nicht meine entsprechende Antwort vorausgegangen wäre. Noch zwei- oder dreimal spielten wir dieses „Spielchen", dann geriet es in Vergessenheit. Das Erstaunliche aber war, daß der ursprüngliche Auslöser des „Spielchens" von seiner unberechenbaren „Fall-Lust" geheilt war!

Das Reiten

Handpferdereiten

Sinn und Zweck

„Das Handpferdereiten hat in allen Ländern Tradition, in denen lange Ritte zum Alltag gehören. Diese Tradition auch bei uns zu pflegen, macht dem Reiter, und wie leicht festzustellen ist, auch den Pferden viel Freude. Aber das Handpferdereiten bietet zudem auch eine Reihe von Vorteilen für die Ausbildung und das Training von Pferden." (Rostock/ Feldmann 1986)

Viele Gründe sprechen dafür, daß das Handpferdereiten parallel zur Longen- und Bodenarbeit in das Training des Pferdes integriert werden soll. Beim Handpferdereiten werden die Kondition gefördert, die Rückenmuskulatur gestärkt und die Bewegungen des Pferdes freier und gelöster. Für müde Therapiepferde ist es Entspannung und Abwechslung.

„Wenn auch die Arbeit mit dem Handpferd vorwiegend auf das Pferd an der Hand ausgerichtet ist, ist aber auch die positive Wirkung auf das Reitpferd nicht zu übersehen. Durch ein frisch nebenher laufendes Handpferd wird auch das Reitpferd zu energischerem Gehen angeregt." (Rostock/Feldmann 1986)

Ein zum Handpferdreiten gut eingespieltes Pferdepaar erleichtert wesentlich das Ausreiten mit Kindern, Jugendlichen und Erwachsenen.

Handpferdreiten ist angesagt als Ergänzung oder als weiterführende Maßnahme zur Heilpädagogischen Reiten. Für den leichter Behinderten ist es eine willkommene Abwechslung, bevor er selbständig Reiten lernt. Für den schwerer Behinderten oder den ängstlichen Erwachsenen, der kaum Reiten erlernen kann, bietet es vielfältige Erlebnisse. Das unbeschwerte, angstfreie „Sitzen" auf dem Handpferd wirkt lösend. Sich davontragen lassen, neue Gangarten erleben, die Natur zu allen Jahreszeiten durchreiten und auf sich wirken lassen, ist erholsam. Eindrücke dieser Art sind einmalig und werden dem Behinderten in seiner üblichen Umgebung kaum geboten.

Die Handhabung des Handpferdereitens

Oberstes Gesetz: Der Reitpädagoge selbst muß das Handpferdereiten absolut beherrschen, die Pferde müssen bestens ausgebildet sein.

„Das Handpferd wird an einem etwa zwei Meter langen Strick mit einer 40 Zentimeter langen Kette am Ende geführt. Um den Strick besser in der Hand zu halten macht man alle 50 Zentimeter einen Knoten in den Strick. Der Strick endet in einer Schlaufe. Die Stelle, an der die Kette am Strick befestigt ist, sollte nicht zu schwer sein, weil der Strick sonst beim Reiten ständig hin und her pendelt und das Handpferd irritiert. Also benutzt man keinen schweren Karabinerhaken oder Panikhaken, sondern knotet oder flechtet den Strick an die Kette.

Das Handpferd muß mit einem gut passenden Halfter ausgerüstet sein, es darf weder zu klein sein noch zu weit unten sitzen. Die Kette wird durch den linken Seitenring des Halfters gezogen, verläuft dann über das Nasenbein des Pferdes und wird von oben in den rechten Seitenring des Halfters eingehakt. Dadurch wird erreicht, daß die Kette oberhalb des Nasenriemens läuft und nicht auf der Nase des Pferdes herumbaumelt, was das Pferd beim Atmen behindern und zudem beim Laufen irritieren würde. Die Seitenringe des Halfters müssen rund sein, damit die Kette sich nicht verhaken kann und dadurch einen dauernden Druck auf das Nasenbein ausübt." (Rostock/Feldmann 1986)

Das Kind, der Jugendliche oder der Erwachsene sitzen am besten zuerst im Westernsattel, der Knauf gibt ihnen die Möglichkeit, sich bequem festzuhalten. Der Reitpädagoge reitet einhändig. Wer im Einhand-Reiten nicht sonderlich geübt ist, sollte in den Reitpferdezügel einen Knoten machen und ihn so verkürzen, daß er leicht zu handhaben ist. Während des Reitens sollte der Reitpädagoge den Behinderten und das nebenherlaufende Handpferd stets beobachten; nur so kann er eventuell auftretende Schwierigkeiten rechtzeitig erkennen.

Das Anreiten erfolgt mit Stimmkommando, dabei sollte darauf geachtet werden, daß kein Zug auf dem Führstrick ist, wenn das Pferd antritt. Das Anhalten erfolgt auch auf Stimmkommando, sowie durch ein Zupfsignal an der Führkette; man achte darauf, daß das Reitpferd erst angehalten wird, wenn das Handpferd reagiert hat.

Bei Wendungen vom Handpferd weg unbedingt darauf achten, daß das Handpferd nicht zurückfällt. Nur dann ist eine Richtungsänderung durch Signal am Führstrick möglich. Bei Wendungen zum Handpferd hin muß dieses leicht zurückgenommen und das Handpferd angetrieben

64

werden, wobei das Handpferd damit etwas den Weg abschneidet. Den
Führstrick an den Hals des Handpferdes legen (Abb. 64).

Eiserne Regel: „Ausgenommen man gerät mit seinem Reitpferd in
erhebliche Schwierigkeiten, wird dies immer mit einer Hand, der linken,
geritten. In der rechten Hand, hält man den Führstrick, da das Handpferd auf der rechten, dem Verkehr abgewandten Seite geführt wird.
Der Sitz des Reiters richtet sich nach der Gangart des Reitpferdes. Bei
langen Ritten reitet man im entlastenden Sitz." (Rostock/Feldmann
1986)

Reiten auf Stimmkommando

Die Pferde, welche zum Reiten auf Stimmkommando eingesetzt werden, müssen entsprechend ausgebildet sein. Ein gut zugerittenes Pferd begreift sehr schnell, macht fleißig mit und hat Spaß dabei. Diese Art des Reitens hilft wiederum mit, das Leben eines Therapiepferdes abwechslungsreicher zu gestalten. Beim Reiten auf Stimmkommando ist das Kind, der Jugendliche und der Erwachsene aufgefordert, mit seinem Pferd zu sprechen, wenn das Pferd etwas tun soll.

Handhabung

Reiten auf Stimmkommando bedeutet für den Reiter eine echte Herausforderung. Voraussetzung ist, daß er gelernt hat, das Gleichgewicht auf dem Pferd zu halten, da ohne Sattel geritten wird. Das Pferd trägt ein gut sitzendes Stallhalfter, an dem rechts und links verkürzte Zügel eingeschnallt sind. Je nach Ausbildungsstand des Pferdes kann eine lange Gerte zur Hilfegebung eingesetzt werden. Mit ihr wird die stimmliche Anweisung durch leichtes Antippen am Pferdekörper unterstützt. Geritten wird vorwiegend im Schritt.

Was soll bewirkt werden?

- Sich dem Pferd durch klare sprachliche Anweisungen verständlich machen;
- dazu Vorüberlegungen anstellen;
- die Sachlage ein- und abschätzen können;
- Abläufe auswendig wissen;
- selber Entscheide fällen müssen;
- Eigenverantwortung für das Pferd übernehmen;
- beim Reiten in der Gruppe; sich mit den andern Reitern absprechen, sich anpassen können.

Durchführungsmöglichkeiten

Reiten auf Stimmkommando soll auf einem eingezäunten Platz durchgeführt werden (Dressurviereck Halle, Wiese, Paddock, Abb. 65). Dem „Wie" sind fast keine Grenzen gesetzt. Der Reiter soll vor der Stunde kundtun, was er vorhat; am Reitpädagogen liegt es dann, die entsprechenden Möglichkeiten und Grenzen zu vereinbaren. Wenn in der

65   Reiten auf Stimmkommando auf einem eingezäunten Paddock

66   Eine Volte reiten

67 ▲   68 ▲

67   *Hindernisse um- und durchreiten – die Sachlage einschätzen können*

68   *Paarreiten – sich mit den anderen Reitern absprechen, sich anpassen können*

Gruppe geritten wird, wird immer vom schwächsten Reiter ausgegangen, die Gruppe sollte allerdings möglichst homogen sein.

Einige Anregungen zum Reiten selber: Es können Hindernisse um- und durchritten werden, Volten, Zirkel, Schlangenlinien; mit Musik (kaum verwendet); sehr beliebt ist Schaureiten (verkleidet) usw. (Abb. 66–68).

Angstfreies Reiten für Erwachsene und ältere Menschen

Sich den langgehegten Wunschtraum erfüllen, auf dem Rücken eines Pferdes zu sitzen, seine unmittelbare Nähe zu spüren, sich von ihm tragen zu lassen, ohne Angst haben zu müssen oder herunterzufallen: Dazu kann diese Art des Reitens beitragen. Durch sachgemäßes Kennenlernen des Pferdes, wie in diesem Buch beschrieben, sind die Voraus-

69　*Mit 70 Jahren zum ersten Mal auf dem Pferd*

setzungen zur Erfüllung des Wunschtraums gegeben. Ruhige, zuverlässige, ansprechbare und gut ausgebildete Pferde bilden die Grundlage zur Realisierung des Projektes.

Was bringt das Reiten dem Erwachsenen und älteren Menschen?

Es verbessert das psychische und physische Befinden und stärkt das Selbstbewußtsein. Längst verdrängte, aber noch vorhandene Bedürfnisse werden nachbefriedigt. Es wird möglich, Gefühle auszudrücken, dem Tier Zuneigung entgegenzubringen und Erwiderung zu finden. Der Versuch wird gewagt, sich wieder etwas Außergewöhnliches zuzutrauen und dann mit Hilfe des Pferdes auch durchzuführen. Ein Wunsch wird erfüllt und nicht nur geträumt (Abb. 69, 70).

Hinweise für den Reitpädagogen

Der Reitpädagoge sollte in partnerschaftlicher Form dem ängstlichen oder älteren Menschen das Pferd vertraut machen. Er soll sich in dessen Denkweise hineinversetzen und seine Regungen nachempfinden können, seine Schwierigkeiten und Blockaden voraussehen und abschätzen lernen. Er soll bei Anweisungen stets berücksichtigen, daß die Reaktionen von älteren Menschen verlangsamt sind. Im Bewußtsein, daß er Verantwortung trägt, soll er dem Erwachsenen doch soviel Freiraum wie möglich für Eigenaktivität lassen.

Durchführungsmöglichkeiten

Massierendes Putzen als eine Möglichkeit der emotionalen Annäherung: Ich verwende dazu die bloßen Hände: Die eine Hand ruht auf dem Pferdekörper, die andere massiert. Zeitweise und als Ergänzung ist ein

70   Einige Jahre später: Beim Seniorenturnier

Gummihandschuh, ein Frottee- oder Sisaltuch hilfreich (z. B. bei Erwachsenen mit Berührungsängsten oder bei Sauberkeitsneurotikern). Diese Art des Putzens ist für das Pferd sehr angenehm und macht ihm und dem Putzenden Spaß und wirkt auf beide lösend, entspannend und wohltuend. Momente, in denen man sich Zeit füreinander nimmt, wenn das Pferd seinen Kopf mir auf die Schulter legt oder mich sachte beknabbert, solche Augenblicke sollte man dementsprechend genießen, denn sie vertiefen den Kontakt und tun der eigenen Seele wohl.

An der Hand geführte Spazierritte im Schritt zur Schulung des Gleichgewichts und zur Stabilisierung des Sicherheitsgefühls
Unbeschwertes Sitzen auf einem fleißig vorwärtsschreitenden Pferd (Decke und Haltegurt oder Sattel ohne Bügel/evtl. Bügel mit Körbchen) vermittelt Wohlbefinden, ermöglicht freies Durchatmen und hat eine lösende Wirkung. Das zielstrebige, zielgerichtete Vorwärtsschreiten ohne zu zögern, abzuwägen oder gar rückwärtszuschauen, unmittelbar am eigenen Körper erlebt, vermittelt Sicherheit und ermutigt zu eigenem Tun und zu neuen Aktivitäten mit dem Pferd.

Das Pferd am Langzügel, als selbständige Aktivität mit ihm und als unmittelbare Selbsterfahrung
Das Wissen, daß das Pferd am Langzügel auf korrekte Anweisungen sofort wunschgemäß reagiert, aber auch einfach stehen bleibt oder eigenmächtig irgendwohin läuft, wenn keine Anweisung kommt, vermittelt dem Erwachsenen wertvolle Erfahrungen, die ihm weiterhelfen, sich entscheiden zu lernen. Er wird ermuntert, selbständig und selbstverantwortlich zu handeln. Durch den unmittelbaren Gehorsam des Pferdes werden ihm positive Verstärker zuteil, sein Vertrauen in sich und zum Pferd wächst.

Erste selbständige Reitversuche am Langzügel
Durch das vorangegangene Arbeiten mit dem Langzügel sind dem Erwachsenen die Reaktionen des Pferdes bekannt, deshalb kann er sich angstfrei auf seine neue Aufgabe konzentrieren. Die Einwirkungsmöglichkeit des Reiters auf das Pferd am Langzügel ist kaum eingeschränkt, dennoch weiß er, daß der hinter dem Pferd gehende Reitpädagoge jederzeit sichern und wenn nötig korrigieren kann. Er darf sich einiges zutrauen und wagen. Diese Art der ersten Reitversuche werden fast ausschließlich im Schritt vor sich gehen, ihre Grenzen findet diese Möglichkeit in der Kondition des Reitpädagogen.

Ausritte auf dem Handpferd
Ausreiten auf dem liebgewordenen Kameraden Pferd an der Seite des Reitpädagogen, gesichert durch den Führstrick, so kann der Erwachsene

problemlos die vertraute Umgebung verlassen und neue Eindrücke aufnehmen. Mit der Zeit lernt er das Pferd im Trab/Tölt kennen und erfährt dabei andersartige, ungewohnte Empfindungen: sich jemandem anvertrauen zu müssen/dürfen (Pferd und Mensch), aber auch Stolz, sich überwunden, Freiheit, Freude, aber auch seine Grenzen erfahren zu haben.

Wie weiter?

Ziele des „angstfreien Reitens" können die einzelnen aufgeführten Aktivitäten sein, abgestimmt auf die Erfahrungen und Vorstellungen des Erwachsenen. Immer werden sich ein gutes Selbstwertgefühl und neue Freude am Leben durch die regelmäßigen Aktivitäten mit dem Pferd einstellen.

Konventioneller Reitunterricht ist eine andere Möglichkeit. Vorher sollten jedoch im Gespräch mit dem Erwachsenen die Motive abgeklärt werden, die zu diesem Wunsch führen. Auch sein reiterliches Können sollte offen besprochen werden sowie die möglichen Enttäuschungen, die sich ergeben könnten.

Reitferien auf einem guten Reiterhof oder sogar die Anschaffung eines eigenen Pferdes wären weitere Alternativen.

Schlußbemerkung

Das Heilpädagogische Reiten soll dem Kind, dem Jugendlichen und dem Erwachsenen den angstfreien Umgang mit dem Pony/Pferd ermöglichen, den natürlichen Kontakt zu ihm fördern, eine Beziehung zu ihm aufbauen, Spaß und Lust am Reiten vermitteln. Mensch und Pferd dürfen nie überfordert werden, sie sollen beide neugierig bleiben auf das, was kommt. Das Pferd muß artgerecht gehalten werden, um physisch und psychisch gesund zu bleiben. Nur so kann auch der Reitpädagoge sich seiner schönen Aufgabe mit Liebe und Hingabe widmen. Das Kind, der Jugendliche und der Erwachsene können sich auf das Heilpädagogische Reiten freuen.

Literatur

Blendinger, W. (1971): Psychologie und Verhaltensweise des Pferdes. Erich Hoffmann, Heidenheim.
Bruns, U. (1964): Voltigieren leicht gemacht. Albert Müller, Rüschlikon.

Bruns, U. (1981): Richtiger Umgang mit Pferden. 2. Aufl. Albert Müller, Rüschlikon.

Bruns, U., Tellington-Jones, L. (1985): Die Tellington-Methode. So erzieht man sein Pferd. Albert Müller, Rüschlikon.

Eggert, D. (1975): Psychomotorisches Training. Beltz, Basel.

Kaune, W. (1982): Das Heilpädagogische Voltigieren mit geistig behinderten Schülern. FN-Verlag, Warendorf.

Kobi, E. E. (1976): Die psychomotorische Unruhe im Kindesalter. Eine heilpädagogische Interpretation. Paul Haupt, Bern.

Kobi, E. E. (1979): Heilpädagogik als Herausforderung. Verlag der Schweizerischen Stelle für Heilpädagogik, Luzern.

Löwe, A. (1976): Motorik ist mehr als Bewegung. Marhold, Berlin.

Neikes, J. L. (1969): Scheiblauer Rhythmik. A. Henn, Wuppertal/Ratingen/Düsseldorf.

Schäfer, M. (1974): Die Sprache des Pferdes. Nymphenburger Verlagsbuchhandlung München.

Schenk-Danzinger, L. (1988): Entwicklungspsychologie. 20. Aufl. Österreichischer Bundesverlag, Wiener Neudorf.

Städeli, H. (1972): Die leichte frühkindliche Hirnschädigung. Ein Leitfaden aus der Praxis für die Praxis. Huber, Bern.

96

Heilpädagogisches Voltigieren

Von Antonius Kröger

Zielgruppen für das Heilpädagogische Voltigieren / Reiten

Die größte Gruppe bilden die lernbehinderten Kinder an den öffentlichen und privaten Sonderschulen für Lernbehinderte. Daneben wird mit geistigbehinderten Kindern, Jugendlichen und Erwachsenen geritten und voltigiert, sofern sie dabei keiner krankengymnastischen Betreuung bedürfen. Diese beiden Zielgruppen umfassen in der Regel auch verhaltensauffällige und sog. mehrfachbehinderte Kinder und Jugendliche. Als dritte Gruppe kommen die primär verhaltensauffälligen, aber durchschnittlich begabten Kinder hinzu. Sie begegnen uns in Erziehungsheimen, an öffentlichen Schulen für Erziehungshilfe, in Erziehungsberatungsstellen, auch an Grund- und Hauptschulen oder anderen weiterführenden Schulen.

Ebenso ist das HPV/R eine effektive Maßnahme für hör- und sehgeschädigte Kinder sowie für psychisch kranke Menschen.

Es sollte nur voltigiert bzw. geritten werden, wenn ärztlicherseits keine Bedenken vorliegen. Eine Tetanusschutzimpfung wird empfohlen. Im Heilpädagogischen Voltigieren konnten für die Altersgruppen vom 5. bis zum 16. Lebensjahr bisher positive Verhaltensänderungen bei der Durchführung dieser Maßnahme beobachtet werden.

Bedingungen für Heilpädagogisches Voltigieren / Reiten

Das Medium Pferd

Nicht jedes Pferd ist zum Voltigieren mit verhaltensauffälligen Kindern geeignet. Neben einem guten Charakter und unbedingtem Gehorsam muß es ein ausdauerndes Galoppiervermögen in gleichmäßigen Galoppsprüngen, einen unempfindlichen Rücken und vier gesunde Beine besitzen. An der Gutmütigkeit können bei der Wahl eines Voltigierpferdes die wenigsten Abstriche hingenommen werden. Die Kinder müssen sich dem Tier von allen Seiten furchtlos nähern können, damit sie möglichst schnell in den kleinen Pflegedienst (Aufzäumen, Abbürsten, Hufe säubern, Gurt anlegen und dergleichen) mit einbezogen werden können. Umso eher wird die Angst vor der großen, neuen Unbekannten durch

Zutrauen ersetzt und werden Reaktionen des Pferdes auf ein Fehlverhalten des Kindes als berechtigt anerkannt.

Dieses alles trifft genauso für ein Pferd zu, das zum HPR eingesetzt werden soll. Hier sollten die Pferde zuverlässig an den Stimmhilfen des Reitpädagogen stehen, wenn die Hilfen der Reiter nicht ausreichen, ausbleiben bzw. überstark oder falsch eingesetzt werden.

Bei aller Güte muß das Voltigierpferd stets wachen Auges das Geschehen ringsum wahrnehmen und artentsprechend darauf reagieren: Beispielsweise soll es – im Gegensatz zu den Pferden, die beim Reiten mit Körperbehinderten eingesetzt werden – auch unruhig werden, wenn es in seiner Nähe „rumort".

So kann das *Pferd* die sonst immer vom Erwachsenen geforderte und erniedrigend empfundene Verhaltenskorrektur beim Kind veranlassen; vom Pferd wird das Kind die Korrektur frustrationsfrei annehmen.

Das Pferd ist zu keinem Mitleid fähig, das Nachgeben oder Kompromisse ermöglicht, es macht keine Unterschiede wegen der verschiedenen Behinderungen. Es soll Neutralität garantieren und gute Behandlung mit „Gutsein" und ruhigem Gang beantworten. Wenn dem Pferd das Gegenteil widerfährt, soll es sich auf seine Art wehren, die auch der Schwerstgestörte als unangenehm erfährt. Aus dieser unmittelbaren Erfahrung von Ursache und Wirkung wird das Kind spontan ohne inneres Aufbegehren die von der Sache her geforderte Selbstkontrolle übernehmen.

Verhalten des Reitpädagogen

Beim HPV/R erhält der Erzieher eine ausgezeichnete Chance, die Partnerschaft zu realisieren, die C. R. Rogers in seinen Büchern (z. B. „Die nicht-direkte Beratung") immer wieder transparent werden läßt. Rogers macht einsichtig, daß wir als Außenstehende kein Kind zu ändern vermögen, aber ihm bei seiner Verhaltensänderung sehr wohl behilflich sein können. Mit direktiven Korrekturen würde das Kind, wenn es sich ihnen nicht widersetzen kann, derart in die Enge getrieben, daß es sich vorübergehend vielleicht anpaßt; dabei würde es aber eine von innen her geleistete positive Steuerung nicht aufnehmen. Diese würde es erst einleiten, wenn es durch Eigenerfahrung zur notwendigen Einsicht gekommen ist.

Beim HPV/R kann sich der Pädagoge die gewünschte Zurückhaltung mit Korrekturen bei Fehlverhalten der Kinder fast immer erlauben, weil das Pferd durch seine entsprechenden Reaktionen (Tempoveränderung, Erschrecken, Beißen, Abwurf, Ausweichen u. a.) dem Kind eine solche Einsicht direkt vermittelt. Unmittelbare Selbsterfahrung des Kindes im Umgang mit dem Pferd ist daher von zentraler Bedeutung.

Das gilt ebenso für auftretende Aggressionen des Kindes gegen das Pferd wie gegen Gruppenmitglieder oder den Reitpädagogen. Wenn das Fehlverhalten der Kinder zum großen Teil am Pferd orientiert wird – dessen Reaktionen immer ernstgenommen werden, wofür die Sensibilität in der Gruppe stets geweckt und wachgehalten wird – dann lernen sogar schon etwas abgestumpfte Pferde recht bald, wann und bei wem welche unbequeme Reaktion richtig ist.

Wie dieser Lernprozeß im Pferde sich im letzten vollzieht, entzieht sich meiner Kenntnis, aber daß er geleistet wird, bestätigen ausnahmslos meine fast 30jährigen Erfahrungen mit Pferden vieler Rassen, ebenso die Berichte unzähliger Reitpädagogen.

Strafe ist bei der Lösung eines Konfliktes, in den das Kind sich durch Fehlverhalten hineinmanövriert, laut Haim Ginott kein Mittel. „Sie hält nicht von Unarten ab. Sie macht den Betroffenen nur vorsichtiger bei der Ausübung seines Vorgehens (wenn ihm der Reitpädagoge beim ständigen Drehen auf der Zirkelmitte z. B. gerade den Rücken zukehrt), geschickter im Verwischen seiner Spuren, gewandter, dem Ertapptwerden zu entgehen. Wenn ein Kind bestraft wird, beschließt es, vorsichtiger, keineswegs aber ehrlicher und verantwortungsbewußter zu sein" (Ginott 1974, 109).

Eine weitere Vorbedingung für erfolgreiches Voltigieren mit behinderten Kindern ist die genaue Kenntnis der psychosozialen Schwächen des einzelnen Kindes und deren Verursachung, so daß der Reitpädagoge in entsprechender partnerschaftlicher Haltung, wie H. Ginott und C. R. Rogers sie fordern, die Lage vorstrukturieren kann. Wenn er weiß, unter welchen Spannungen das Kind sich zur Zeit befindet, kann er schon voraussagen, was sich heute wahrscheinlich ereignet.

„Es gibt für den Erzieher kaum ein wirksameres Mittel gegen schlechtes Betragen, als die Bereitschaft zu helfen!" (Ginott 1974, 39). Möglichkeiten dazu bieten sich infolge der starken Motivation, die das Pferd im Kinde entfacht.

Die Voltigiergruppe

Nach meinen bisherigen Erfahrungen ist eine heilpädagogische Voltigiergruppe mit sechs Kindern optimal besetzt. In dieser Gruppe ist die Größe überschaubar und zur Bildung von Untergruppen Raum genug. Die Kinder brauchen nicht zu lange diszipliniert in Zuschauerposition verharren und werden durch die individuellen Programme körperlich auch nicht überstrapaziert.

Genau so richtig kann es sein, aufgrund der Klientel die Gruppe vorerst kleiner oder später größer einzurichten. Bei der Zusammensetzung der Gruppe sollte man aber darauf achten, nicht ausschließlich Introvertierte und Verängstigte in einer Gruppe zusammenzufassen; sie können von Wagemutigen in der Gruppe viel lernen. Eine Gruppe aus nur aggressiven Kindern ist zwar zu fördern, aber günstiger erwiesen sich immer Gruppen, in denen sich auch ein oder zwei entmutigte Kinder befanden. Den „Starken" fiel es dann leichter, zu ihrer kompensierten Angst zu finden; vor allem, wenn diese vom Reitpädagogen als individuell verschieden stark beim einzelnen Kind toleriert wurde.

Die Voltigierhalle

Zur Durchführung des Heilpädagogischen Voltigierens bedarf es keiner eigenen Reitanlage mit eigenem Pferd, wenn das bei großen Einrichtungen auch sehr vorteilhaft ist. Man kann sich der bestehenden Einrichtungen ortsansässiger Reitervereine bedienen, in denen sehr häufig ein ausgebildetes Voltigierpferd oder ein zur Ausbildung geeignetes Pferd vorhanden ist.

Da die Voltigierstunden, die möglichst gegen Ende des Unterrichtes in der 5. bis 6. Unterrichtsstunde, also kurz vor Mittag durchgeführt werden sollen, wird man in der Regel für diesen Zweck eine leere Halle vorfinden. Wenn der zuständige Lehrer innerhalb seiner Pflichtstunden selbst Voltigierwart ist, ist darüber hinaus ein Reiterlehrer nicht erforderlich. Dann sind lediglich die Kosten für Pferd und Hallenmiete zu tragen, die sich bei einer Gruppe auf mehrere Kinder verteilen. Diese und die Fahrtkosten zur Reitanlage werden je nach örtlichen Gegebenheiten von Schulen bzw. Kommunen übernommen, eventuell mit Elternbeteiligung, sonst – bei Heimschulen – vom Heim; dadurch ist auch die Versicherung aller Beteiligten gewährleistet.

Schließlich sei noch angemerkt, daß die Aufmerksamkeit der leicht ablenkbaren Kinder um so besser auf die Sache zu lenken ist, je reizärmer die Voltigierhalle bzw. der abgeteilte Zirkel sich darbietet: zu Anfang nach Möglichkeit weit weg vom Hallenzugang, weg von Zuschauern! Ein Cavaletti als Sitzbank reicht voll aus, aufgebaute Hindernisse sollte man wegen des starken Aufforderungscharakters und der Unfallgefahr grundsätzlich nicht benutzen.

Eine Anreicherung, wie z. B. eine weitere Gruppe auf dem zweiten Zirkel zur gleichen Zeit, Zuschauer etc., kann mit wachsender Selbststeuerung und sich stabilisierender Gruppe bezogen auf die übrige Lebensbewältigung später sehr von Nutzen sein.

Zielsetzungen des Heilpädagogischen Voltigierens / Reitens im individuellen Bereich

Erhaltung bzw. Ausbau der Motivation

Verblüffend ist, daß die pädagogische Maßnahme mit dem Pferd im Vergleich zu anderen Maßnahmen von allen schwierigen Kindern angenommen wird und trotz Leistungsforderung auch die launenhaften Kinder aktionsfreudig hält. Fest steht, daß alle Kinder, auch die extrem ängstlichen, eine sonst kaum zu beobachtende Motivation für das Reiten zeigen. Diese scheint begründet zu sein in dem „ursprünglichen Interesse am Lebendigen überhaupt, das die Kinder, vor allem aber die Schulkinder, mitbringen" (Plötz 1955, 20). Nach meinen Beobachtungen besteht besonders starkes Interesse für das Reiten bei solchen behinderten Kindern, denen das Sitzen auf dem Pferd bei ihrem Bemühen um Rehabilitation sehr viel bedeutet.

Unsere Aufgabe besteht nun darin, diese Motivation nicht durch irgendwelche unbedachten Nachlässigkeiten zu zerstören, was bei übersensiblen Kindern sehr schnell geschieht. Der Pädagoge muß stets wachsam darum bemüht sein, die Motivation zu erhalten und bei zunehmender Selbstsicherheit des Voltigierers oder Reiters zu festigen; denn nur so schafft das verunsicherte Kind den Sprung aus dem üblichen Fahrwasser destruktiver Verhaltensweisen hinein in sozial positive Aktionen.

Oft begegnet man im Umgang mit solchen Kindern schon bei kleinsten Anforderungen positiver Aktivitäten dem sterotypen „Das kann ich nicht". Hier versagt in der Regel die Überredungskunst; günstigenfalls versucht sich das Kind heimlich an der durchaus zu schaffenden Forderung.

Beim Voltigieren erleben wir das gleiche Phänomen, allerdings mit dem Unterschied, daß das Kind keine Möglichkeit hat, heimlich für sich zu üben. Da das Interesse aber so stark ist, daß es häufig – unter ständigen Ausrufen, wie „Das kann ich nicht!" – doch das Geforderte durchführt, erfährt das Kind unmittelbar die Widerlegung seiner Aussage (Abb. 71).

Diese Selbstüberwindung verdient höchste Anerkennung; dabei ist die objektive Leistung völlig unbedeutend (Abb. 72). Bei dem einen Kind geschieht dies, wenn es im Schritt beide Hände losläßt, beim anderen, wenn es im Galopp das rechte Bein zur geforderten Fahne eben vom Pferderücken löst. Die positive Verstärkung (Anerkennung) ist um so wirksamer, je knapper und treffender sie ist: „Klasse!" – „Ausgezeichnet" – „Wunderbar" – „Unglaublich" usw. oder nach dem Abgang vom Pferd ein Glückwunsch durch Händedruck mit einem Wort: „Gratu-

71 *„Sieben Galoppsprünge habe ich beide Arme losgelassen!"*

72 *Überwindung zum ersten Stehversuch: Applaus bei allen Gruppenmitgliedern*

liere!". Bei außergewöhnlich starker Überwindung in psychisch ruhiger
Phase erhellen sich dann oft greisenhaft anmutende Kindergesichter.

Ist das Kind an einem Tag gut gelaunt und unternehmungslustig, sollte
man das auch verbalisieren, z. B. „Heute hast du einen guten Tag, da
solltest du mal . . . versuchen." Auffallende Verdrehtheit sollte man dem

Kinde aber ebenso sagen und deswegen in den Forderungen bewußt einen Schongang einstellen.

Diese Praxis führt auf die Dauer dazu, daß das Kind von sich aus schon sagt, in welcher Verfassung es ist und was man ihm abverlangen kann. Damit bleibt die Zufriedenheit erhalten, auch wenn andere in den Leistungen ihm vorauseilen. Es nimmt sich so an, wie es ist! Weiter ausholende, extrem wortreiche positive Verstärkung beinhaltet schnell, wenn auch nur indirekt den Vorwurf, daß das erklärte „Nichtkönnen" wohl fehl am Platze gewesen sei, und wirkt dann als Motivationsbremse. Außerdem entkräften wir dann leicht die Selbstbestätigung durch Selbsterfahrung.

Damit eine positive Verstärkung möglichst regelmäßig eintreten kann, ist eine individuelle Leistungssteigerung, vor allem für die ängstlichen Kinder, in kleinsten Schritten notwendig, zum Beispiel bei der Streckung des Beines zur Fahne: „Etwas höher, Knie strecken, Fußspitze nach hinten, Bein etwas mehr über den Pferderücken, Kopf hoch, 2, 3, 4 . . . Sprünge aushalten" etc. Alles Dinge, die das Kind sofort ausführen kann. Außerdem wird die Übung nie langweilig, denn jedesmal kann ein Erfolg gebucht und verstärkt werden.

Bei Überforderungen sollte man immer einen Kompromiß bereithalten, wie: „Mach es noch einmal im Schritt" o. ä., sonst verschanzt sich das Kind plötzlich hinter einer Unlust, die im Grunde gar nicht da sein bräuchte. Weitere Motivationshemmer können sein: Ein ungehorsames Voltigierpferd, fehlende Erklärungen zum arteigenen Pferdeverhalten, das das Kind vermenschlicht. Ebenso kann das Unverständnis des Reitpädagogen für das Fehlverhalten einzelner Kinder mit daraus resultierender unsachlicher Korrektur zum plötzlichen Ersterben des „ursprünglichen Interesses" führen.

Als weiterer starken Motor für die anhaltende Motivation sehe ich in dem immer neu zu erwerbenden harmonischen Einschwingen in den Galopprhythmus des Pferdes. Jeder sachverständige Reitersmann wird bestätigen, daß die einzelnen Galoppsprünge eines Pferdes auf einem Zirkel in starker Anlehnung an die Longe bei ständig turnenden Kindern immer etwas voneinander differieren; das gilt für die Weite der einzelnen Sprünge so gut wie für deren Höhe oder für das Abweichen von der Zirkellinie nach innen oder außen.

Das bedeutet: Es wird bei solcher Galoppade nicht Gleiches bei den einzelnen Sprüngen wiederholt. Es wird Ähnliches erneuert, das nicht berechenbar, sondern nur abschätzbar ist.

Der Voltigeur hat also mit seinem ganzen Körpergewicht jeden Galoppsprung neu abzutasten, was nicht ohne ständige Tonusregulation und andauernder, differenzierter Aktivierung seines Bewegungsapparates geschehen kann. Die kinästhetische Sensibilisierung wird beim Volti-

73 *Voll konzentriert wird die Bewegung des Pferdes erspürt*

gieren ständig gefordert; erst dann wird der Voltigeur unter stark ausgesteuertem Einsatz seiner Gesamtmotorik zu den befriedigenden harmonischen Bewegungen kommen (Abb. 73).

Höchste Anforderungen also schon an ein „normales" Kind. Was aber ist geschehen, wenn ein motorisch retardiertes Kind wohl dosiert seinen Bewegungsapparat zu steuern beginnt und dazu noch die nicht zu unterschätzende Fliehkraft im Galopp ausbalancieren kann! Es ist unter zunehmender Aussteuerung seiner Grob- und Feinmotorik in die Bewegungen des Pferdes eingegangen und hat damit eine beglückende Harmonie erlebt. Dieses Gefühl der Stimmigkeit im Ablauf der Bewegungen, die ohne anzuecken in die Bewegungen eines anderen einfließen, löst Wohlbefinden und Losgelassenheit aus. Das möchte man häufiger erreichen und verleiht den Mut zu neuen Wagnissen trotz starker emotionaler Belastung, wie Angst vor dem Tier, vor der eigenen Leistung, vor der zuschauenden Gruppe etc.

Aufbau von Vertrauen

Dissoziale Menschen registrieren sehr empfindsam, daß sie häufig nicht voll akzeptiert werden. Das blockiert stark ihr Vertrauen in die Umwelt, von der sie häufig belächelt oder gemieden werden.

Dem Pferd trauen sie zu, daß es sie willig trägt, daß es sofort anhält, wenn es gefährlich wird, daß es nicht auf Abwehr geht, wenn sie sich ihm gutmütig nähern. Die Kinder erfahren unmittelbar eine positive Antwort ihres Vertrauenswagnisses. Endlich haben sie jemanden gefunden, der sie nicht bemitleidet, nicht dauernd kritisiert, nicht anschreit – auch wenn er sich nicht alles gefallen läßt – der sie so akzeptiert, wie sie sind! (Abb. 74)

Weiter wächst ein Vertrauen zu dem, der das Pferd für sie so gut unter Kontrolle hat. Das Befolgen seiner Anweisungen erlebt das Kind augenblicklich als sinnvolle Hilfestellung in der Bewältigung der gestellten Aufgaben.

Will der Reiter nämlich seine sonst üblichen Ablehnungen der gutgemeinten Ratschläge des Erwachsenen eigenwillig durchsetzen, wird er unmittelbar erleben, wie er (z. B.) in den Sand fällt. So kann das Pferd als Zwischenträger schnell einen vertrauensvollen Zugang zum Erwachsenen und seinen Leistungsanforderungen einleiten. Voraussetzung ist natürlich eine entsprechende partnerschaftliche Haltung des Voltigierpädagogen.

Plötzlich gelingen dann auch die Leistungsanforderungen, die der mit Vertrauen besetzte Reitpädagoge den Reitern adäquat abverlangt, womit ein Vertrauen des Reiters zu sich selbst heranwächst, das sogar vor der zuschauenden Voltigiergruppe Bestand hat. Man ist wieder wer! (vgl. Kröger 1979, 39)

74 *„Ich hab' dich lieb!"*

Abbau von Ängsten

Das verhaltensgestörte Kind ist immer ein stark verunsichertes Kind. Es ist voll von sozialen Ängsten, die es häufig durch Aggressionen oder auch Resignationen kompensiert. Es hat zum Beispiel Angst, daß seine allgemeine Angst, seine körperlichen Leistungsmängel, Ausfälle in der Feinmotorik oder irgendwelche Verhaltensdefizite erkannt und aufgedeckt werden. Darum bezieht es sofort Abwehrstellung und versucht dadurch, eine Blamage abzublocken.

Es verhindert damit auch die für es selbst so notwendige Kenntnis dieser Schwächen, was wiederum Voraussetzung für eine von innen her gesteuerte Selbstkontrolle ist.

Beim Voltigieren hat zunächst jedes Kind Angst. Das sollte der Reitpädagoge den Schülern auch sagen. Wie stark sie ist und in welcher Zeit sie abgebaut wird, das ist von Kind zu Kind verschieden (Abb. 75).

Hier bietet sich eine Gelegenheit, ohne Blamage seine Angst offen vor den anderen zuzugeben. Das geschieht schon, wenn das Kind beispielsweise sagt: „Aber nur Schritt." Die Angst vor der geforderten Aufgabe im Galopp wird damit wider Erwarten zugegeben; sie braucht nicht mehr wie sonst üblich durch Aggression abgewehrt zu werden. Der Teufelskreis, der die Angst im Individuum nicht präsent erscheinen läßt, weil sie im Keime durch Aggression kompensiert wird, wird hier auf jeden Fall durchbrochen.

Weil jeder Voltigierer, auch der wagemutige und geschickte, durch individuell angepaßte Leistungsforderungen sehr schnell dorthin gelangt, wo er um ein Abgleiten vom Pferd bangen muß, wird er in der Erfahrung eigener Angst auch dem sonst Unterlegenen seine Zaghaftigkeit zugestehen, um deren Überwindung jeder kämpfen muß (Abb. 76).

Angst als Kontraindikation anzugeben, ist nach meinen Erfahrungen nur dann gültig, wenn der Reitpädagoge mit seinem „Latein" vorschnell am Ende ist.

Erlernen richtiger Selbsteinschätzung

Einzelne Kinder geraten immer dann in isolierende Konflikte, wenn sie vor ihresgleichen die Behauptungen unter Beweis stellen müssen, mit denen sie vorher unberechtigt Anerkennung und Bewunderung eingeholt hatten. Im günstigen Fall tritt das Kind den Beweis an und gibt anschließend zu, sich zuviel zugetraut zu haben. In Zukunft wird dieses Kind dann mit der Herausstellung seines Leistungsvermögens wesentlich zurückhaltender und wirklichkeitsbezogener sein.

Bei verhaltensauffälligen Kindern können wir oftmals beobachten,

75 *„Heute wage ich die ‚Fahne' im Galopp!"*

76 *Lieber abspringen als runterfallen!*

daß sie – vielleicht aufgrund der blamablen Erfahrungen in anderen Gruppen – ihre Aussagen an der Realität gar nicht mehr prüfen. Sie ziehen sich vorzeitig zurück, nehmen in Kauf, als Feiglinge ausgestoßen zu werden, und klammern sich fest an den Glauben, Unmögliches realisieren zu können. Sie bauen eine „Ichstärke" auf, die nur in der eigenen Vorstellung zu gelten braucht und auf Dauer vom Kind fest für wahr gehalten wird. So behauptet es etwa, nicht mitrechnen zu brauchen, weil es die Aufgaben längst „kann", oder ein Wort nicht verbessern zu brauchen, weil das „richtig" sei etc. Beim Voltigieren kann es sich der Beweispflicht nicht entziehen, es sei denn, es würde das Reiten aufgeben. Dies will das Kind in der Regel nicht.

So mag sich ein Kind in der ersten Voltigierstunde, wo einige mögliche sportliche Ziele des Voltigierens erklärt werden, damit brüsten, daß es im Galopp freihändig stehen kann. Diese Behauptung wird trotz der von allen erkannten Überheblichkeit vom Pädagogen ernst genommen mit einer kurzen Bemerkung wie z. B.: „Meinst du, daß du das schon schaffst?" oder „Sei vorsichtig, du darfst das gleich vormachen." Wenn die vermessene Aussage nicht zurückgenommen wird, muß die Übung versucht werden. Nicht selten bäumen sich dann die Kinder innerlich verzweifelt gegen die offenkundige Fehleinschätzung auf und wollen trotz Versagens wiederholt die Übung ausführen.

Das sollte man in jedem Falle zulassen, ohne den Triumph des Rechthabens auszukosten. Statt leichtfertiger, demütigender, ironischer Bemerkungen wären Kompromißvorschläge wie: „Versuch es einmal hinter einem starken Vordermann im Schritt!" mit Sicherheit bessere Hilfen, die beim Kinde in Zukunft kontrollierte Aussagen anregen könnten.

Weigert sich das Kind, seine Behauptung zu realisieren, bekommt es noch ein- oder zweimal (je nach Störung) Aufschub mit den Hinweis: „Ich glaube, du hast dir zuviel zugetraut. Wenn du das aber nochmal behauptest, mußt du uns die Übung vormachen." Wenn es dann wieder an der Reihe ist, nimmt es entweder die Behauptung zurück, oder es versucht, sie zu realisieren; sonst geht es, ohne aufzusitzen, an seinen Platz zurück.

Das letztere ist notwendig, damit das Kind in Ruhe eine Entscheidung treffen kann und den späteren Behauptungen eventuell schon wirklichkeitsbezogene Reflexionen voransetzt.

Resignierenden Typen, die wegen Unterschätzung ihr Potential gar nicht erst einsetzen, erfahren unmittelbar Selbstbestätigung, wenn die Prinzipien der kleinsten Schritte und das der positiven Verstärkung richtig zur Anwendung kommen.

108

Aufbau von Selbstwertgefühl

Mir ist in der Pädagogik kein Medium bekannt, das dem Lernenden so viele Erfolge erfahrbar werden läßt wie das Voltigieren, wenn das Prinzip der kleinsten Schritte eingehalten und der Reitpädagoge die Schritte in der individuell angemessenen Reihenfolge vom übenden Kind fordert.

Wenn die genannten Bedingungen erfüllt werden, stellt sich beim Voltigieren unabdinglich die Erfahrung ein, doch etwas leisten zu können. Das vom Kinde bei jedweder Leistungsforderung häufig genannte „Das kann ich nicht" wird immer seltener; zuerst beim Voltigieren und dann auch im übrigen Lebensbereich (Abb. 77). Ich habe es noch bei keinem Kind anders erlebt. Plötzlich läßt es sich nicht mehr zur Seite drängen, wird kreativ und stellt auch Übungsfolgen auf dem Pferd vor. Es ist wieder wer!

Im Abschnitt Motivation wurde berichtet, wie durch jede Voltigierübung das Kind eine Selbstbestätigung erfahren kann, die vom Pädagogen knapp und sachlich unterstützt werden muß. Daß die neue Erfahrung, doch etwas leisten zu können, gerade anfangs von vielen Kindern in Zweifel gezogen wird, beweisen ihre häufig gestellten Fragen nach der Voltigierstunde, wie: „War ich gut heute?" – „Habe ich richtig gekniet?" – „Habe ich mich richtig festgehalten?" etc.

77 *Seitdem Carla Galopp reitet, meldet sie sich in der Schule zu Wort*

109

Solche Fragen ernst nehmen und nicht lächerlich machen. (Sch.)

Auf die in diesem Zusammenhang ebenfalls oft gestellten Fragen: „Wer war der Beste?" oder „War ich heute der Beste?" sollte der Pädagoge seine Unfähigkeit, dieses richtig zu beurteilen, offen zugestehen mit der Begründung, er wisse nicht, wieviel Angst der einzelne bei seinen Übungen überwunden habe. Damit geben sich die Fragesteller in der Regel zufrieden. Man merkt dann, indem sie nachdenklich darauf reagieren, wie sie ihren eben riskierten Einsatz am Pferd mit sichtbarer Zufriedenheit reflektieren.

Außerdem werden mit diesem Urteil aufkeimende Überheblichkeitsgefühle erstickt, die Selbstwertgefühle jedes einzelnen erhalten und das Gruppengefüge stabilisiert.

Erhöhen der Konzentrationsdauer und -intensität

Da die Motivation für positive Leistungen beim Voltigieren auch für verhaltensauffällige Kinder symptomatisch ist, sollte man die Voltigierstunde an das Ende des Schulunterrichtes, der Hausaufgaben oder sonstiger Konzentration verlangender Veranstaltungen legen. In Zeiten also, in denen kaum noch gesteuerte Aufmerksamkeit von den Kindern

78 *Konzentration auf die Bewegung des Pferdes und die des Partners*

zu erwarten ist. Die Erfahrungen haben gezeigt, daß trotz vorhergehender scheinbarer Verausgabung beim Voltigieren noch gezielt Konzentrationsreserven mobilisiert werden können (Abb. 78).

Die einzelnen Übungen selbst erlauben es dem Pädagogen, die Konzentration jedesmal beim Kind individuell zu steigern und deren Dauer adäquat zu verlängern. Auch gekonnte Übungen werden durch Mitzählen der Galoppsprünge gezielt durchgehalten und mit der Ausrichtung auf unzählige Kleinstkorrekturen (Daumen anlegen, Kopf nach vorn richten, Knie strecken, Arm etwas höher halten etc.) bereitwillig, oft bis zur totalen Verausgabung, wiederholt, während ähnliche Korrekturen in anderen Leistungsbereichen Abkehr von der Sache bewirken.

Der Nutzeffekt eines solch gezielten Trainings läßt sich in der Übertragung auf andere Leistungsbereiche meist schon sehr bald erkennen. Außerdem lernt das Kind, beim Voltigieren auch inaktive Phasen auf der Wartebank mit kontrolliertem Verhalten zu überstehen.

Einfache Übungskombinationen, die einem Kind leise zugeflüstert oder durch einen vorbereiteten Zettel aufgetragen werden, hat das nächste Kind zu beobachten und ohne Hilfe zu wiederholen. Das dritte Kind erhält eine neue Aufgabe, die das vierte wiederholt etc. Beim nächsten Durchgang werden die Rollen vertauscht. Auf diese Weise sind auch die letzten zehn Minuten einer Voltigierstunde bei festem Gruppengefüge noch spannend, obwohl eine Abkehr von der Sache bei den z. Z. Inaktiven nach dem vorangegangenen oben angeführten Training verständlich wäre.

Training der Sensomotorik und sensorischen Integration

Das HPV und HPR erhalten unter dem Aspekt der Förderung von Sensomotorik und sensorischer Integrationsfähigkeit nicht nur für Kinder mit cerebralen Störungen eine zentrale Funktion. Beides wird vor allem beim Voltigieren, auch beim sportlichen, immer trainiert (vgl. hierzu Kröger 1988 und Delius 1987).

Zielsetzungen des Heilpädagogischen Reitens / Voltigierens im sozialen Bereich

Erlernen der Einstellung auf den anderen

Das Voltigieren gelingt um so besser, je einfühlsamer der Voltigierende die Bewegungen des Pferdes aufnehmen kann. Er muß seinen eigenen Bewegungsrhythmus aufgeben und den des Pferdes übernehmen. Er

79 *Vor dem Schwerpunkt des Pferdes sitzend gelingen harmonisches Einschwingen und rhythmisches Loben mit der rechten Hand*

muß sein „Ich" hintanstellen; erst dann wird er erfahren, wie angenehm es ist und wie glücklich es macht, sich selbst vergessend in gelungener Anpassung etwas zu leisten (Abb. 79).

Das Anpassen an die Bewegung des Pferdes fällt oft sportlich gut veranlagten Kindern schwer, die wegen ihrer stark eingefahrenen egozentrischen Verhaftung zu keinem gemeinsamen Spiel fähig sind. Allein das Mitlaufen neben dem Pferd im Gleichschritt der Fußfolge der Vorderhand in den verschiedenen Gangarten bereitet ihnen oft lange Zeit enorme Schwierigkeiten. Diese Anpassung neben dem trabenden oder galoppierenden Pferd empfiehlt sich übrigens als ideale lösende Übung für Kinder und Pferd zu Beginn einer Voltigierstunde (Abb. 80).

Das Sichlösen aus der inneren Verspannung beim Aufgehen in den vom Pferde vorgegebenen Rhythmus muß bei jeder Übung neu gewonnen werden, beim Anfänger ebenso wie beim Fortgeschrittenen. Je gelöster das Kind wird, um so sicherer gelingt ihm dieses Einfühlen, um so selbstverständlicher wagt es sich an neue Schwierigkeiten.

Dann ist es den Kindern auch bald möglich, sich zusätzlich noch auf einen Partner einzustellen, der mit ihm auf dem Pferd voltigiert. Wenn das losgelassen in einer Dreierübung machbar wird, gelingt dem ehemals an sich gefesselten Kinde endlich, anhaltende Kontakte zu altersgleichen zu pflegen (Abb. 81).

112

80 *Gleichschritt im Trabe . . .*

81 *Solange der Vordermann es sich zutraut, solange wird galoppiert*

Abbau von Aggressionen

Wenn alle harten Aggressionen beim Voltigieren unmittelbar vom Pferd durch unliebsame Bewegungen quittiert würden – wobei der Reitpädagoge, wie oben beschrieben, sich partnerschaftlich verhalten soll – würden die meisten Kinder ihr Fehlverhalten einstellen, ohne daß der Erwachsene richtend eingreift; wer einmal (z. B. wegen großer Unruhe neben dem Zirkel) unsanft vom Pferd herunter mußte, kontrolliert in der Regel anschließend sein Verhalten auf der Wartebank.

Aber es gibt auch den Fall, daß ein Kind sich für die negativen Aktionen eines anderen Kindes rächen will, wenn dieses sich gerade bei einer schwierigen Übung auf dem Pferd befindet. Wie ist dann dieser Teufelskreis ständig neuer Aggressionen zu durchbrechen?

Strafe hilft nicht, aber eine Konsequenz muß folgen! Aber was tun, wenn die Reaktionen des Pferdes nicht fruchten, die Übeltäter nicht gehen wollen, obwohl sie es laut Abmachung eigentlich müßten, und schlichtende Absichten anderer Gruppenmitglieder brutal zurückgewiesen werden, so daß sich das ganze Gruppengefüge einem chaotischen Zustand nähert? Dann wird die Voltigierstunde einfach abgebrochen mit der Begründung, daß es nicht zugelassen wird, das Pferd zu verderben.

Dagegen ist von einem – eventuell sogar gewaltsamen – Ausschluß eines einzelnen Kindes abzuraten, denn er versetzt den Pädagogen als Getroffenen mitten in einen nutzlosen Machtkampf, womit dieser seine Rolle als Partner sofort aufgibt. Ein solcher Abbruch ist bei durchschnittlich zwei Voltigierstunden in der Woche mit schwierigen Kindern in einem Zeitraum von 15 Jahren nur zweimal eingetreten; das bekräftigt die Ansicht, daß man dem Pferd die Aufgabe der Verhaltenskorrektur nicht nehmen sollte.

Vor der nächsten Stunde sollte man durch geeignete Impulse („Klopft alle mal das Pferd. Vielleicht wird es den Streit der vorherigen Woche dann vergessen ...") den Vorgang wieder bewußt machen, damit die Kinder eine Regulierung in derselben Besetzung eventuell wieder aufkeimender Aggressionen vornehmen können. Mir ist nicht bekannt, daß diese Steuerung einmal nicht eingetreten wäre.

Im Vorfeld eines solchen Extremfalles gibt es darüber hinaus andere Lösungen, die ein Kind zu einer Verhaltenskorrektur veranlassen. Das Kind hat beispielsweise in einer unkontrollierten Affekthandlung seine Wut durch Sandwerfen abreagiert und dabei das Pferd erschreckt. Läßt es Schuldgefühle erkennen, wird es von sich aus nach Aussöhnung mit dem Pferd trachten, wobei entsprechende Anweisungen des Reitpädagogen notwendig werden, der sich besser darin auskennt, wie man ein Pferd wieder beruhigt.

Pendelt aber ein Kind nicht wieder ein, weil es sich seine Schuld nicht zugestehen will, sondern verbreitet es stattdessen in der Abwehr dieser Niederlage nichts als „Terror" um sich herum (wobei auch die Schreckhaltung des Tieres nur neue Wut entfacht), dann hilft Strafe, wie Anschreien des Kindes oder irgendwelche Tätlichkeiten, nicht. Dennoch muß – aber nicht in der Erregungsphase! – eine sachliche Konsequenz folgen, die dem Kind zu der notwendigen Einsicht verhilft: Durch dieses Verhalten schade ich mir nur selber.

Eine solche evtl. notwendige Konsequenz wird jedoch erst dann mit der Gruppe erarbeitet, wenn Kind, Gruppe und Reitpädagoge sich beruhigt haben, damit sie nicht als aus dem Verteidigungsrepertoire des Erwachsenen stammend und als unsachliche Maßnahme erscheint. Die Konsequenz kann z. B. aus der Entfernung von der Gruppe bestehen (auf Zuschauerbank o. ä., aber nicht aus dem Gesichtsfeld!); wird die Abmachung nicht eingehalten, was selten ist, muß das Kind ggf. eine Voltigierstunde aussetzen o. ä. Auch eindringliche Begnadigungsgesuche der Voltigierkameraden müssen beharrlich abgelehnt werden. Nochmals: Solche Eskalation tritt selten ein und wenn, dann meistens durch unsachliche Direktiven des Reitpädagogen bedingt.

Nicht selten aber flüchtet einer der Kontrahenten aus der Reithalle; dann reagiere ich als Erzieher am besten damit, daß ich mit dem Rest der Gruppe weiter voltigiere. Auf keinen Fall sollte ich dem Fliehenden nachlaufen, der draußen wahrscheinlich darauf wartet, daß ich eine Konfliktlösung für ihn einleite. Das Wegsein von dem, was ihn im Tiefsten gefangenhält, reicht mit Sicherheit aus, damit er sich selbst Wege zur Wiederherstellung der notwendigen Ordnung überlegt.

Sollte also in einer Voltigiergruppe jemand wiederholt seine Aggressionen nicht unter Kontrolle bekommen, werden mit der Gruppe Absprachen getroffen, welche Konsequenzen bei bestimmten Vergehen eingehalten werden sollen. Dann fällt Sachlichkeit ohne Verletzung der Partnerschaft viel leichter. Kleine Impulse beim Aufkeimen irgendwelcher Abarten verhelfen oft schon zu bewundernswerten Selbstkontrollen, zum Beispiel: „Ich glaube, gleich ist es mit euch beiden wieder soweit" oder „Gleich fliegt wieder Sand durch die Gegend" oder „In der Klasse hast du durchgedreht, wenn Klaus sich dir näherte. Drehst du hier auch durch?". Damit wird die Sachlage auch für das Kind transparent, und eine bewußte Steuerung wird möglich.

Man sollte tunlichst nicht mit Konsequenzen drohen, um damit das negative Verhalten zu stoppen; sie sind hinreichend bekannt und werden bei ihrer Erwähnung in aufkommender Erregung höchstens als Angriff gewertet.

Ohne die Aggressionsmöglichkeiten beim Voltigieren erschöpfend besprechen zu können, soll als wichtigstes Ziel herausgestellt werden, daß das Kind eine Reflexion über die Sache einleitet und damit letztlich zum wahren Grund der Verursachung seines Fehlverhaltens gelangt, womit ihm eine von innen her geleistete Verhaltensänderung möglich wird. Bringe ich mich direktiv ein, folgt statt dessen oft völlige Abkehr von dem Weg zur Einsicht und innere Blockierung rastet mit verbissener Verschlossenheit ein.

Zusammenfassend sei gesagt: Konsequenzen müssen sein, wenn das Verhalten des Pferdes zur positiven Selbststeuerung nicht ausreicht. Sie müssen abgesprochen sein und unnachgiebig durchgeführt werden. Sie haben dabei immer sachgerecht zu sein, d. h. orientiert am geschädigten Objekt, am gepeinigten oder erschreckten Pferd, am betroffenen Kind, in keinem Falle am nicht direkt angegriffenen Reitpädagogen! (Abb. 82–84)

Abbau von Antipathien

Damit eine Gruppe Bestand hat, müssen deren Mitglieder gegenseitige Antipathien möglichst schnell durch positive Erfahrungen im Miteinander abbauen. Das ist bisher bei einigen unserer Kinder durch andere Therapieformen, auch in Kleinstgruppen, nicht möglich gewesen; sie waren einfach nicht zur Kooperation mit anderen Kindern, die sie nicht leiden mochten, bereit.

Diesen Kindern sind die Partnerübungen auf dem Pferd eine große Hilfe zur Überwindung der oft aus reinen Vorurteilen bestehenden Antipathien. – Wenn ein Kind mit einem anderen die verlangte Partnerübung nicht ausführen will, muß es einfach aussetzen; der Partner macht eine Einzelübung. Beim nächsten Durchgang, spätestens aber beim übernächsten, sehen wir beide auf dem Pferd sitzen – oft unter der ständigen Beteuerung: „Mit dem reite ich nicht!" Die Motivation hat gesiegt. Gerade dann ist das Gelingen der geforderten Übung wichtig; es läßt den Anteil des anderen als einen wesentlichen Bestandteil für das Gelingen der Aufgabe herausstellen und dessen Nützlichkeit bewußt werden. „Wenn Uwe nicht so fest gesessen hätte . . ." oder „Wenn Uwe sich dein Festkrallen nicht gefallen lassen hätte . . ." usw. wären geeignete Verstärker.

Je öfter es positiv ausgeht, um so mehr wird das gegenseitige Widerstreben abgebaut, das sich auf dem Pferd einfach nicht breitmachen kann, weil dann beide in Absturzgefahr geraten. Man lernt sogar, harte Stöße mit den Knien im Rücken zu ertragen, wenn der andere hinter einem stehend sie noch nicht genug zu strecken vermag. Der absehbare Erfolg nimmt diese oft richtig Schmerz verursachenden Unzulänglichkeiten in Kauf. Statt der sonst üblichen Vorwürfe folgt Freude auf beiden Seiten, weil man Schwieriges zusammen geschafft hat.

82   *Das sitzende Mädchen blockt die Versöhnung konsequent ab*

83   *Auf dem Pferd reicht es – zwar noch sichtlich gekränkt – die Friedenshand . . .*

84   *. . . und läßt sich vertrauensvoll vom eben noch abgewiesenen Hintermann innerlich entspannt helfen*

Wenn dann beide auf der Wartebank am Zirkel, in der Schule oder beim ungezwungenen Spiel zusammenhocken, kann man davon ausgehen, daß sie ihre Antipathien überwunden haben.

Hilfen zur Gründung von Freundschaften

Kinder, die kontaktschwach und im sozialen Feld initiativarm sind, werden durch die Aufforderung, sich einen Partner für die Voltigierübung zu suchen, gezwungen, auf den anderen einzugehen bzw. mit ihm mitzugehen, um gemeinsam etwas auf dem Pferd zu leisten. Durch die unmittelbare positive Erfahrung werden sie in der getroffenen Wahl bestätigt. Um die Richtigkeit dieser Wahl zu untermauern, kann der Reitpädagoge dieses Paar dann über längere Zeit bei den Partnerübungen kooperieren lassen, woraus nicht selten so starke Bindungen wachsen, daß man von echten Freundschaften sprechen kann.

Bei total versagender Initiative können die Partner (ähnlich wie beim Abbau der Antipathie) anfangs bestimmt und auf diese Weise gezielt zu mehr Kontakten angeleitet werden, die nicht selten in freundschaftliche Beziehungen übergehen.

Trainieren weiterer positiver sozialer Verhaltensweisen

Nachstehend sollen noch einige wichtige Verhaltensmuster kurz erwähnt werden, die im übrigen Lebensbereich nur schwer oder gar nicht zu erreichen sind:

a) Helfen und sich helfen lassen scheinen beim Voltigieren selbstverständlich, und der Pädagoge sollte darauf achten, daß er die Kinder sich gegenseitig auf das Pferd hinaufhelfen läßt. Der Nächstfolgende sollte dem, der vor ihm voltigiert, beim Aufspringen behilflich sein.

b) Die Eingliederung der Ichansprüche ins Gruppengeschehen geschieht komplikationslos, wenn jeder Teilnehmer gleich oft mit gleicher Übungsdauer an der Reihe ist. Wer z. B. länger oben bleibt, um „Extrawünsche" zu verwirklichen, muß beim nächsten Durchgang verzichten!

c) Sich ruhig verhalten, wenn der andere seine Vorstellung gibt (vgl. „Abbau von Aggressionen").

d) Respektieren der Grenzen des anderen durch die Erfahrung der eigenen Leistungsgrenzen, vor allem bei Partnerübungen, bei denen jeder vom anderen einfach das Beste erwartet, weil er es selbst ja auch gibt, um gemeinsam zum Erfolg zu kommen. So ist es zu erklären, daß

85 Der richtige Mann am richtigen Platz – dann gelingt auch diese Übung

keine heftigen Vorwürfe folgen, wenn der eine wegen Konzentrationsmangel zum Beispiel sein Gleichgewicht verliert und einen gemeinsamen Sturz verursacht. In der Regel besteht Bereitschaft, dieselbe Übung mit demselben Partner sofort noch einmal zu versuchen (Abb. 85).

e) Reifung des Verständnisses dafür, daß das Pferd als organisches Wesen nicht pausenlos wie eine Maschine einsetzbar ist, durch Einlegen ruhiger Schrittpausen mit Rücksichtnahme auf das schwitzende Pferd. Wenn sehr ichzentrierte Kinder den Reitpädagogen auf den Tatbestand der „Überforderung" des Pferdes aufmerksam machen, sollte man diesen Hinweis dankend aufnehmen, indem man das Programm sofort durch eine Übungsfolge im Schritt oder Stand unterbricht.

f) Das Belohnen guter Dienste, die das Pferd leistet (sofortiges Anhalten in gefährlichen Situationen, Dulden von mehreren Kindern auf dem Rücken, ruhiger Galopp in schwierigen Situationen etc.) sollte bewußt angeregt und häufig von den Kindern durch Klopfen an den Pferdehals geleistet werden. Auch das Mitbringen von Möhren oder der Verzicht auf den Frühstücksapfel sollte vom Pädagogen entsprechend anerkannt werden, um die Kinder für empfangene Güte so zu sensibilisieren, daß sie auf Dauer auch das Gutsein, das ihnen aus ihrer sonstigen Umwelt entgegengebracht wird, nicht nur mehr mit sogenannten „Undank" beantworten.

g) Die Anforderungen der Erwachsenen für sich als Hilfe erleben. Wie der Erwachsene – hier der Reitpädagoge – bei adäquaten Leistungssteigerungen oder bei der Aussöhnung mit dem Pferd vom Kinde dringend gebraucht wird, ist oben deutlich geworden. Nach einer entsprechenden Anzahl von mißglückten Übungen, die durch Hinweise auf die Gefährlichkeit trotzdem vom Kinde immer wieder im Alleingang gewagt werden, wird jedes Kind bei der erforderlichen Zurückhaltung des Pädagogen auf Dauer fragen, was es jetzt auf dem Pferd üben solle. Dann ist der Zeitpunkt da, einem solchen Kinde eine ganze Menge von leicht ausführbaren Übungen durch knappe Kommandos abzuverlangen, zum Beispiel: „Knien! Sitzen! Knien! Sitzen! Rechten Arm loslassen! Linken Arm loslassen! Beide loslassen! Knien! Sitzen! Hände hinter den Kopf! Knien! Sitzen! Ab!" So werden also 13 Forderungen in rascher Folge geleistet, während im übrigen Bereich oft jede Erwartung des Erwachsenen gegenpolig beantwortet wird.

Je mehr der Pädagoge im sonstigen Tagesgeschehen mit dem Kinde zu tun hat, desto eher wird er erleben, wie auch dort seine gestellten Forderungen befolgt werden! Dann ist es nur eine Frage der Zeit, bis das Kind auch die Anweisungen anderer Erwachsener für sich als positive Impulse bucht.

Von der Notwendigkeit des Heilpädagogischen Reitens/Voltigierens

„So gut, so schön", mag mancher sagen. Aber gibt es nicht genügend andere Therapiemöglichkeiten, wie gruppendynamisches Training, Spieltherapie einzeln oder in Gruppen, therapeutisches Schwimmen, Musizieren, Werken u. a., die das gleiche Ziel ansteuern, auf breiter Basis schon erprobt und wissenschaftlich lange begründet sind? Entsprechende Ausbildungsstellen für Pädagogen an Universitäten und Fachhochschulen sind in diesen Bereichen bereits vorhanden. Warum will man da noch eine neue Therapieform verbreiten, die außerdem sehr kostenaufwendig zu sein scheint?

Als Antwort dazu mag zunächst die Feststellung dienen, daß Psychologen und Wissenschaftler, die dem Heilpädagogischen Voltigieren in der Arbeit mit verhaltensauffälligen Kindern vor Jahren noch sehr kritisch gegenüberstanden, sich jetzt mit Nachdruck für seine Durchführung auf breiter Basis einsetzen.

Die Hochschule Ruhr, Abteilung für Heilpädagogik, und ebenso die Fachhochschule für Sozialarbeit in Dortmund, in der ein Seminar für Heilpädagogisches Voltigieren eingerichtet wurde, sind aufgrund jetzt

86 *... angenehme Ruh'!*

15jähriger Erfahrung mit Heilpädagogischem Voltigieren in Sonderschulen und Heimen der Meinung, daß es an Schulen für Erziehungshilfe und an Sonderschulen für Lern- und Geistigbehinderte zumindest im Grundschulbereich mit einer wöchentlichen Voltigierstunde pro Kind seinen festen Platz im Stundenplan haben sollte. Für ältere Kinder dieser Schultypen sollte Heilpädagogisches Voltigieren im Angebot der Interessen- und Arbeitsgruppen nicht fehlen, wenn es auch aus Personal- oder Pferdemangel oder wegen zu starken Körpergewichts einzelner Kinder nicht systematisch durchgeführt werden kann. An regulären Grund- und Hauptschulen hat es sich als eine gute Hilfe bei stark auffälligen Kindern innerhalb einer freiwilligen Arbeitsgemeinschaft bewährt (vgl. Kröger 1989).

Neben Heimen, Schulen und Beratungsstellen bemühen sich inzwischen vermehrt Volkshochschulen, Jugendämter und kirchliche Einrichtungen, das HPV/R fest in ihrem pädagogisch-therapeutischen Angebot zu haben.

Zum Abschluß ein Beispiel aus der Arbeit mit dem 8jährigen Claus:

Claus zeigt auffällige Störungen in der Grob- und Feinmotorik, hat wegen einer starken Legasthenie im zweiten Schuljahr trotz gut durchschnittlicher Intelligenz das Lesen nicht erlernt und wehrt aufgrund psychosomatischer Schmerzempfindungen jeden Körperkontakt (Mutter eingeschlossen) brutal ab. Durch seine Versuche, mit Gleichaltrigen zu spielen oder irgend etwas Gemeinsames zu tun, trainiert er sein Kompensationstalent bezogen auf das Verdecken einer seiner o. g. Schwächen. So steht er völlig hilflos ohne Aussicht auf Besserung am Rande jeder Gemeinschaft wie: Familie, Schulklasse, Spielgruppe etc., in der er durch aggressives Fehlverhalten einfallsreich seine Anerkennung zu erreichen weiß. Die Mutter, die Klassenlehrerin wie auch der Psychologe der Erziehungsberatungsstelle sind vollends am Ende ihrer Möglichkeiten, diesen Leidensweg abzubiegen. Als gegen Ende des zweiten Schuljahres das Heilpädagogische Voltigieren in seiner Klasse durchgeführt wird, gelingen ihm erstmals in seinem Leben positiv verlaufende Kooperationen mit altersgleichen Kindern auf dem Pferd. Zuerst lernt er bei Partnerübungen auf dem galoppierenden Pferd, als Hintermann vertrauensvoll am Vordermann Halt zu nehmen ... dann als Vordermann ausdauernd dem Hintermann Halt zu bieten.

Seit dem Tag, an dem er, auf dem Pferderücken sitzend, einen kleineren Mitschüler auf seinen Schultern erträgt, stillt er bei seiner Mutter gierig seinen Nachholbedarf an Zärtlichkeiten, die sie bis dahin sehr zu ihrem Leid bei Claus nicht loswerden konnte. Kooperationen, die nur in Tuchfühlung mit anderen gelingen, werden in allen Lebensbereichen immer häufiger, sein Sozialverhalten wird erträglicher und seine Schulleistung angemessener. Daneben wird eine ständig wachsende Steuerungsfähigkeit seiner gesamten Motorik beobachtet. Claus lernt nach dem Lesen das Schreiben, erreicht einen qualifizierten Hauptschulabschluß und besteht die Maschinenschlosserlehre. Die Mutter behauptet freimütig: „Ohne das Pferd wäre entweder Claus oder ich in der Nervenheilanstalt gelandet."

Literatur

Delius, F. (1987): Möglichkeiten für die Förderung der Sensorischen Integration durch Heilpädagogisches Voltigieren bei Kindern mit minimalen cerebralen Funktionsstörungen. In: KThR: Therapeutisches Reiten, Mitgliederinformation, 1, 14ff.
Deutsche Reiterliche Vereinigung e. V. (1978): Richtlinien für Reiten und Fahren. Band III: Voltigieren. FN-Verlag, Warendorf.
Heipertz, W. (1977): Therapeutisches Reiten: Medizin, Pädagogik, Sport. Franckh, Stuttgart.
Ginott, H. (1974): Takt und Taktik im Klassenzimmer. Vandenhoeck u. Ruprecht, Göttingen.
Kröger, A. (1979): Die Heilpädagogische Wirkung des Reitsports bei verhaltensauffälligen Kindern u. Jugendlichen. In: Reiten heute. Analysen, Perspektiven. FN-Verlag, Warendorf.
Kröger, A. (1988): Heilpädagogisches Voltigieren als soziale Aufgabe. In: KThR: Therapeutisches Reiten, Mitgliederinformation, 1, 7ff.
Kröger, H. (1989): Abbau von Fehlverhalten durch Voltigieren. In: Reiter und Pferde in Westfalen, 9, 50.
Plötz, F. (1955): Kind und lebendige Natur. Kösel, München.
Rogers, C. R. (1987): Die nicht-direkte Beratung. 3. Aufl. Fischer, Frankfurt/M.

Psychomotorische Förderung bewegungsauffälliger Kinder durch Heilpädagogisches Voltigieren

Von Bernhard Ringbeck

Seit den Anfängen des Heilpädagogischen Voltigierens (Kröger 1969) wurde das Pferd überwiegend bei lern-, geistig- und verhaltensauffälligen Kindern und Jugendlichen zur Förderung ihrer motorischen Fähigkeiten und Fertigkeiten wie auch als Trainingsfeld psychosozialer Verhaltensweisen in einer wirklichkeitsnahen und erlebnisintensiven Gruppensituation eingesetzt.

Da nach Untersuchungen von Schilling (1979, 69) Bewegungsstörungen und -retardierungen bei 98% geistig Behinderter und 91% der frühkindlich Hirngeschädigten zu finden sind, bei lernbehinderten und verhaltensauffälligen Kindern immerhin noch bis zu 60% der mit motorischen Testverfahren untersuchten Probanden, ist es nicht verwunderlich, daß das Heilpädagogische Voltigieren zumeist in Tagesbildungsstätten, Heimen sowie Sonderschulen für Geistigbehinderte und Verhaltensauffällige durchgeführt wurde.

Nun wird aber in den letzten Jahren bei vielen Erzieherinnen aus Kindergärten und Schulkindergärten, von Lehrern aus Grund- und Hauptschulen sowie von Fachleuten aus den schulärztlichen und schulpsychologischen Diensten der Sorge Nachdruck verliehen, daß die Zahlen bewegungsauffälliger Kinder stark ansteige, „der Gesundheitszustand der Kinder sich zunehmend verschlechtert und immer häufiger schon vor dem Schuleintritt psychosomatische Störungen, Übergewicht, Koordinations- und Haltungsschwächen sowie eine insgesamt geringe Belastbarkeit festzustellen sind" (Grundschule 1988, 69).

So gibt die Bundesarbeitsgemeinschaft zur Förderung haltungsgefährdeter Kinder und Jugendlicher e.V. folgende Zahlen bekannt:

40–60% aller Schulkinder zeigen Haltungsschwächen (Rundrücken, Hohlrücken, Hohlrundrücken, Fußschwächen wie Knick-, Senk- und Spreizfuß);
20–30% haben Übergewicht;
20–30% haben ein leistungsschwaches Herz-Kreislauf-System;
30–40% sind motorisch auffällig und weisen Koordinationsschwächen auf.

Unterstützung finden diese Zahlen durch zwei großangelegte Untersuchungsreihen an Schulanfängern aus Bayern und Nordrhein-Westfalen im Jahre 1984.

123

Bei den Schularztuntersuchungen in Bayern wurde festgestellt, daß

„–56% der Schüler Schwächen und Schäden am Knochen-, Band- und Muskel-
apparat aufwiesen
–40% der Schüler von Organleistungsschwächen, insbesondere des Atmungs-
und Herz-Kreislauf-Systems betroffen waren
–40% der Schüler an Konzentrationsschwächen litten und
–20% der Schüler überernährt, d. h., fettleibig waren" (Rusch / Weineck 1988,
11).

Bei 120 000 untersuchten nordrhein-westfälischen Schulanfängern fand man bei
rund 16% der Kinder Haltungsschäden, bei fast 11% der Jungen und knapp 7%
der Mädchen Sprech- und Sprachstörungen, bei 17% verminderte Sehschärfe. So
hatten bei den schulärztlichen Untersuchungen rund ⅔ der Schulanfänger mindestens einen negativen Befund (vgl. Münstersche Zeitung 1984).

In einer weiteren Untersuchung aus dem Schuljahr 1984/85 an etwa 1000 11/
12jährigen Schülern kam Rössner (1986, zit. in Rusch / Weineck 1988) mit einem
Grobtest der motorischen Hauptbeanspruchungsformen Kraft und Beweglichkeit zu folgenden Ergebnissen:

„Klimmziehen am Reck (Armbeugekraft)

O 46,6% der Jungen und 62,2% der Mädchen schafften keinen einzigen Klimm-
zug.

Beine anheben im Hang rücklings an der Sprossenwand (Kraft der Hüftbeuge-
und Bauchmuskulatur)

O 43,8% der Jungen und 22% der Mädchen schafften es überhaupt nicht, die
Beine bis zur Waagerechten zu heben.

Rumpfbeuge vorwärts im Strecksitz

O 63,5% der Jungen und 53,4% der Mädchen konnten ihren Rumpf nicht mehr
als 45 Grad nach vorne neigen" (Rusch / Weineck 1988, 17/18).

Sind diese Zahlen alarmierend und fordern sie zu einer Reaktion von
Seiten aller Fachleute heraus, so kann man für die Fördermöglichkeit des
Heilpädagogischen Voltigierens festhalten, daß diese Gruppenmaß-
nahme immer stärker Eingang in den präventiven Bereich findet (so z. B.
in Regelschulen (Grund-, Haupt-, Realschulen), in Volkshochschulen,
Erziehungs- wie Schulpsychologischen Beratungsstellen, Jugendfarmen
etc.).

Leider können in vielen Fällen zur Zeit die hier genannten Institutionen der großen Nachfrage gerade bei Kindern im Alter von sechs bis
12 Jahren noch nicht ausreichend gerecht werden. Die Warteliste für die
Gruppenplätze ist zum Teil recht lang und die Fluktuation innerhalb der
Gruppen äußerst gering.

˅ Die hohe Motivation zum Umgang mit Pferden läßt sich zunächst ganz
allgemein aus dem besonderen Verhältnis von Kindern zu Tieren erklären, denn das Tier spielt in der Vorstellungs- und Gefühlswelt des
Menschen seit den frühesten Zeiten eine bedeutungsvolle Rolle. Im
Laufe der Geschichte machte das Tier im Weltbild des Menschen sämtliche Stadien von der Gottheit bis zur Sache, vom verhätschelten Liebling

bis zum Wegwerftier durch. Zur besonderen Beziehung Kind-Tier schreibt Hediger (1949): „Das Kind steht dem Tier näher, vor allem gefühlsmäßig näher als der Erwachsene und löst daher beim Tier auch andere Reaktionen aus. Deswegen darf sich ein Kind mit Tieren zuweilen Dinge erlauben, bei deren Anblick dem Erwachsenen oft unheimlich zumute wird." Das Tier erhält im Leben und Erleben von Kindern unterschiedliche Bedeutungen. Es kann Spielgefährte, Unterhalter, Objekt von Beobachtungen, der Fürsorge und der Pflege sowie Objekt der Zärtlichkeitszuwendung, Begleiter, Beschützer, Vertrauter und sogar Freund sein. Tiere kommen also ihren artgemäßen Eigenschaften entsprechend verschiedenen kindlichen Bedürfnissen entgegen. Bei allen Einschränkungen darf man wohl sagen, daß ein Tier beim Kind ein starkes gefühlsmäßiges Beteiligtsein auslösen kann. Je nach der Situation, der Größe, der Tätigkeit des Tieres überwiegen verschiedene Regungen wie Furcht, Neugierde, Spieltrieb. Immer ist es aber für das Kind ein totales Erlebnis. Die gefühlsmäßigen Beziehungen des Kindes zu einem Tier sind unter Umständen stärker als die zu seinen menschlichen Spielgefährten. Diese Beziehungen können somit für die gesamte seelische Entwicklung des Kindes äußerst wichtig werden.

Unsere Alltagserfahrungen beim Tierpark-, Jugendfarm-, Bauernhof-, Reitstall- oder Zirkusbesuch zeigen, daß sich Kinder von den unterschiedlichsten Tieren faszinieren lassen. Viele wissenschaftliche Befragungen aus dem In- und Ausland weisen in der Beliebtheitsskala eindeutig auf eine Vorrangstellung von *Hund, Katze* und *Pferd* hin (in dieser Reihenfolge).

In einer eigenen Untersuchung an 750 Mädchen und Jungen im Alter von acht bis 16 Jahren aus Nordrhein-Westfalen im Jahre 1982 fand sich ebenfalls diese Reihenfolge wieder, solange bei der Auszählung der Daten keine geschlechtsspezifische Unterscheidung vorgenommen wurde. Zählte man nur die Antworten der Mädchen aus, so rangiert das Pferd eindeutig an erster Stelle.

Die von mir gefundenen Ergebnisse erhalten in einer Umfrage des Bundesverbandes der Deutschen Volksbanken und Raiffeisenbanken aus dem Jahre 1987 ihre Entsprechung. Rund 190000 Mädchen und Jungen zwischen sechs und 16 Jahren wurden bundesweit nach ihrem Lieblingshobby befragt. Hierbei steht das Reiten hinter Schwimmen und Fußball an dritter Stelle. Bei den Mädchen dagegen ist das Hobby Reiten/Umgang mit dem Pferd mit 15% aller Nennungen sogar die unangefochtene Nummer 1. Interessant hierbei ist auch das ausgewogene Interesse für den Pferdesport bei den statistisch erfaßten Altersgruppen: Bei den 6–9jährigen etwa so hoch wie bei den 14–16jährigen. Am höchsten im Alter von 10–13 Jahren.

Die von mir befragten Schüler und Schülerinnen wählten das Pferd an die erste Stelle, „weil man darauf reiten kann, weil es ein schönes Gefühl ist, vom Pferd getragen zu werden". Eine Begründung, die für die Bevorzugung des Pferdes typisch ist. Wer von uns hatte nicht schon einmal als Kind den Wunsch, als Cowboy über die weite Prärie zu reiten oder im Zirkus mit Pferden aufzutreten. Als zweiten Grund nannten die Kinder die Pflege des Pferdes. Das Pflegen von Pferden wird gern übernommen und auch als unmittelbar notwendig angesehen, ebenso alle damit verbundenen Tätigkeiten wie Füttern, Putzen, Stall- und Sattelzeugpflege, Misten und vieles mehr. Bei diesen Beschäftigungen verliert sich für das Kind der Charakter der Arbeit, denn wo der Erfolg eines Tuns sofort ablesbar ist und der Sinn unmittelbar einleuchtet, wirkt Arbeit eben motivierend. Deswegen setzt es auch immer wieder viele Eltern in Erstaunen, wenn sie sehen, wie ihre Kinder im Stall beim Pferd häufig schwere und unangenehme Arbeiten völlig freiwillig und mit einer großen Selbstverständlichkeit übernehmen, während zu Hause oft bei den kleinsten Anforderungen und Aufgaben Unlust geäußert wird.

In einem weiteren Punkt gingen die Kinder auf ihr Gefühlsleben zum Pferd ein. Sie umschrieben es so:

– Das Pferd ist mein Freund, Partner, Spielgefährte;
– es ist treu, anhänglich und zeigt für meine Sorgen und Nöte Verständnis;
– es ist gutmütig und zutraulich, man kann es streicheln und sein Fell ist schön warm und weich.

Was es also für ein Kind bedeutet, mit Pferden umgehen zu können, bzw. auf Pferden sitzen zu dürfen, läßt sich zusammenfassend wie folgt beschreiben:

– Es bedeutet, sich einem Lebewesen anzuvertrauen, sich auf das Pferd einzulassen, dabei sein artspezifisches Verhalten zu respektieren und sich dementsprechend „pferde-gerecht" zu verhalten, also keine Gewalteinwirkung, kein Schreien, alles das unterlassen, was das Verhältnis zum Pferd stören könnte;
– es bedeutet, sich einem vorgegebenen Bewegungsrhythmus anzupassen, seine Angst vor den Gangarten Schritt, Trab und auch Galopp zu verlieren, wobei gerade beim Voltigieren von vielen Kindern der Galopprhythmus gewünscht wird und zur körperlichen und auch seelischen Entkrampfung führen kann;
– auf dem Pferd zu sitzen bedeutet weiterhin, sich über einen längeren Zeitraum konzentrieren zu müssen, sich mit immer wiederkehrenden Anforderungen auseinanderzusetzen, dabei Mißerfolge wegzustek-

ken, ohne seine Enttäuschung oder vielleicht sogar Aggressionen gegen das Pferd zu richten;
– es bedeutet, seine eigenen Ängste und Unsicherheiten vor sich selbst und vor anderen zuzugeben, daran zu arbeiten, um sein Können richtig einschätzen zu lernen und dadurch sein Selbstwertgefühl zu steigern;
– vor allem aber bedeutet es, viele zufriedenstellende Stunden und Erfolge erleben zu dürfen, die die Kinder zu ausgeglicheneren Persönlichkeiten heranwachsen lassen.

Bewegungsauffälligkeiten im Alltag des Kindes

Bewegungsauffälligkeiten bzw. -beeinträchtigungen können unterschiedlicher Art sein, sie reichen von einer leichten Bewegungsauffälligkeit, die im normalen Alltagsverlauf kaum zu beobachten ist, falls man nicht ein geschultes Auge dafür hat, und man benötigt schon spezielle Testverfahren (ungewöhnliche motorische Anforderungen), um eine Bewegungsbeeinträchtigung zu erkennen, bis hin zu schweren Körperbehinderungen, wie wir sie im allgemeinen bei Schülern der Schule für Körperbehinderte (Sonderschule) antreffen (vgl. Dumke 1989).

Unter den synonym verwandten Begriffen „Bewegungsauffälligkeiten" bzw. „-beeinträchtigungen" sowie „motorische Auffälligkeiten" sollen im folgenden insbesondere die große Gruppe der koordinationsschwachen Kinder, die vor allem in ihrer Grobmotorik erhebliche Schwierigkeiten aufweisen, sowie die Gruppe der bewegungsverarmten bzw. -verunsicherten Kinder gefaßt werden. Die Erfahrung zeigt, daß auch diese Gruppe der Kinder aufgrund Adipositas oder geringer Bewegungserfahrung durch ein anregungsarmes oder überbehütendes Elternhaus immer mehr zunimmt.

„Unter der Koordinationsschwäche als Zustandsbild einer gesamtmotorischen Instabilität sind qualitative Mängel bei der Bewegungsführung zu verstehen, die auf ein unvollkommenes Zusammenwirken des senso-neuro-muskulären Funktionsgefüges zurückzuführen sind. Es handelt sich dabei um unangepaßte, unzweckmäßige und unökonomische Muskelaktionen und Reaktionen aufgrund dynamisch, zeitlich und räumlich inadäquater Impulsdosierung. Die Bewegungen erfolgen dadurch

– zu schwach oder zu stark,
– zu langsam oder zu schnell,
– zu sparsam oder zu überschießend.

Sie werden zu wenig oder im Gegenteil zu viel gebremst, gesteuert und kontrolliert (,Zappelphilipp' – ,Spannling')" (Kiphard 1977, 18).

Kiphard unterteilt die Koordinationsschwäche in vier Bereiche:

a) *die stützmotorische Koordinationsschwäche*

„Hauptkriterium stützmotorischer Koordinationsschwäche ist die Haltungslabilität. Wir verstehen darunter eine ungenügend konstante Innervation der an der aufrechten Haltung beteiligten Muskeln im Sinne einer mangelhaften Gelenkfixierung. Ein weiteres Symptom stützmotorischer Koordinationsschwäche ist die Unelastizität beim Niedersprung auf hartem oder nur wenig nachgebendem Untergrund. Das gleiche gilt übrigens für das Fangen von Bällen. Auch hier geschieht das Absorbieren der balleigenen Flugkraft unelastisch, so daß der Ball von den Händen wieder abprallt" (Kiphard 1977, 22).

b) *die handlungsmotorische Koordinationsschwäche*

„– ganzkörperliche oder partielle Bewegungsverspannungen
– unzweckmäßige Mitbewegungen bei konzentrativer Anspannung
– arhythmischen, eckigen, abrupten Bewegungsverlauf
– plötzlich einschießende, unwillkürliche Bewegungsimpulse
– mangelndes Gleichgewichtsvermögen des Körpers beim Zielgehen
– ungenügende Zielfähigkeit des Wurfarmes oder Stoßbeines
– mangelnde Wendigkeit, Brems- und Umstellungsfähigkeit
– unsichere sonsomotorische Anpassung an Ball und Partner
– ungenügende Gleichzeitigkeit zweier Bewegungen" (Kiphard 1977, 23).

c) *die grobmotorische Koordinationsschwäche*

Es sind vor allem die weiträumigen, kraftvollen und schwungvollen Großbewegungen beeinträchtigt. Sie verlaufen steif, eckig, mit abrupten Übergängen oder plump, schwerfällig, schlaff und kraftlos.

d) *die feinmotorische Koordinationsschwäche*

– manuelle Geschicklichkeitsübungen (Schriftführung)
– kleinräumige Zielübungen und Gleichgewichtsübungen

„Die hier genannten Feinbewegungen und isolierten Präzisionsbewegungen sind mangelhaft gesteuert. Sie sind fahrig, mit viel zu großen Korrekturimpulsen. Oder aber sie sind „übersteuert", verspannt bis verkrampft infolge ungenügender Entspannung der Antagonisten" (Kiphard 1977, 23).

Es wird einsichtig, daß ein so beeinträchtigtes Kind kaum Freude an der Bewegung empfinden kann und im Leistungsvergleich mit den Gleichaltrigen sehr häufig den kürzeren zieht. Diese negativen Erfahrungen können sich auf die gesamte Psyche des Kindes niederschlagen, da „Einschränkungen im Bewegungserleben von Kindern meist auch mit einer Einschränkung ihrer Persönlichkeitsentfaltung einhergehen. Störungen der motorischen Koordinationsfähigkeit oder der Wahrnehmungsfähigkeit engen nicht nur den Bewegungs- und Handlungsspielraum eines Kindes ein, sie hemmen es meist auch in seinen sozialen Aktivitäten, beeinträchtigen sein Selbstwertgefühl und hindern es am Aufbau von Selbstvertrauen" (Zimmer 1986, 260).

Auf der beschreibenden Ebene fallen uns diese Kinder, das wird auch immer wieder von Eltern und Lehrern gleichermaßen berichtet, unter anderem durch folgende Verhaltensweisen auf:

– sie stolpern häufiger oder fallen hin (hierbei immer wieder auf die gleiche Stelle, so daß die Wunde kaum ausheilen kann);

– sie „rempeln" des öfteren andere Kinder an oder stoßen an Tischkanten bzw. vorstehenden Ecken;

– sie fassen andere Kinder unbeabsichtigt so fest an, daß diese vor Schmerz aufschreien;

– sie bewegen sich häufig plump und ungeschickt;

– beim Treppensteigen nehmen sie nur dasselbe Bein vor;

– sie wirken unselbständig, bitten oft um Hilfe;

– das An- und Ausziehen dauert sehr lange, das Öffnen und Schließen von Reißverschlüssen und Knöpfen oder das Schleifenbinden gelingt nicht;

– sie können ihre Bewegungen nur schlecht an Gegenstände anpassen, sie gehen ungeschickt mit Werkzeug, Messer und Gabel um;

– es fällt ihnen schwer, ungewohnte Bewegungen nachzuahmen, so z. B. einen vorgegebenen Rhythmus aufzunehmen;

– sie verfügen nur über eine geringe Ausdauer und ermüden schnell.

Während des Heilpädagogischen Voltigierens können wir bei bewegungsauffälligen Kinder u. a. folgende Reaktionen beobachten:

– bei den Mitlaufübungen im Trab können sie die Geschwindigkeit des Pferdes nicht mit ihrer Laufgeschwindigkeit in Einklang bringen, so daß sie zwar vom Longenführer zunächst auf den Kopf des Pferdes zulaufen, es aber erst an der Kruppe erreichen;

– im Trab kann die Fußfolge des Pferdes nicht aufgenommen werden, selbst bei stimmlicher Unterstützung durch den Erwachsenen wird der Rhythmus nicht beibehalten;

– Mitlaufübungen rückwärts oder mit verschiedenen Drehrichtungen können nur schwer oder überhaupt nicht ausgeführt werden;

87

88 ▼

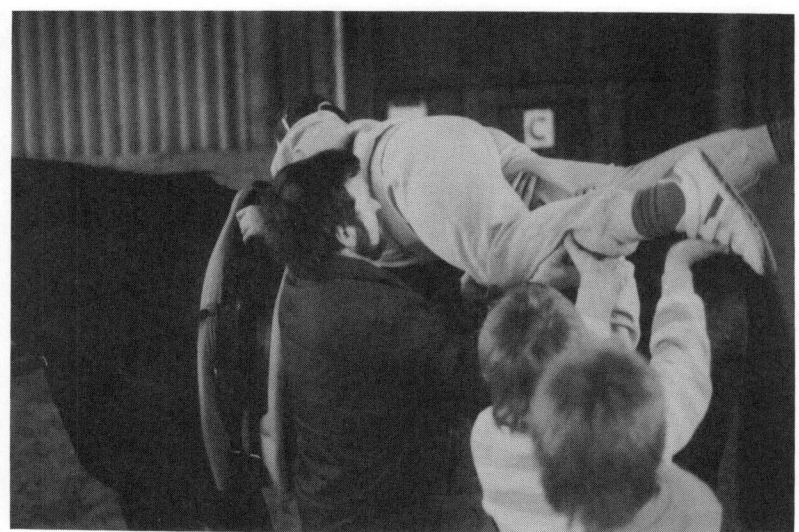

89

- der Linksgalopp gelingt nicht oder die Kinder springen zwischendurch immer wieder mit dem falschen Bein nach vorn (Abb. 87);
- bei der Mitlaufübung hinter der Longe mit der gesamten Gruppe halten sie ihren Platz nicht ein und drängen zum Pferd (Abb. 88);
- beim Aufsprung erfolgt kein deutlicher Absprung mit beiden Beinen, die Kinder lassen sich einfach hängen und sind auf die Unterstützung der Gruppenmitglieder angewiesen (Abb. 89);
- weiterhin zeigen sie beim Aufsprung keine Körperspannung, sondern knicken in der Hüfte ein oder ziehen mit den Armen nicht kräftig mit;
- auf dem Pferd gelingt das Arme-Kreisen vorwärts oder rückwärts nur in Ansätzen, die Arme führen keine großen Kreisbewegungen aus, werden unsynchron geführt, sind im Ellenbogen abgewinkelt und zeigen ruckartige Bewegungen;
- häufig sieht man bei dieser Übung eine deutliche Mitbewegung beider Beine bis in die Fußspitzen;
- ein Gegeneinanderkreisen der Arme ist nicht möglich;
- das Gefühl für die Lage der Extremitäten im Raum fehlt, die Beine werden in den Kniegelenken nicht durchgedrückt, die Armhaltung muß immer wieder korrigiert werden, da die Kinder die korrekte Haltung vergessen haben;

- die Rechts-Links-Orientierung ist bei vielen Kindern nicht gegeben;
- insgesamt ermüden sie schneller bzw. nehmen sich häufiger ihre Erholungspause.

Die hier aufgeführten Verhaltensweisen ergeben nur eine recht subjektiv erfahrene Wirklichkeit wieder. Jeder Pädagoge wird aus seinem Erfahrungshintergrund weitere auffällige Beschreibungen hinzufügen können. Besorgniserregend ist hierbei nicht die Tatsache, daß es diese motorischen Auffälligkeiten in den unterschiedlichsten Ausprägungen gibt – sie wird es bestimmt auch früher gegeben haben –, sondern die Intensität und Verbreitung innerhalb der einzelnen Altersjahrgängen.

Ursachen von Bewegungsauffälligkeiten

Es ist nach wie vor ein Problem, daß sich bei Vorliegen einer motorischen Beeinträchtigung nicht immer Rückschlüsse auf die Verursachung dieser Auffälligkeit ziehen lassen. Zu vielschichtig und häufig nur schwer diagnostizierbar sind alle infrage kommenden Verursachungsmomente. Dennoch kann mit Bestimmtheit gesagt werden, daß sich meistens eine Schädigung bzw. Beeinträchtigung des Gehirns – ob nun anlage- oder umweltbedingt – gerade im frühen Kindesalter auf die Motorik besonders stark auswirkt.

Bei der Ursachenforschung über die steigende Zahl bewegungsauffälliger Kinder muß man ganz sicher berücksichtigen,

- daß es in der Bundesrepublik Deutschland immer mehr lebensfähige Frühgeburten gibt;
- daß die Risikofaktoren während der Schwangerschaft zunehmen – man denke an die nikotin-, alkohol- und sonstig drogengeschädigten Neugeborenen (vgl. z. B. Münstersche Zeitung 1988).
- daß genetische Einflüsse nicht eindeutig auszuschließen sind;
- daß eventuell eine leichte frühkindliche Hirnschädigung (die sogenannte MCD = minimale cerebrale Dysfunktion) vorliegt. Bei der MCD handelt es sich um eine vor, während oder nach der Geburt im frühkindlichen Entwicklungsstadium eingetretene Beeinträchtigung der Funktionen des zentralen Nervensystems, die sich in einer unterschiedlichen Kombination von Störungen und Auffälligkeiten manifestieren kann, vor allem aber zu Ausfällen in der Motorik führt (vgl. Bauer 1986);
- oder daß es sich um eine sensorische Integrationsstörung handelt (vgl. Ayres 1984, 17) bei der das Gehirn nicht in der Lage ist, „den Zustrom

sensorischer Impulse in einer Weise zu verarbeiten und zu ordnen, die beim betreffenden Individuum eine gute und genaue Information über sich selbst und seine Umwelt ermöglichen".

Vielen Pädagogen fallen aber gerade die umweltbedingten Einflüsse auf, die auch nach Meinung von Experten (vgl. Lempp 1987, 101) immer stärker bei der Verursachung von Bewegungsbeeinträchtigungen ins Gewicht fallen. Zu nennen wären hier:

– der Mangel an Möglichkeiten, dem natürlichen Bewegungsdrang nachzugehen aufgrund zu enger Wohnverhältnisse, zunehmenden Autoverkehrs und dichter Bebauung in Ballungsgebieten, fehlender sportlicher Anregungen im Freizeitbereich (die meisten Sportvereine sind rein leistungsorientiert), fehlender befriedigender Spielmöglichkeiten (z. B. Abenteuerspielplatz, Bewegungsbaustelle, Jugendfarm) oder falscher Nutzung dieser Angebote durch Jugendliche, die die Spielplätze verwüsten;

– eine sensorische Reizüberflutung durch den zu häufigen Fernseh- und Videogebrauch. Hier zeigt die neueste Untersuchung des Institutes für Schulentwicklungsforschung (IFS) der Universität Dortmund über die Mediennutzung von Grundschulkindern deutliche Zahlen (vgl. Grundschulmodellversuch 1987, 30) und es ist schon erschreckend, wenn die heutige Jugend genauso viel Zeit vor dem Fernseher verbringt wie in der Schule (vgl. Landesinstitut für Schule und Weiterbildung 1981, 5);

– eine Überbehütung durch Erwachsene (so werden z. B. viele Kinder von ihren Großeltern erzogen, die häufig aus Angst, Unsicherheit oder Sorge den Bewegungserfahrungsraum der ihnen anvertrauten Kinder stark einschränken);

– der schulische Dauerstreß mit erhöhten geistigen Anforderungen ohne den notwendigen bewegungsmäßigen Ausgleich (so kann z. B. in vielen Grundschulen aufgrund von Sportlehrermangel, Einstellungsstop und Überalterung der Kollegien nur eine Stunde Sportunterricht pro Woche gegeben werden).

Aufgrund dieser Vielzahl an Verursachungsmöglichkeiten scheint es nicht verwunderlich, daß viele bewegungsbeeinträchtigte Kinder immer häufiger mit Erregungs- und Gefühlsstauungen reagieren. Die Folgen sind oft erhöhte Ablenkbarkeit, Reizbarkeit, Konzentrationsschwäche, Bewegungsunruhe mit Neigung zu aggressiven Kurzschlußhandlungen oder auch Bewegungsarmut mit totalem Rückzug auf sich selbst und geringem Zutrauen in die eigene Leistungsfähigkeit.

Diesen Aufschaukelungsprozeß zeigen Zimmer/Cicurs (1987, 17) sehr übersichtlich in ihrem Ablaufmodell über die Bedingungsfaktoren und Folgen motorischer Leistungsschwächen (Abb. 90).

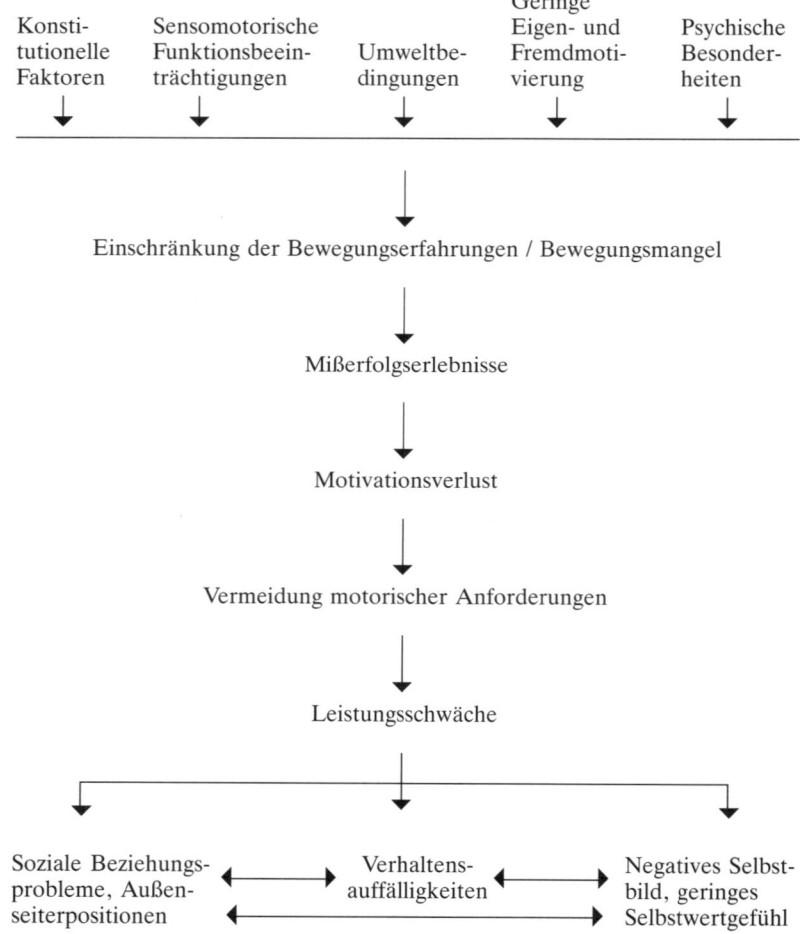

90 *Bedingungsfaktoren und Folgen motorischer Leistungsschwächen (nach Zimmer/Cicurs)*

Beobachtungskriterien und Prüfung
motorischer Auffälligkeiten

Da viele bewegungsauffällige Kinder mit ihrer Alltagsmotorik in der Regel wenig Schwierigkeiten haben, kommt es darauf an, sie in neue, unbekannte bzw. ungewöhnliche Bewegungssituationen zu bringen. Die nachfolgenden Übungen mit ihren einzelnen Beobachtungskriterien bieten hierzu eine Möglichkeit, um erste Anhaltspunkte über motorische Auffälligkeiten zu gewinnen, aufgrund derer die Stunden im Heilpädagogischen Voltigieren zu planen sind. Eventuell muß auch überlegt werden, weitere Fachleute (Fachärzte, Schulpsychologischer Dienst, Motopäde oder Neuropädiater) hinzuzuziehen.

Alle Übungen können in einer Reithalle oder auf einem Reitplatz durchgeführt werden; es ist allerdings bei diesen Aufgabenstellungen zu berücksichtigen, daß ein Nichtbeherrschen einer einzelnen Übung noch zu keiner Reaktion von seiten des Pädagogen führen muß, sondern erst, wenn sich Schwierigkeiten bei einer Reihe von bestimmten Bewegungsanforderungen zeigen.

Zudem ist das Alter des einzelnen Kindes sowie seine bisherige Lern- und Entwicklungsgeschichte in das Urteil mit einzubeziehen. „Das ständig im Fluß befindliche Entwicklungsgeschehen im Kindesalter bedingt ein fortwährendes Anwachsen der qualitativ motorischen Leistungsfähigkeit. Ein 8jähriger führt seine Bewegungen koordinierter aus, als beispielsweise ein 6jähriger. Bei einem Vergleich der Koordinationsfähigkeit zwischen verschiedenen Kindern ist diese also immer in Bezug zu setzen zum Lebensalter" (Kiphard 1977, 25).

Das Bewegungsverhalten ist in seiner Ausprägung von Kind zu Kind so unterschiedlich, daß es schwerfällt, aus der Fülle verschiedener Merkmale und Qualitäten eine umfassende Auflistung diagnostischer Hinweise zusammenzustellen. Deshalb wurden zur Überprüfung der Grobmotorik Aufgaben ausgewählt, die zumeist auf die einfachen Bewegungen wie Stehen, Gehen, Laufen, Hüpfen und Springen zurückzuführen sind. Hierbei ist auf die Bewegungsqualität wie Gleichgewicht, Flüssigkeit und Elastizität der Bewegungen, präzise Bewegungsausführung, Standsicherheit, Harmonie sowie Gleichmaß der Bewegungen zu achten.

Übungen in der Voltigierstunde

– Auf einem Bein stehen, das angewinkelte Bein hängt locker nach unten (hierbei werden die Arme häufig als Ausgleichsbewegung zur Erhaltung des Gleichgewichtes zu Hilfe genommen, das angewinkelte

Bein wird häufig zur Standsicherheit ans andere Knie gepreßt, der Stand ist sehr instabil und wackelig);

- beim „Fuß-vor-Fuß-Stand" eventuell mit geschlossenen Augen und locker angelegten Armen oder beim „Zehenspitzen- bzw. Fußballenstand" zeigen sich diese Ruderbewegungen mit den Armen in gleich starkem Maße;

- beim Gehen „Fuß-vor-Fuß" vorwärts oder sogar rückwärts kann die Richtung nicht eingehalten werden (vor allem nicht bei geschlossenen Augen);

- auch das Balancieren über kleine Höhen (z. B. Cavaletti) wird bereits zu einem Wagnis, die Kinder trauen sich diese Übung entweder nicht zu, benötigen Hilfestellung oder fallen sehr oft herunter (Abb. 91);

- das Hüpfen auf einem Bein gelingt nicht, Stand- und Sprungunsicherheit zeigen sich z. B. in der steifen, abgewinkelten Haltung der Arme, zumeist mit gefausteten Händen, den im Kniegelenk fixierten Beinen sowie der geringen Schwungentwicklung (Abb. 92);

- beim Schlußsprung seitwärts mit geschlossenen Füßen fallen die Kinder häufiger hin oder lösen die geschlossene Fußhaltung auf, sie kommen nur schwer vom Boden ab, ihre Bewegungen sind verlangsamt und sie wirken zum Teil recht unbeholfen;

- bei der Übung „Hampelmann" (Abb. 93) steht das Kind in der Grundstellung, d. h. mit geschlossenen Beinen und locker herunterhängenden Armen. Nun soll es über dem Kopf in die Hände klatschen und

91

92

gleichzeitig mit den Beinen in die Grätschstellung gehen. Anschließend wird wieder die Grundstellung eingenommen usw. Diese Übung bedeutet für viele Kinder oft eine enorme Koordinationsleistung der Arme und Beine, der gesamte Bewegungsablauf kann bisweilen nur nachvollzogen werden, wenn der Erwachsene die Übung beständig vormacht;

93

- Anpassungsübungen an die Geschwindigkeit des Pferdes, beim Aufnehmen der Fußfolge, beim Erlernen des Linksgalopps werden auch nach einer langen Trainingsphase nur unvollkommen ausgeführt und müssen immer wieder korrigiert werden;
- die Haltungslabilität (geringe Körperspannung) fällt besonders beim Aufgang auf, die Kinder klappen in der Hüfte wie ein „Taschenmesser" zusammen und bei entsprechendem Gewicht des Kindes ist es kaum noch möglich, es aufs Pferd zu bringen; hinzu kommt, daß die Kinder nicht mit einem Bein abspringen können und die Arme nicht mitziehen;
- die Links-Rechts-Orientierung ist bei vielen Kindern nicht gegeben, ebenso fehlt die Orientierung im Raum, d. h., die Kinder können bei geschlossenen Augen nicht angeben, an welcher Stelle sie sich mit dem Pferd in der Halle befinden;
- das Körperschema ist nur gering entwickelt, die Fuß- bzw. Armhaltung kann nicht von ihnen selbst korrigiert werden, da sie nicht spüren, wann z. B. das Knie durchgedrückt oder die Hände sich auf Höhe der Ohren befinden.

Bei vielen der hier beschriebenen Übungen ist darüberhinaus die Mimik (Gesichtsausdruck) von Interesse. Häufig sind nämlich deutliche Mitbewegungen in der Zunge von links nach rechts zu beobachten, auch die Augen werden des öfteren stark zusammengekniffen bis hin zu einer der Aufgabenstellung nicht abverlangten Gesichtsverzerrung (Abb. 94).

Motodiagnostische Testverfahren

Generell läßt sich sagen, daß es zur Zeit noch wenige statistisch gesicherte Methoden zur Erfassung von Bewegungsbeeinträchtigungen gibt und die darüber hinaus aufzeigen, inwieweit ein psychomotorisch orientiertes Förderangebot positive Effekte zeigt.

Für die Altersgruppe der sechs- bis 12jährigen Kinder sind zwei Verfahren zu empfehlen, die nach einer gewissen Einarbeitungszeit (evtl. auch Besuch eines Lehrganges vom Aktionspreis Psychomotorik e. V., Kleiner Schratweg 32, 4920 Lemgo 1) vom Pädagogen selbst durchgeführt werden können.

Als das derzeit älteste und wohl bekannteste Verfahren im deutschsprachigen Raum kann man den Körperkoordinationstest für Kinder (KTK) von Kiphard und Schilling (1974) ansehen. Dieser Test überprüft die Entwicklung der Körperbeherrschung und -kontrolle der 5- bis 14jährigen Kinder und Jugendlichen. Der Test besteht aus vier Untertests mit folgenden Aufgaben:

94

- Balancieren rückwärts über am Boden liegende Balken unterschiedlicher Breite,
- monopedales Überhüpfen von Schaumstoffplatten bei zu steigender Höhe,
- seitliches Hin- und Herspringen im Schlußsprung über eine am Boden liegende Holzleiste sowie
- seitliches Umsetzen zweier Brettchen, wobei das Testkind jeweils mit beiden Beinen auf einem Brettchen stehen muß.

Die Gesamtkörperkoordinationsleistung ergibt sich als motorischer Quotient (MQ) aus den Einzelergebnissen der vier Testaufgaben. Der

MQ ist in seiner formaltesttheoretischen Struktur mit dem hinlänglich bekannten Intelligenzquotienten zu vergleichen und ermöglicht auch, wie der IQ, eine Klassifikation der erhaltenen Werte. Da der MQ keine festgeschriebene, sondern eine entwicklungsfähige Größe ist, läßt sich auch mit Hilfe des KTK's eine Verbesserung der Motorik feststellen. Darüber hinaus gibt es den AST 6–11, den Allgemeinen Sportmotorischen Test zur Diagnose der konditionellen und koordinativen Leistungsfähigkeit von Bös/Wohlmann (1987), bestehend aus sechs Aufgaben (20-Meter-Lauf, Zielweren, Ball durch die Beine an die Wand werfen, Hindernislauf, Medizinballstoß, 6-Minuten-Ausdauer-Lauf). Mit dem AST 6–11 wird dem Pädagogen ein Verfahren zur Messung von konditionellen und koordinativen Fähigkeiten an die Hand gegeben, das sich nach Aussagen der Autoren sowohl für eine Ist-Diagnose der allgemeinen sportmotorischen Leistungsfähigkeit als auch zur Veränderungsdiagnose zur Beurteilung von Entwicklungs- und Trainingsprozessen eignet.

Fördermöglichkeiten beim Heilpädagogischen Voltigieren

Das Heilpädagogische Voltigieren bietet eine breite Palette an Wahrnehmungs- und Handlungsmöglichkeiten, wobei es ja nicht vorrangig um Aspekte der sportlichen Leistungssteigerung geht, sondern um die Entwicklung sensomotorischer, psychomotorischer, sozial-emotionaler und kognitiver Bereiche auf der Basis einer emotionalen Beziehung zum Lebewesen Pferd.

Über den Stellenwert des Heilpädagogischen Voltigierens in der Förderung bewegungsauffälliger Kinder sowie über die positiven Auswirkungen auf den motorischen Bereich wurde bereits an anderer Stelle berichtet (vgl. B. Ringbeck 1983, 1988; Schulz 1983).

Nach Bös/Wydra (1984, 778) lassen sich die motorischen Fähigkeiten wie folgt differenzieren:

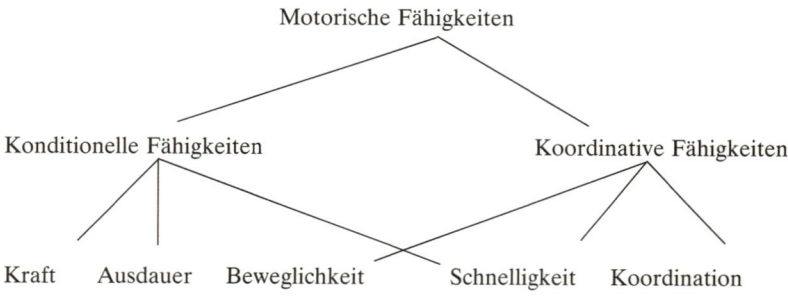

Die unter den sportmotorischen Fähigkeiten aufgeführten Aspekte werden durch den Einsatz des Pferdes im Sinne des Voltigierens besonders gefördert, da die Einzel-, Zweier- und Dreierübungen ein Bündel von motorischen Fertigkeiten und Fähigkeiten erfordern wie

„– ein hohes Gleichgewichtsgefühl in konstanter Antizipation und Reaktion auf die Bewegung des Pferdes;
– Sprungkraft und Stützkraft für Aufgänge, Abgänge und dem Wechsel von Positionen und Stützübungen sowie Spreizfähigkeit, Gewandtheit, Beweglichkeit und Reaktionsschnelligkeit;
– in Verbindung mit dem labilen Gleichgewicht und der geforderten Präzision in Haltung und Bewegung eine außergewöhnliche Anpassungsfähigkeit" (Rieder 1978, 19).

Hierbei nimmt die koordinative Fähigkeitsentwicklung eine bedeutende Stellung ein, da nach Riede (1986, 32) die Koordination im Alter zwischen sieben und zwölf Jahren am wirksamsten zu schulen ist und Versäumnisse in dieser Zeitspanne später nur mit großen Mühen aufzuholen sind.

Der Voltigiersport bietet aufgrund seiner sechs Pflichtübungen und seiner vielfältigen und immer wieder neu zu variierenden Kürübungen ein breites Trainingsfeld für die hier aufgeführten motorischen Fähigkeiten. Gerade bei den Leistungsgruppen scheint der Ideenreichtum an bestaunenswerten Zweier- und Dreier-Übungen oder beim Einzelvoltigieren das schon artistisch anmutende Umturmen des ganzen Pferdes noch lange nicht ausgeschöpft zu sein.

Im Heilpädagogischen Voltigieren mit bewegungsauffälligen Kindern sind uns nur reduzierte Möglichkeiten gegeben. Sämtliche motorische Anforderungen müssen auf das Leistungsvermögen jedes einzelnen Kindes so abgestimmt werden, daß sie bewältigt und als Erfolg erlebt werden können. Das bedeutet z. B. konkret, daß die Pflichtübungen Schere oder auch Flanke kaum trainiert werden können. Auch die Aufwärmphase mit ihrer Gymnastik unterscheidet sich deutlich von der in einer Leistungsgruppe.

Aus diesem Grunde soll die hier angeführte Auswahl an Übungsbeispielen, die alle in der Praxis und durch gedankliche Unterstützung vieler begeisterter Kinder entstanden sind, dem Gruppenleiter helfen, adäquate Angebote für das einzelne Kind und die ganze Gruppe zu finden, seinen Unterricht abwechslungsreich und damit motivierend zu gestalten, sowie viele Lernziele aus dem motorischen wie sozial-emotionalen Bereich zu fördern (vgl. M. Ringbeck 1983, 1985).

Dem Pädagogen und den Kindern bleibt genügend Raum, die beispielhaft angegebenen Übungen und Bewegungsspiele zu variieren bzw. weitere hinzuzufinden.

Fang- und Laufspiele ohne Pferd

Ist der Gruppenleiter darauf angewiesen, sein Voltigierpferd ohne Kinder zu lösen oder will er seinen Kindern einen abwechslungsreichen Stundenbeginn bieten, so eignen sich die folgenden Lauf- und Fangspiele gerade für die leistungsschwachen, unbeholfenen, adipösen und bewegungsverunsicherten Kinder, da sie keinen Verlierer kennen und das bewegungsauffällige Kind nicht immer als erstes ausscheiden muß. Die Spiele lassen sich über einen bestimmten Zeitraum spielen und sind jederzeit abzubrechen. Die Spielfläche ist jeweils durch den anderen Zirkel begrenzt!

Weiterhin wurden sie unter den Gesichtspunkten ausgewählt,

– daß sie einen hohen Spielanreiz für Kinder im Alter von sechs bis 12 Jahren besitzen;
– daß sie selbständig von ihnen ohne lange Erklärungen bewältigt werden können und oft die Kooperation untereinander erfordern;
– daß sie dem kindlichen Bewegungsdrang entgegenkommen und nicht allzuviel an Ruhe und Konzentration erfordern, die dann ja noch für die weitere Voltigierstunde gefordert ist;
– daß sie immer alle Kinder beteiligen, also kein frühzeitiges Ausscheiden mit langem Warten auf der Bank provozieren.

95

142

a) *Kettenfangen*

Das Spiel beginnt mit einem beliebig gewählten Fänger. Jeder Spieler, den er abgeschlagen hat, schließt sich ihm an der Hand an, so daß es eine immer länger werdende Kette wird. Es dürfen immer nur die äußeren Kettenglieder fangen, so daß ein geschickter Mitspieler auch durchaus die Möglichkeit besitzt, durch die Kette hindurchzukriechen.

b) *Windmühlenfangen*

Die Kinder stehen auf einer Reithallenseite dem Fänger gegenüber. Sie wechseln auf einen Zuruf des Fängers die Seite. Hierbei versucht der Fänger die einzelnen Kinder zu fangen. Die gefangenen Kinder bleiben an der Stelle, an der sie abgeschlagen wurden, stehen und dürfen sich nicht mehr von diesem Platz fortbewegen. Indem sie ihre Arme wie Windmühlenflügel ausbreiten, versuchen sie im weiteren Spielverlauf dem Fänger behilflich zu sein, die vorbeilaufenden Kinder durch Bewegungen der Arme zu fangen. Der Fänger versucht seinerseits, die Kinder in die Nähe der Windmühlen zu treiben (Abb. 95).

c) *Tunnelfangen*

Ein Kind versucht, die anderen Kinder zu fangen. Das Kind, das gefangen wird, muß einen Tunnel bilden (Hände auf dem Boden). Es kann von den anderen Mitspielern, die noch nicht gefangen worden sind, erlöst werden, indem ein Kind unter ihm durchkriecht (durch den Tunnel kriecht).

d) *Versteinern*

Ein Kind versucht, ein anderes zu fangen. Das gefangene Kind muß in Grätschstellung stehenbleiben, solange, bis es von einem anderen, noch nicht gefangenen Kind durch Hindurchkriechen der Grätsche, erlöst wird.

e) *Hase und Igel*

Alle Kinder liegen mit dem Bauch auf dem Boden. Zwei Kinder, der Hase und der Igel, sind zunächst der Fänger und der, der gefangen werden soll. Der Hase fängt den Igel. Gerät der Igel in Bedrohung, d. h., der Hase ist ihm so nah auf den Fersen, daß er ihn gleich abschlagen kann, hat er die Möglichkeit, über einen am Boden liegenden Mitspieler zu springen und sich sofort hinter demjenigen auf den Boden zu legen. In diesem Augenblick wird derjenige, über den er gesprungen ist, zum neuen Hasen, d. h., zum neuen Fänger, und er steht auf und muß den alten Hasen, der jetzt zum Igel wird, fangen. Das Spiel setzt eine gute Reaktionsfähigkeit der Kinder voraus, da der Wechsel vom Fänger zum Fangenden sehr schnell vorsichgehen muß.

f) *Fuchsschwanz fangen*

Alle Kinder stecken sich hinten an die Trainingshose ein Band, den sogenannten Fuchsschwanz. Innerhalb eines bestimmten Zeitraumes (3–4 Minuten) versucht nun jedes Kind, möglichst viele Schwänze zu ergattern. Jeder gefangene Fuchsschwanz wird bei dem betreffenden Fänger hinten an der Hose befestigt und darf von den anderen Mitspielern auch wieder abgerissen werden. Somit bleiben alle Kinder im Spiel. Ausschließlich in der Phase des Ansteckens darf dem Mitspieler kein Band entwendet werden.

Bewegungsspiele mit dem Pferd

Die hier beschriebenen Übungsbeispiele lassen sich sehr wohl auf der linken wie auch rechten Hand des Pferdes durchführen und kommen somit gleichzeitig dem Trainingsstand und der Gesundhaltung des Voltigierpferdes entgegen. Allerdings muß das Pferd an diese Form des ungewöhnlichen Umgangs langsam in kleinen Schritten gewöhnt werden.

a) Alle Kinder gehen oder laufen in einer Reihe auf der Zirkellinie hinter dem Pferd her. Das Kind, das direkt hinter dem Pferd läuft, muß immer für einen genügend großen Abstand (1 Pferdelänge) zur Hinterhand des Pferdes sorgen (Unfallverhütung!).

○ Der Longenführer wechselt häufig die Gangarten des Pferdes. Alle Voltigierer sollen hierbei den Gleichschritt bzw. Rhythmus zum Pferd einhalten.

○ Das Pferd geht im Wechsel Schritt oder Trab. Sobald das Pferd Schritt geht, müssen die Kinder (wie versteinert) so stehenbleiben, wie sie gerade gelandet sind.

○ Das erste Kind macht eine Übung mit den Armen oder Beinen vor, die anderen Kinder machen diese Übung nach. Anschließend läuft das 1. Kind der Gruppe an das Ende der Reihe und das nächste Kind denkt sich eine weitere Übung aus.
Variation: Außerhalb des Zirkels werden Markierungspunkte festgelegt (z. B. die Zirkelpunkte) und ein Kind darf sich aussuchen, welche Übungen von Zirkelpunkt zu Zirkelpunkt gemacht werden sollen.

○ Der Longenführer gibt im schnellen Wechsel verschiedene Aufgabenstellungen vor wie z. B.:
  – auf dem rechten/linken Bein hüpfen
  – Seitwärtsgalopp innen oder außen
  – Links- oder Rechtsgalopp (Abb. 96)

96

- Rückwärtslaufen
- einmal um die eigene Achse drehen (z. B. aus dem Vorwärtslaufen, Seitwärtslaufen innen, rückwärts, seitwärts außen, vorwärts)
○ Jeweils das letzte Kind der Gruppe überholt je nach Aufgabenstellung des Longenführers (z. B. „innen oder außen überholen", „slalomartig überholen", die Gruppe und setzt sich an die erste Position. Eine erhöhte Aufmerksamkeit wird gefordert, wenn der Longenführer den Kindern Zahlen zuordnet und dann in bunter Reihenfolge die Zahlen mit einer bestimmten Aufgabenstellung aufruft (z. B. „3 außen", „4 innen" etc.).

b) Ein Kind läuft innen am Griff des Gurtes mit. Auf Zuruf des Longenführers „wechseln", läßt es den Griff los und läßt sich bis auf die Höhe der Hinterhand des Pferdes zurückfallen und legt die rechte Hand auf die Kruppe des Pferdes.Nun läuft das 2. Kind zum inneren Griff des Gurtes. Auf das nächste Kommando „wechseln" läuft das 1. Kind hinter dem Pferd her und legt die linke Hand auf die Kruppe. Kind Nr. 2 läßt den Griff los und nimmt die alte Position von 1. Kind ein. Voltigierer Nr. 3 läuft dann zum inneren Griff des Gurtes. Auf ein erneutes Kommando läuft Kind Nr. 1 an den Außengriff, die beiden anderen Voltigierer rücken nach und das 4. Kind kann in das Spiel miteinbezogen werden. Jeder Voltigierer, der alle 4 Positionen besetzt hat, läuft zum Longenführer zurück. Die Übung ist beendet, wenn alle Voltigierer jede Position ein Mal durchlaufen haben.

c) Die gesamte Gruppe befindet sich am Pferd. An jedem Pferdebein läuft ein Voltigierer mit, die restlichen Kinder laufen hinter dem Pferd her. Alle Voltigierer erhalten eine Zahl und der Longenführer sagt an, welche Zahlen ihre Plätze tauschen sollen.

d) Die Voltigierer fassen sich an und laufen nebeneinander hinter der Longe her:

○ Auf Zuruf des Longenführers läßt das Kind neben dem Pferd den Griff des Gurtes und seinen Nebenmann los, läuft hinter dem Rücken der anderen Kinder zur Zirkelmitte und schließt sich der nachrückenden Gruppe wieder an usw.

○ Ein kleiner Gummiring wird von innen nach außen durchgegeben. Das äußere Kind läuft dann wieder mit dem Ring nach innen usw.

○ Voltigierer Nr. 1, 3, 5, laufen vorwärts,
Voltigierer Nr. 2, 4, 6, laufen rückwärts
(auf Zuruf wechseln!) (Abb. 97).

e) Die Voltigierer verteilen sich mit gleichmäßigem Abstand zueinander außerhalb des Zirkels. Ein Kind sitzt auf dem Pferd:

○ Das reitende Kind merkt sich die Reihenfolge der außen wartenden Kinder und schließt dann die Augen. Nun reitet es los und muß nicht nur merken, wo es an einem wartenden Kind vorbeikommt, sondern diese auch noch in der richtigen Reihenfolge benennen können.

○ Das reitende Kind hält einen Ball oder Ring in der Hand. Sobald es an einem wartenden Kind vorbeikommt, wirft es ihm den Gegenstand zu. Mit dem Gegenstand läuft der Fänger am Longenführer vorbei zum Pferd und übergibt den Ball/Ring wieder dem reitenden Kind usw. Bei Einsatz mehrerer Bälle eine reaktionsschnelle und lauffreudige Anforderung.

○ Das reitende Kind hält soviel kleine Ringe in der Hand wie Reifen an dem äußeren Zirkelrand liegen. Nun soll es versuchen, möglichst viele Ringe in einem Reifen zu plazieren. Diese Übung ist auch als kooperative Aufgabe zu zweit oder zu dritt auf dem Pferd durchzuführen!

f) Gleichmäßig am äußeren Zirkelrand werden Reifen (oder auch zu einem Kreis geformte Strohbänder) verteilt, und zwar einer weniger als Voltigierer da sind. Die Voltigierer verteilen sich auf die Reifen, der übriggebliebene Voltigierer stellt sich in die Mitte. Wenn er ruft „Bäumchen wechsel dich", müssen alle Voltigierer durch die Mitte des Zirkels ihren Reifen wechseln. Hierbei versucht der Kommandogeber, ebenfalls einen Reifen zu erreichen. Ein Voltigierer bleibt übrig, der dann wiederum von der Mitte aus das neue Kommando geben darf.

97

g) Eine Hälfte der Voltigiergruppe verteilt sich im Inneren des Zirkels, die anderen Voltigierer verteilen sich außerhalb des Zirkels so, daß sie jeweils einem Kind aus dem Innenzirkel gegenüberstehen. Jedes Paar erhält einen Ball, den es sich über den Rücken oder unter den Bauch des Pferdes zuwerfen kann. Im Galopp eine schwierige Angelegenheit!

h) Ein Voltigierer sitzt auf dem Pferd:

○ Unter seinem Gesäß hat er ein ausgebreitetes Taschentuch, Einweckring oder Bierdeckel. Nun wird angaloppiert und alle Voltigierer zählen mit, nach wievielen Galoppsprüngen der Gegenstand vom Pferderücken fällt.

○ Auf seinem Kopf liegt ein Ring, Taschentuch oder Sandsäckchen. Wieviele Schritte, Trabtritte oder Galoppsprünge kann der Voltigierer den Gegenstand auf seinem Kopf ausbalancieren?

○ Zwischen Wade und Pferdekörper steckt ein Bierdeckel. Wie lange dauert es, bis der Gegenstand zu Boden fällt?

Das Verhalten des Pädagogen

Über das Verhalten des Pädagogen ist in diesem Buch und auch an anderer Stelle (vgl. Kröger 1980; Ringbeck 1988) schon Grundsätzliches gesagt worden. Ich möchte deshalb nur noch einige ergänzende Ausführungen zum Umgang mit bewegungsauffälligen Kindern machen, da diese Gruppe viel Verständnis für die motorischen Schwierigkeiten benötigt. Der Voltigierpädagoge sollte u. a. folgende Handlungsweisen berücksichtigen:

– Das bewegungsauffällige Kind darf in seinen motorischen Leistungen nicht mit anderen Kindern verglichen werden;
– bei der Bewegungsausführung muß ihm mehr Zeit zur Verfügung gestellt werden (kein falsches Antreiben, geduldiges Abwarten);
– Vorwürfe oder gar Vorhaltungen sind fehl am Platze (das Kind „kann" nicht anders, nicht: es „will" nicht anders);
– nach Möglichkeit auf Wettbewerbs- und Ausscheidungsspiele sowie auf einen direkten Vergleich der Kinder untereinander verzichten;
– auch die einfachsten Übungen sollten noch in kleinere Schritte aufgeteilt werden können, um das Kind zu einem Erfolg zu führen;
– klare und kurz formulierte Übungsanweisungen (evtl. die Übung vormachen lassen oder selber vormachen, bei einer Hilfestellung Körperkontakt suchen);
– ruhiges, geduldiges und wiederholtes Erklären derselben Übung;
– Korrekturen nur im Hinblick auf umsetzbare Bewegungsausführungen geben;
– jede Übung an der Leistungsfähigkeit des einzelnen Kindes orientieren (eine Pflichtaufgabe für die gesamte Gruppe ist kaum möglich, da der Leistungsstand zu inhomogen);
– unbedingt auf eine vertretbare Gruppengröße achten, so daß jedes Gruppenmitglied noch entsprechend intensiv gefördert werden kann;
– sich unbedingt um einen positiven Stundenabschluß bemühen (z. B. durch eine Aufgabe am stehenden Pferd oder durch eine „Schmuserunde" auf dem im Schritt gehenden Pferd, Abb. 98).

Über diese Verhaltensvorschläge hinaus ist die Persönlichkeit des Pädagogen von entscheidender Bedeutung. Durch sein Vorbildverhalten (z. B. Pünktlichkeit, Kontinuität, Engagement, Begeisterungsfähigkeit, persönliche Wärme und Nähe) kann bei Kindern Freude an Leistungen, Bereitschaft zu längerfristigen Anstrengungen, Selbstvertrauen, Frustrationstoleranz (d. h., die Fähigkeit, sich nicht so schnell entmutigen zu lassen), Konfliktlösungsverhalten und ein Gruppenzusammengehörig-

98

keitsgefühl aufgebaut werden. Der Pädagoge ist hier nach wie vor als Identifikationsobjekt gefragt und muß sich der Bedeutung seines Modellverhaltens bewußt sein.

Schlußbemerkung

Wie aufgezeigt werden sollte, kann durch das Heilpädagogische Voltigieren bewegungsauffälligen Kindern in entsprechender kindgemäßer Weise geholfen werden, neue Bewegungsanforderungen anzunehmen, auszuprobieren, sich also aktiv mit dem eigenen Bewegungsvermögen auseinanderzusetzen und in zum Teil spielerischer, ungezwungener Form an die körperlichen und oft auch psychischen Leistungsgrenzen herangeführt zu werden.

Das Angebot wird von Kindern sehr gern angenommen und als eine natürliche, lebensnahe Situation erkannt. Die Effekte einer Stigmatisierung durch eine besondere Maßnahme treten weit in den Hintergrund, im Gegenteil, viele Kinder bleiben in der einen oder anderen Form (z. B. als Mitglied in Voltigier- oder Reitgruppen, oder durch die Übernahme eines Pflegepferdes) über den Zeitrahmen der psychomotorischen Fördergruppe hinaus für einen längeren Zeitraum dem Lebewesen Pferd verbunden.

Literatur

Ayres, A. J. (1984): Bausteine der kindlichen Entwicklung. Springer, Berlin.
Bauer, A. (1986): Minimale cerebrale Dysfunktion und/oder Hyperaktivität im Kindesalter. Springer, Berlin.
Bös, K., Wydra, G. (1984): Ein Koordinationstest für die Praxis der Therapiekontrolle. Krankengymnastik, 36, 777–798.
Bös, K., Wohlmann, R. (1987): Allgemeiner Sportmotorischer Test (AST 6–11) zur Diagnose der konditionellen und koordinativen Leistungsfähigkeit. Sportunterricht, 36, 145–156.
Bundesarbeitsgemeinschaft zur Förderung haltungsgefährdeter Kinder und Jugendlicher e.V. (o. J.): Bewegungsmangel, ein Gesundheitsrisiko für Ihr Kind? (Adresse: Fischtorplatz 17, 6500 Mainz)
Dumke, D. (1989): Körperbehinderte in der Regelschule, Zeitschrift für Psychomotorik, 5, 45–50.
Grundschule (1988): Gesundheitserziehung durch Schulsport. Grundschule, 20, 69.
Grundschulmodellversuch (1987): Mediennutzung von Grundschulkindern. Neue Deutsche Schule (NDS), 39, 30–31.
Hediger, H. (1949): Kind und Tier. Baseler Schul-Blatt, 5, 93–96.
Kiphard, E. J., Schilling, F. (1974): Körper-Koordinations-Test für Kinder (KTK). Beltz, Weinheim.
Kiphard, E. J. (1977): Bewegungs- und Koordinationsschwächen im Grundschulalter. Hofmann, Schorndorf.
Kröger, A. (1969): Mit Pferden erziehen. Jugendwohl, 3, 104–110.
Kröger, A. (1980): Die heilpädagogische Wirkung des Reitsports bei verhaltensauffälligen Kindern und Jugendlichen. In: Deutsche Reiterliche Vereinigung (FN) (Hrsg.): Reiten heute. FN-Verlag, Warendorf, 37–43.
Landesinstitut für Schule und Weiterbildung (Hrsg.) (1981): Schul- und Unterrichtsorganisation. Paradieser Weg 64, 4770 Soest.
Lempp, R. (1987): Nachwort. In: Hartmann, J.: Zappelphilipp, Störenfried. Beck, München.
Münstersche Zeitung (MZ) (1984): Krummer Rücken bei Schülern vom langen Sitzen vor dem Fernseher. 114, Nr. 183.
Münstersche Zeitung (MZ) (1988): Durch Alkohol schon vor der Geburt das Leben ruiniert. 118, Nr. 169.
Riede, D. (1986): Therapeutisches Reiten in der Krankengymnastik. Pflaum, München.
Rieder, U. (1978): Sozialisationsmöglichkeiten beim Voltigieren. Südwest Aktuell, 1, 18–19.
Ringbeck, B. (1983): Heilpädagogisches Voltigieren bei Kindern mit unter-

schiedlichem Problemverhalten. In: Kuratorium für Therapeutisches Reiten (Hrsg.): Therapeutisches Reiten '82. Eigenverlag, Dillenburg, 379–384.

Ringbeck, B. (1988): Heilpädagogisches Voltigieren zur Förderung bewegungsauffälliger Kinder. Praxis der Psychomotorik, 13, 93–97.

Ringbeck, M. (1983): Bewegungsspiele beim Heilpädagogischen Voltigieren. Praxis der Psychomotorik, 8, 1–3.

Ringbeck, B. u. M. (1985): Bewegungsspiele im Voltigiersport – Eine Möglichkeit der abwechslungsreichen Stundengestaltung. Reiter und Pferde in Westfalen, 6–9.

Rusch, H., Weineck, J. (1988): Sportförderunterricht. Hofmann, Schorndorf.

Schilling, F. (1979): Störungen der Bewegungsentwicklung. In: Willimczik, K., Grosser, M.: Die motorische Entwicklung im Kindesalter. Hofmann, Schorndorf, 69–81.

Schulz, M. u. a. (1983): Das ungeschickte Kind – Voltigieren als Koordinationsschulung. In: Kuratorium für Therapeutisches Reiten (Hrsg.): Therapeutisches Reiten '82. Eigenverlag, Dillenburg, 197–384.

Zimmer, R. (1986): Motodiagnostik bei Kindern im Vorschulalter. Krankengymnastik, 38, 260–267.

Zimmer, R., Cicurs, H. (1987): Psychomotorik. Neue Ansätze im Sportförderunterricht und Sonderturnen. Hofmann, Schorndorf.

Anbahnung und Gestaltung positiver Beziehungen mit Kleinpferden

Von Johannes Voßberg

Ein „Ponyhof" als Erlebnisraum

Die Anlage

Auf einem Bauernhof mit Wohnhaus, Stallungen, Scheune, Innenhof, Garten, Ausläufen und Weiden in der Nähe Dortmunds helfen Kleinpferde bei der Beziehungsanbahnung. Der Hof liegt am Rande eines Dorfes, also so, daß das Treiben auf dem Hof keine Nachbarn stört und trotzdem noch Anbindung zu den Bewohnern gegeben ist. Der Träger des Hofes ist die christlich orientierte Gruppe „Martin-Luther-King e.V." in Dortmund. Umgangssprachlich hat sich der Name „Ponyhof Hilbeck" eingeschliffen (Abb. 99).

Auf dem Hof sollen sich Erwachsene und Kinder miteinander ganzheitlich erleben: atmen – hören – sehen – riechen – schmecken – tasten –

99   Ein „Ponyhof" als Erlebnisraum

152

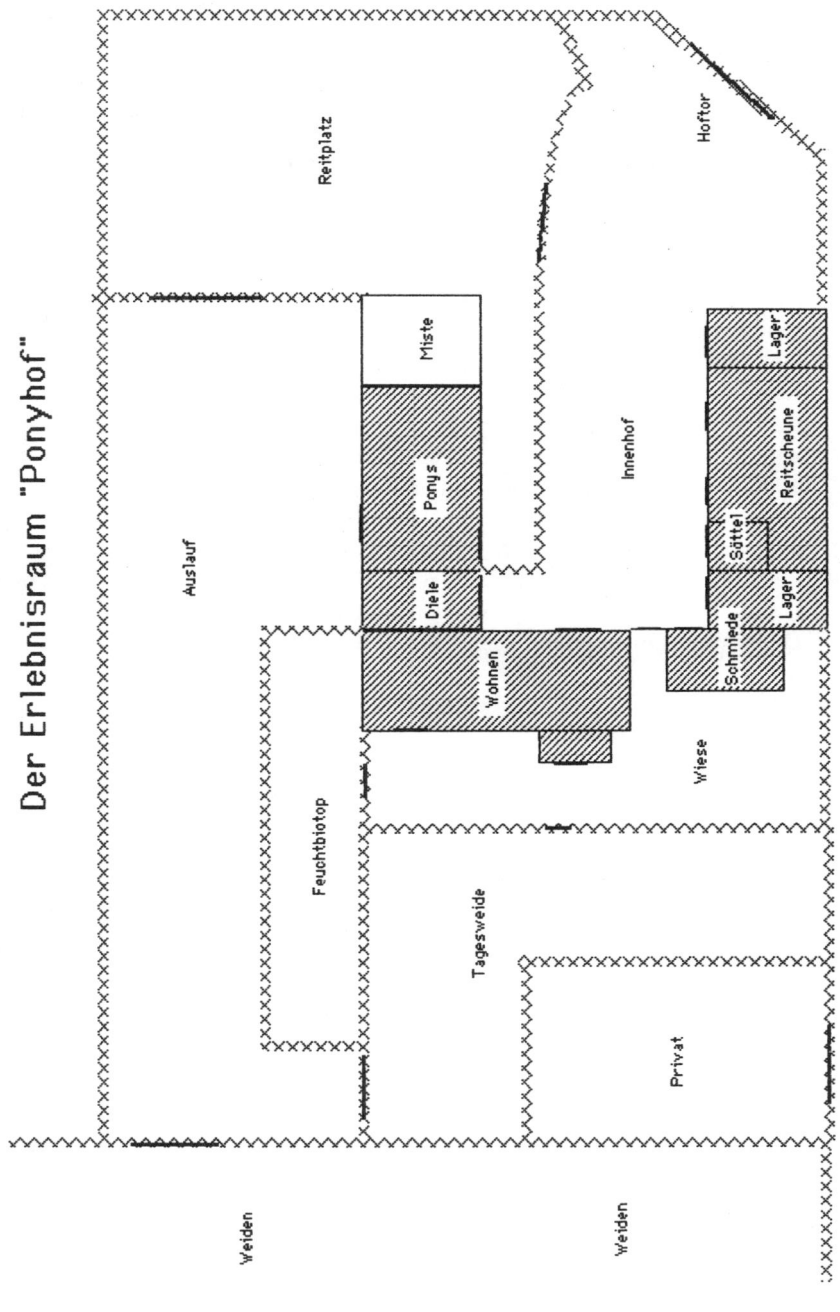

100   Der Erlebnisraum „Ponyhof"

153

spüren – glauben – staunen – streicheln – verschmerzen – wärmen – begehren – träumen – lieben. Die U-förmig angelegten Gebäude mit Innenhof helfen den Kindern, sich schnell im Gesamtbereich zurechtzufinden (Abb. 100). Trotzdem ist es nicht zu eng, da der Umgang mit Pferden immer eines genügenden Bewegungsspielraumes bedarf.

Die Gruppen

Dorthin kommen Gruppen – vor allem aus größeren Städten – mit zehn bis fünfundzwanzig Teilnehmern: Familiengruppen, Kindergärten, Klassen aller Schulen (Vorschulklassen bis zu Berufsschülern), die unterschiedlichen Sonderschulen, kirchliche Gemeindegruppen und Sportvereine, aus Heimen und Wohngruppen. Sie bleiben zwischen zwei Tagen und drei Wochen. Der Anteil der verhaltensauffälligen, psychisch kranken und behinderten Kinder, Jugendlichen und Erwachsenen macht etwa die Hälfte der Belegung aus. Doch in allen Gruppen findet sich ein hoher Prozentsatz emotional und sozial Unterversorgter, Gestörter oder Kranker. Im folgenden Text werden alle Altersstufen unter dem Begriff „Kind" zusammengefaßt.

Die Mitarbeiter

Seit zehn Jahren praktiziert eine Heilpädagogin, weitergebildet im Voltigieren und im Heilpädagogischen Reiten beim „Kuratorium für therapeutisches Reiten", als Reitpädagogin mit verschieden qualifizierten Vertretern und wechselnden Helfern auf diesem Hof die Beziehungsanbahnung mit den Kleinpferden. Die Mitarbeiter lassen sich durch den Autor pädagogisch beraten. Die Gruppen, bei denen heilpädagogische Behandlung erfolgt, betreut der Berater als dokumentierender Beobachter.

Die Kleinpferde

Für die Beziehungsarbeit stehen 16 Kleinpferde, umgangssprachlich „Ponys" genannt, zur Verfügung. Die Tiere entstammen europäischen Rassen (zur Zeit Shetland, Norweger, Haflinger, Welsh-Cob, Dülmener, Nordkirchener, Bosniake, Huzule, Shire und deutsche Reitponys), sind verschiedener Größe (ungefähr 1 Meter bis 1,50 Meter Stockmaß), unterscheiden sich optisch (Rappen, Füchse, Falben, Apfelschimmel,

Gescheckte und Gemischtfarbige) und im Verhalten (beispielsweise mehr neugierig, mehr schmusig, mehr vorsichtig, mehr futterneidisch, mehr abwartend, mehr eigensinnig). Es gibt Wallache und Stuten und auch etwa alle zwei Jahre eine Fohlengeburt. Die Tiere sind unterschiedlich alt, derzeit zwischen 2 und 19 Jahren, und jedes Kleinpferd hat natürlich seinen Namen. Zur Zeit heißen sie Christmas, Asterix, Slavo, Filou, Heidi, Dominik, Sandy, Flocke, Twigger, Sally, Carino, Peppermint, Phil, Nero, Benni und Snoopy. Sie leben als Herde in einer Mischform zwischen Offen- und Gruppenstallhaltung. Im Sommer verbringen sie Tag und Nacht draußen und werden in Verbindung mit dem Anbahnungsprogramm für die Arbeitszeiten auf den Hof geholt. Den Stall können sie jederzeit vom Auslauf und von den Weiden her aufsuchen. Im Winter werden sie dort zum Füttern und zur Übernachtung eingeschlossen. Eine Trennung im Stall verhindert, daß die Gruppe der größeren Tiere mit einer der kleineren zusammenkommen kann. Eine zweite Abtrennung für die kleinsten Tiere läßt diesen die Möglichkeiten, sich unter die größeren zu mischen oder sich in das abgetrennte Areal zurückzuziehen, ohne daß die größeren ihnen folgen können. Angebunden werden die im Stall Eingeschlossenen ausschließlich zu den beiden Fütterungszeiten.

Stirbt eines der Tiere, erkrankt eines oder stellt sich einige Wochen nach dem Kauf heraus, daß es für die Aufgabe doch nicht taugt, dann beginnt die Suche nach Ersatz. Auf jeden Fall darf am Geld nicht gespart werden, wenn es darum geht, ein in seinem Verhalten ausgeglichenes, menschenzugewandtes und gehorsames, zugleich körperlich und psychisch gesundes Kleinpferd zu erwerben.

Für die Erlebnisse mit den Kleinpferden ist außer dem Bereich der Anbindebalken ein „Reitplatz" vorhanden; eine drainierte Ovalfläche von ungefähr 15 mal 25 Metern, belegt mit einer Spezialmischung aus Sand und Gummischnitzeln. Die „Reitscheune" bietet sich bei schlechtem Wetter an. Zuschauer können sich auf Brettern zwischen den Balkenpfeilern hinsetzen. Der Bodenbelag besteht aus Hackschnitzeln. An der Stirnseite finden sich Sattelkammer und Geräteraum. Beim Spielen und Feiern mit den Kleinpferden wird manchmal der gesamte Hofkomplex einbezogen. Während der Ruhezeiten halten sich die Tiere im Halboffenstall, im Auslauf oder auf den Weiden auf.

Die Beziehungsarbeit

Das angestrebte Ziel der Dienstgruppe ist ein verändertes Zusammenleben aller Teilnehmer, vor allem im pädagogischen Verhältnis der Erwachsenen mit den Kindern. Die Kinder können positive Beziehungsin-

101 Beziehungsanbahnung

halte erfahren und lernen, sich auf solche einzulassen (Abb. 101). Die Kleinpferde setzen als Beziehungshilfen viele der Prozesse in Gang. Zusätzlich löst die Pferde-Atmosphäre übers Sehen, Hören, Riechen, Betasten und Fühlen eine Fülle angenehmer (zum Beispiel: Vorfreude auf den Umgang mit den Ponys) und auch unangenehmer (meistens der Gestank des Misthaufens) emotionaler Erlebnisse aus. Die geordnete Einrichtung des Hofes erlaubt, daß sich die Kinder frei bewegen und erleben können, ohne durch ständiges Reglementieren seitens der Erwachsenen gestört zu werden. Obwohl methodisch das Nonverbale grundsätzlich eine bedeutende Rolle spielt, ist der Hof keine Stätte des Schweigens. Plappern, Quackeln, Schreien und Schimpfen erfüllt die Luft, vor allem während des Umgangs mit den Kleinpferden. Aber es geht mehr von den Kindern, weniger von den Erwachsenen, aus und spiegelt deren starkes emotionales Beziehungserleben.

Grundlagen des Beziehungserlebens mit dem Pferd

Die Beziehungsebene

Pädagogik basiert auf der verantwortlichen Einflußnahme Erwachsener auf Kinder, um dem Nachwuchs im Rahmen der Sozialisation Lebenswichtiges zu vermitteln. Diese Einflußnahme geschieht auf drei Ebenen: Auf der *Inhaltsebene* wird das „Was" abgehandelt, auf der *Methodenebene* das „Wie" und auf der *Beziehungsebene* wird das Verhältnis

156

zueinander gestaltet (Hanisch 1989). Das „Was" und das „Wie" faßt im allgemeinen eine Methodenlehre oder ein Curriculum zusammen. Das Programm „Anbahnung und Gestaltung positiver Beziehungen" befaßt sich ausschließlich mit der Beziehungsebene, diesem verwirrenden Geflecht von Kommunikationen, Signalen, Wahrnehmungen, emotionalen Interpretationen und Reaktionen. Im zugehörigen Persönlichkeitsschema ist die Beziehungsebene im „Sektor der Intrapsyche" wiederzufinden (Voßberg 1978b).

Der Beziehungsebene mißt man im zwischenmenschlichen Geschehen eine fundamentale Bedeutung zu. Der Beziehungsaspekt ist es, der alle übrigen Inhalte in der Kommunikation bestimmt und damit diese überhaupt erst verstehbar macht (Watzlawick et. al. 1974). Pagès schätzt die Beziehung als „ureigenstes Phänomen, von dem alle anderen Gruppenaktivitäten ausgehen", ein und definiert sie grundlegend als „erlebtes Gefühl für den anderen" (1974). Innerhalb der Kleinkindentwicklung ist die Beziehungsebene die erste, die sich auf breiter Basis ausbildet. Bevor über Sprache und Denken die weitere Umwelt aufgenommen werden kann, erfährt der Säugling Beziehung im unmittelbaren Erleben des Körpers und der Bewegungen der Mutter (Montagu 1986).

Positive Beziehungsinhalte

Ein Aufriß soll versuchen die wichtigsten positiven Beziehungsinhalte zusammenzufassen:

- *Anerkennung:* Das Kind braucht Erwachsene, die ihm bedingungslos das Recht auf individuelle Entwicklung zusprechen.
- *Wertschätzung:* Das Kind braucht Erwachsene, denen es trotz seiner Schwächen, Fehler und Eigenheiten wertvoll ist.
- *Zugehörigkeit:* Das Kind braucht Erwachsene, die es an ihren eigenen Wünschen, Bedürfnissen und Emotionen Anteil haben lassen.
- *Abgrenzung:* Das Kind braucht Erwachsene, die ihm Grenzen setzen. In der einzelnen Grenzsetzung muß das Kind jedoch erkennen können, daß sich die Abgrenzung nur auf eine bestimmte Handlung bezieht und seine grundsätzliche Anerkennung nicht angetastet wird.

Diesen grundsätzlichen Beziehungsinhalten sind als Rahmenbendingungen die „Lebendigkeit" und die „Zuverlässigkeit" hinzuzufügen, ohne die nach Wedekind (1988) die Beziehungsebene nicht wachstumsfördernd gestaltet werden kann.

- *Lebendigkeit:* Jedes Kind braucht einen Freiraum, der ihm die Möglichkeit gibt, sich zum Individuum zu entwickeln. Einen Raum, der sich an der Lebendigkeit orientiert und freie Wahl und individuelle Entscheidungen und damit auch Fehlverhalten und Wachstumsbrüche zuläßt. Zu diesem Erproben von Beziehungen gehört es zu wesentlichen Anteilen, mit Konflikten fertig zu werden. Im „Erlebnisraum" kann das Kind mit allen seinen Sinnen „hautnah" Erfahrungen aufnehmen, die sich unmittelbar in emotionales Erleben umsetzen.

– Zuverlässigkeit: Jedes Kind braucht Erwachsene, auf deren Aussagen es sich verlassen kann. Diese Zuverlässigkeit gibt einerseits Sicherheit, die besonders in Verbindung mit einem Freiraum als Probierfeld und der damit verbundenen Konfliktarbeit wichtig ist, und andererseits Kontinuität, die durch Wiederholung Festigung erwünschten Verhaltens ermöglicht.

Die pädagogische Beziehung ist geprägt von der mehr oder weniger deutlich eingebrachten Dominanz des Erwachsenen, aufgrund seines pädagogischen Auftrages, das Kind durch Lenken ins Erwachsensein zu führen, und der Abhängigkeit des Kindes, das noch lernen muß, verantwortungsvoll erwachsen sein zu können.

Beziehungsmangel

Zu den negativen Beziehungsinhalten zählen Ablehnung, Geringschätzung, Isolierung und unbegrenztes Gewähren. Die dauerhafte Erfahrung negativer Beziehungsinhalte sind Ursache für die verschiedensten Beziehungsschwächen, die sich bei den Kindern symptomatisch als emotionale und soziale Unterversorgung, Störung oder Krankheit auswirken. Besonders der Mangel oder das völlige Fehlen der frühen Mutter-Kind-Beziehung ist als Ursache gravierender Beziehungsschwächen zu sehen.

In der Broschüre „Beziehungsmangel in der ‚Überflußgesellschaft'" zeigt der Kinderschutzbund (1985) die gesellschaftlichen Dimensionen für den Beziehungsmangel auch im familiären Bereich auf. Und was Erwachsene in ihren eigenen Beziehungsverhältnissen nicht erfahren, vermögen sie auch nicht pädagogisch weiterzuvermitteln.

Eine zusätzliche Verunsicherung in der pädagogischen Beziehung liegt vor, wenn das Kind die verschiedenen Signale des Erwachsenen widersprüchlich erlebt (Argyle 1982). Kommunikation läuft über sprachliche und nichtsprachliche Mitteilungen. Das heißt, die Kinder erfahren vom Erwachsenen etwas durch gesprochene Wörter, aber auch über Tonfall, Stimmlage, Mimik, Gestik und Körperausdruck. Wobei die Beziehungsinhalte vorrangig über die nichtsprachliche Kommunikation vermittelt werden. Leicht klafft da etwas auseinander, wenn der Erwachsene zum

Beispiel verbal Akzeptanz vermittelt und durch Abwenden, häufig als unbewußtes Verhalten, Ablehnung signalisiert. Behinderte scheinen solchen Doppel-Botschaften besonders ausgeliefert zu sein. Sie wissen bald nicht mehr, woran sie bei diesem Erwachsenen wirklich sind, und begegnen ihm lustlos. Ist das bekannte „therapiemüde" vielleicht ein „erwachsenenmüde"?

Anbahnungsbereiche

Zur Anbahnung, Korrektur oder Erweiterung der Beziehungsfähigkeit eines Kindes als *heilpädagogische* Maßnahme gehören die beobachtende Kontrolle und die umfassende Dokumentation. Bei einer kleinen Gruppe von sechs bis acht Kindern wird für jedes eine Diagnose erstellt. Aufgrund der Diagnose ist ein Behandlungsplan zu erarbeiten, aus dem sich für die einzelne Stunde das Behandlungsziel ableiten läßt. Denkbar ist, dieses Anbahnungsprogramm auch *psychotherapeutisch* zu nutzen.

Auf dem Hof wird das hier dargestellte Programm nicht nur heilpädagogisch eingesetzt. Bei größeren Gruppen mit kurzfristigerem Aufenthalt ist das Angebot *sozialpädagogisch* ausgerichtet. Auch dann steht die Förderung des Gefühlserlebens und der Beziehungsfähigkeit jedes einzelnen Kindes im Mittelpunkt, allerdings mehr im Sinne einer die Familienerziehung unterstützenden Nachsozialisierung. Im Hinblick auf die Ergebnisse bleibt das Angebot dann ein unkontrolliertes.

Für beides, die heilpädagogische Behandlung und die sozialpädagogisch orientierte Nachsozialisierung, benötigt es Heil- und Sozialpädagogen, die fähig sind, sich auf Beziehungsarbeit einzulassen. Fraglich bleibt, ob die bis jetzt angebotenen Berufsausbildungen dafür ausreichen (Verlinden 1986). Pferde bieten sich wie dafür geschaffen, in der pädagogischen und therapeutischen Arbeit als Beziehungshilfen an, vor allem auch, um vorhandene Beziehungsunfähigkeiten bei den Erwachsenen zu überbrücken und entsprechende Ausbildungslücken bei den Pädagogen zu füllen.

Die Beziehungsfähigkeit des Pferdes

Die Beziehung zwischen Mensch und Pferd

Für Watzlawick et. al. (1974) ist die Beziehung das zentrale Thema der Kommunikation zwischen Mensch und Tier. Wenn Mensch und Pferd seit Jahrtausenden eng zusammenwirken, dann ist dafür deren ähnlich ausgeprägte Individualität auf der Beziehungsebene verantwortlich

(Blendinger 1980). Mit seinem „hohen Aufforderungscharakter" (Voß-berg 1978a) aufgrund mannigfacher individueller Körper- und Verhaltenssignale emotionalen Ursprungs fordert das Pferd den Menschen zu zwischenmenschlich-ähnlichen Beziehungen geradezu heraus. Innerhalb eines dynamischen Prozesses können die Kontaktaufnehmenden beim entsprechend ausgewählten, gehaltenen, ausgebildeten und trainierten Pferd überwiegend positive Beziehungsinhalte in solcher Eindeutigkeit erfahren, daß es für sie wünschenswert wird, mit diesem eigenständigen Individuum eine Beziehung einzugehen.

Läßt sich der Mensch um der emotionalen Erlebnisse willen auf der Beziehungsebene mit dem Pferd ein, kann der Vierbeiner für ihn ein Kamerad, Freund oder Partner sein, mit dem er gemeinsam aktiv werden möchte. Er wünscht sich, mit ihm zu arbeiten, sportlich zu reiten, einfach die Natur zu erleben oder sich auf fördernde Übungen einzulassen.

Vom Pferd ausgehende Beziehungsinhalte

Das Pferd ist unter anderem deswegen kein menschliches Wesen, weil es sich weder denkend etwas bewußt machen noch sprachlich kommunizieren kann. Seine Erlebnis- und Beziehungsfähigkeit können dagegen fast menschengleich differenziert und entwickelt sein. Dieses hochsensible emotionale Erleben läßt sich bei ihm – wie beim Kleinkind – weitestgehend am Ausdruck und Verhalten des Körpers ablesen, ohne daß es – wie üblicherweise beim erwachsenen Menschen – durch zwischengeschaltete Denkvorgänge abgeändert, verfälscht oder sogar doppeldeutig erscheint. Bei richtiger Auswahl, Haltung, Ausbildung und Training spiegeln Ausdruck und Verhalten des Pferdekörpers in unverfälschter Eindeutigkeit die emotionalen Beziehungsinhalte als Zuwendungen und Abgrenzungen wider. Durch dessen Offenheit ist es außerdem sinnvoll, das Pferd in der pädagogischen und therapeutischen Arbeit als tragfähigen Beziehungspartner im Rahmen einer wachstumsfördernden Beziehunganbahnung und -gestaltung einzusetzen.

Es macht Schwierigkeiten, die Beziehungsinhalte des Pferdes zu benennen, weil die meisten bisher verwendeten Begriffe der Humanpsychologie entstammen. Deswegen wird hier versucht, Begriffe zu finden, die dem wirklich beobachtbaren Aussehen und Verhalten des Pferdes entstammen. Das Pferd vermittelt seine Beziehungsinhalte in *Zuwendungen* und *Abgrenzungen,* durch seine *Eindeutigkeit* und *Offenheit.*

Den *Zuwendungen* entsprechen menschliche Beziehungsinhalte wie Anerkennung, Akzeptanz, Wertschätzung, Zugehörigkeit. Sie umfassen die Blickkontakte, die Körperkontakte, die Wärme, die Dienstbereitschaft und die Hilfsbedürftigkeit.

An erster Stelle sind also die Blickkontakte zu nennen. Entsprechend menschenorientierte Pferde schauen dem sich Annähernden entgegen, erwarten ihn, kommen auf ihn zu oder bleiben futtererwartend oder -suchend in der Nähe. Alles Beziehungssignale, durch die der Mensch unmittelbar erfährt, daß er ganz persönlich gemeint ist, und die ihm Zuwendung vermitteln.

Das Pferd läßt eine Nähe zu, wie sie im zwischenmenschlichen Bereich bereits zum Intimen zählt. Es hält still, wenn mit ihm angemessen Körperkontakte aufgenommen werden. Über die Körperkontakte signalisiert es Zuwendung, wenn es hautnah mit den Nüstern prüft, seinen Kopf am menschlichen Körper reibt, sich auch gegenlehnt. Umgekehrt läßt es sich in vielerlei Versionen vom Menschen berühren und bleibt beim Anlehnen, Drauflegen und Tragen ruhig. Die herausragende Rolle der Körperkontakte und Berührungen bei der Beziehungsanbahnung bestätigt Argyle (1982), wenn er sie als „die ursprünglichste Form der sozialen Kommunikation" festschreibt.

Der Beziehungsinhalt der Wärme wird an erster Stelle optisch durch die Haare des Felles, der Mähne, des Behanges und des Schweifes vermittelt. Daß das Pferd es zuläßt, wenn sich der Mensch zumindest mit den Händen hineinkuschelt, ist ein weitergehendes emotionales Erlebnis, vor allem weil er zu gleicher Zeit die tatsächlich vom Körper unmittelbar ausgestrahlte Wärme erfährt. Die unmittelbare Körperwärme kann er intensiviert in Verbindung mit den weniger behaarten Körperteilen, wie Maul, Nüstern und Genitalien ertasten. Ein anderes Lebewesen so nah zu erleben, daß man dessen Körperwärme unmittelbar spürt, ist emotionale Beziehung und damit Zuwendung schlechthin.

Die Dienstbereitschaft gehört ebenfalls zu den emotionalen Inhalten der Zuwendung, wenn sie in einer entsprechenden Beziehung ihr Fundament hat. Der Mensch empfindet diese Zuwendung, wenn das Pferd geduldig abwartend bereit ist, für ihn etwas zu tun. Ihn Nähe spüren zu lassen, für ihn zu arbeiten und – als größte Dienstleistung – ihn zu tragen.

Die Besonderheit des Pferdes wird dem deutlich, der sich gleichermaßen dessen hohe Dienstbereitschaft und unmittelbare Hilfsbedürftigkeit bewußt macht. Sich helfen zu lassen, ist nicht für jeden Menschen selbstverständlich. Wenn ein Mensch einem anderen helfen darf, dann erlebt der Helfende diese Bereitschaft als Zuwendung. Für das vom Menschen abhängige Pferd ist das Sich-Helfen-Lassen eine existentielle Lebensnotwendigkeit. Da es in vielen Situationen den versorgenden Menschen erwartet, empfindet dieser auch vom Pferd her auf der Beziehungsebene Zuwendung.

Außerdem sind Augen, hohe Stirn und der gesamte Schädel im Gegensatz zu vielen anderen Tieren so groß gewachsen und gestaltet, daß sie an das „Kindchen-Schema" erinnern. Lorenz beschrieb beim jungen Lebewesen ein Gesichtsfeld, das beim Betrachter nicht nur „Niedlichkeit" sondern auch Hilflosigkeit und dadurch Pflegebedürftigkeit auslöst. Immelmann und Keller (1987) weisen in diesem Zusammenhang darauf hin, daß das Phänomen auch bei ausgewachsenen Tieren auftreten kann.

Erst angemessene *Abgrenzungen* lassen die Eigenständigkeit eines Individuums erkennen, mit dem es sich lohnt, eine Beziehung einzugehen. Die Beziehung zu einem Partner ohne Abgrenzungen ist einseitig und festgefahren, weil der eine Partner die Beziehungsinhalte bestimmt und der andere sich stets abhängig dreinfügt.

Als eine erste Abgrenzung kann bereits die Größe des Pferdes wirken. Seine Höhe kann dafür sorgen, daß das Pferd nicht schon von der Optik her vom Menschen als unterwürfiges und abhängiges Lebewesen eingeschätzt wird, das alles mit sich machen läßt, sondern mit dem er sich auseinandersetzen muß. Abgrenzungen im Verhalten des Pferdes sind das *Abwenden,* der *Widerstand* und das *Scheuen.*

Abwenden: Nähert sich ein Mensch, kann das Pferd sein Desinteresse am Kontakt signalisieren, indem es sich abkehrt, den Kopf wegdreht, zur Seite tritt oder dem Kontaktsuchenden sein Hinterteil zuwendet. Bleibt der Mensch im Freien aufdringlich, ergreift es die Flucht.

Widerstand: Versucht der Mensch, durch entsprechend nahe Einwirkungen eine Beziehungsanbahnung zu erzwingen, widersetzt sich das Pferd, indem es sich verweigert, sich wehrt oder sogar angreift.

Scheuen: Dies ist eine der ursprünglichsten Reaktionen des Pferdes auf ein plötzlich auftretendes, im Pferd stark Angst auslösendes Ereignis. Spontan versucht es, unter Einsatz aller seiner Kräfte auszuweichen.

Was das abgrenzende Pferdeaussehen oder -verhalten beim Menschen auslöst, kann sehr unterschiedlich sein. Die emotionalen Erlebnisse beginnen beim Respekt, verdichten sich in den verschiedensten Ängsten, verstärken sich in Ärger und Wut und können schließlich in Panik und totale Abkehr ausarten. Eine tragfähige Beziehung zeichnet sich dadurch aus, daß die gegenseitigen Zuwendungen gegenüber den Abgrenzungen überwiegen.

Wichtig ist, daß das Pferd auf der Beziehungsebene als *eindeutig* erlebt wird. Eindeutig, weil dessen emotionale Empfindungen direkt an seinem Körper, an dessen Verhalten und Bewegungen, ablesbar sind. Das Pferd kann seine Gefühle nicht wie der Mensch durch eigenständiges Denken verändern oder verfälschen. Natürlich müssen die differenzierten Körpersignale durch den Fachmann interpretiert werden.

Der Eindeutigkeit entsprechen menschliche Eigenschaften wie Redlichkeit/Ehrlichkeit, Unmittelbarkeit, Unverstelltheit/Unverfälschtheit/Authentizität/Echtheit, Zuverlässigkeit.

Schließlich kann beim Pferd von einer gewissen *Offenheit* gesprochen werden. Der Begriff der Offenheit leitet sich aus den Persönlichkeitstheorien ab, in denen vom Menschen als „weltoffenes oder soziales Wesen" gesprochen wird. Allgemein analoge Begriffe sind Aufgeschlossenheit, Flexibilität/Variabilität, Umweltbezogenheit. Durch seine ausgeprägte Individualität bringt das Pferd die Offenheit mit, sich auf neue Beziehungen einlassen zu können. Offenheit als Angebot des Pferdes wird hier als eine Möglichkeit verstanden, sich mit ihm in einen Erlebnisprozeß einzulassen, bei dem die Regeln und die Zielbenennung reichlich Spielraum für Eigeninitiativen lassen. Die Offenheit des Pferdes beinhaltet eine so variable Beziehungsfähigkeit, daß sich das Pferd bei artgemäßer Haltung fast überall eingewöhnen und wohlfühlen und bei entsprechender Auswahl für fast jede artgemäße Tätigkeit ausbilden läßt.

Auch die Beziehungsanbahnung mit dem Pferd kann nur gelingen, wenn sie im Rahmen eines dynamischen Prozesses erfolgt, der Raum läßt für Ausprobieren. Ein wichtiges Kriterium in diesem Prozeß ist die angemessene Distanz, daß in jeder Begegnung Nähe und Abstand neu geregelt werden. Sollen in der Beziehungsanbahnung die Zuwendungen überwiegen, müssen über die jeweils angemessene Distanz möglichst viele unerwünschte Abgrenzungen verhindert werden.

Argyle (1982) beschreibt mit dem „persönlichen Raum" einen Bereich unmittelbar um den menschlichen Körper herum. Ein unerlaubtes Eindringen anderer empfindet der Mensch als störend, beängstigend, erschreckend oder gar als Angriff. Bei der hohen psychischen Differenziertheit des Pferdes ist anzunehmen, daß es einen gleichen „indidivuellen Raum" hat.

Die herausragend pädagogische und therapeutische Bedeutung des Pferdes wird dann deutlich, wenn man überprüft, welche emotionalen Inhalte der Beziehungsebene vom Pädagogen und Therapeuten gefordert werden, falls es darum geht, eine Beziehungsebene zu schaffen, die dem Kind oder dem Patienten eine wachstumsfördernde Atmosphäre bietet. Erstaunlicherweise decken sich die vom Pferd vermittelten Beziehungsinhalte weitgehend mit denen, die von Pädagoge und Therapeut gefordert werden. In der „emotionalen Dimension im Erzieherverhalten" finden sich „Wertschätzung, Wärme und Zuneigung als ein wesentliches Element hilfreicher zwischenmenschlicher Interaktion" (Tausch / Tausch 1973). Mente und Spittler wünschen sich in Anlehnung an Carl Rogers, daß der Therapeut seinen Klienten „als einen Menschen von bedingungslosem Selbstwert einschätzt" und diesem in Verbindung mit der „nicht-direktiven Einstellung" „emotionale Wärme" und „Echtheit" entgegenbringt (Mente / Spittler 1980).

Der Bewegungsdialog

Zur körperlichen Beweglichkeit des Pferdes kommt seine psychische (Blendinger 1980). Die differenzierten Beweglichkeiten beim Menschen und beim Pferd verdichten sich am unmittelbarsten im Bewegungsdialog, wenn der Mensch neben dem Pferd geht oder auf dem Pferd mit ihm in unmittelbaren Kontakt tritt. Wenn der Mensch also reitend oder voltigierend versucht, sich den Schwingungen und dem Rhythmus des Pferdes anzupassen, und gleichzeitig das Pferd bemüht ist, durch Bewegungskorrekturen sich selbst mit dem Reiter oder Voltigierer im Gleichgewicht zu halten. Im gelungenen Bewegungsdialog sind die Nutzungen der Beweglichkeit und der Beziehungsfähigkeit des Pferdes quasi unzertrennbar miteinander verbunden. Der Bewegungsdialog ist zugleich die Voraussetzung für alles sportliche Reiten und Voltigieren. Pädagogisch und therapeutisch genutzt, kann er dem Erlebnis, der Körperschulung und der Durchführung fördernder Übungen dienen.

Voraussetzungen des Pferdes für die Beziehungsarbeit

Eignung und Auswahl

Trotz der Domestikation des Pferdes muß jedes Fohlen erneut gezähmt und für die vorgesehene Arbeit ausgebildet werden. Das gilt selbstverständlich auch dann, wenn Pferde in der pädagogischen und therapeutischen Arbeit helfend und vermittelnd eingesetzt werden. Nicht so erstaunlich ist dabei, daß, um aufmerksame, arbeitswillige, gehorsame, menschenfreundliche, scheufreie und sich wohlfühlende Tiere zu erhalten, bei der Haltung, bei der Ausbildung und beim Training auf der Beziehungsebene vielfach ähnliche gesunderhaltende und wachstumsfördernde Bedingungen erforderlich sind, wie für die Kinder. Deswegen belehrte Rolf Becher, der Nestor des pferdegerechten Springens, die Besucher im großen Schauring auf der Equitana 1989: „Pferde sind vierbeinige Kinder. Und Kinder brauchen Erziehung, keine Dressur."

Pferde, die als Sportkameraden, Partner oder Freund in der pädagogischen oder therapeutischen Arbeit eingesetzt werden, haben bestimmte Voraussetzungen zu erfüllen, um für diese Aufgaben geeignet zu sein. Sie müssen sich in ihrem Körperbau, ihren charakterlichen Eigenschaften, ihrer äußerlichen Erscheinung und ihrem Verhalten als eigenständige Lebewesen anbieten, zur Beziehungsaufnahme auffordern und für die sportlichen Anforderungen taugen.

164

a. Körperliche Eigenschaften

Die Beziehungsanbahnung orientiert sich zuerst am *Aussehen*. Das Pferd muß sich für die Beziehungsanforderungen schon optisch als Individuum darstellen. Je mehr sich die einzelnen Pferde einer Gruppe äußerlich voneinander abheben, desto leichter fällt es den Kindern, sich für eines von ihnen zu entscheiden.

Das Pferd für Beziehungsanforderungen soll soviel wie möglich Fell und Haare tragen, viel Mähne, viel Schweif und möglichst viel Behang.

Die Größe: Das ideale Pferd für Beziehungsanforderungen ist so groß, daß der Rücken des Pferdes dem Kind bis etwa zu den Achselhöhlen reicht. Das Kind sollte bequem vom Boden aus mit ihm die verschiedensten Blick- und Körperkontakte aufnehmen, sich mit seinem ganzen Körper bequem gegenlehnen, auch seine Arme über dem Rücken auf die andere Seite hängen können. Zugleich ist das Pferd groß und Gewichtsträger genug, daß das Kind aufsitzen und getragen werden kann.

An die *Bewegungen und Gangarten* des Pferdes für Beziehungsanforderungen werden keine besonderen Bedingungen geknüpft. Je gleichmäßiger, harmonischer und weicher sich das Pferd jedoch bewegt, desto weniger Mühe hat das Kind, sich in den Bewegungsdialog einzufühlen.

b. Das psychisch-geistige Erleben

Das Pferd für überwiegende Anforderungen an die Beziehungsfähigkeit muß *aufmerksam, erlebnisdifferenziert* und *lernfähig* sein, aufmerksam im Wahrnehmungsvermögen, differenziert im Gefühlserleben und mindestens durchschnittlich gut in seiner Lernfähigkeit.

In der Beziehungsarbeit nicht einsetzbar sind unausgeglichene Pferde, ob von Natur aus oder durch eine mangelhafte Ausbildung. Einerseits zählen dazu die abgestumpften Pferde mit geringem Wahrnehmungsvermögen, wenig differenziertem Gefühlserleben und mit schwacher Lernfähigkeit, deren Phlegma die Kinder letztendlich lustlos macht. Andererseits sind es die überempfindlichen Pferde, deren spontane und heftige Abgrenzungen die Kinder stark ängstigt.

c. Das Verhalten

Gut ist es, wenn die erwünschten psychisch-geistigen Eigenschaften bereits beim unausgebildeten Fohlen zumindest ansatzweise in der Anlage vorhanden sind. Trotzdem wird beim gesunden Fohlen instinktiv das spontane und unkontrollierte Verhalten überwiegen. Um aus ihm ein Pferd mit *ausgeglichenen, menschenzugewandtem* und *gehorsamen* Verhalten zu erziehen, sind Aufmerksamkeit, Gefühlsdifferenziertheit und gute Lernfähigkeit Voraussetzung, die im Rahmen einer tiergerechten Ausbildung angemessen geformt werden müssen.

d. Körperliche und psychische Gesundheit

Vollständige Gesundheit des Pferdes ist ebenfalls Voraussetzung für eine effektive Beziehungsarbeit. Ein sich nicht wohlfühlendes oder psychisch leidendes Pferd ist lustlos oder reagiert verstärkt mit Abgrenzungen. Dazu müssen alte Pferde nicht unbedingt zählen. Auch wenn sich deren körperliche Beweglichkeit einengt und damit die abgrenzenden Reaktionen, können sie für das reine Beziehungserleben so bedeutungsvoll sein wie ein Großelternteil. Ein körperlädiertes Pferd weckt u. U. aufgrund seiner Hilfsbedürftigkeit Pflegebereitschaften, eignet sich aber nicht längerfristig als eigentlicher Beziehungspartner. Ist ein Pferd allerdings aktuell erkrankt oder hat sich verwundet, eignet es sich bei besonders Ängstlichen im Rahmen der Pferde-Atmosphäre als Pflegeobjekt.

Um körperlich und psychisch gesund zu sein, brauchen Pferde eine artgerechte Versorgung und Haltung sowie einem ihrer differenzierten emotionalen Erlebnisfähigkeit entsprechenden Umgang im Gruppenleben mit anderen Artgenossen oder im Zusammenleben mit dem Menschen. Außerdem bedürfen sie der ständigen Beobachtung durch den verantwortlichen Erwachsenen, wodurch auftretende Krankheiten vermieden, zumindest aber frühzeitig erkannt werden.

e. Pferderassen

Natürlich gibt es Pferderassen, die sich besser, und solche, die sich nicht so gut für die pädagogische und therapeutische Arbeit eignen. Innerhalb der Rassen wiederum finden sich einzelne Tiere, die besser oder nicht so gut für diese Arbeit prädestiniert sind. Zur Auswahl von Pferden mit vorwiegenden Anforderungen an die Beziehungsfähigkeit eignen sich eher Kleinpferderassen, vom Shetland-Pony bis zum Welsh-Cob. Eine Verbindung zwischen der Rittigkeit und der Gehorsamsfähigkeit deutscher Reitpferde und der naturbedingten Ausgeglichenheit, Menschenzugewandtheit und angemessenen Größe sind zum Beispiel die Islandpferde.

Haltung, Ausbildung und Training

a. Die Haltung

Nur in der Gruppenhaltung mit Artgenossen kann sich das Pferd letztendlich körperlich und psychisch gesund und zu einem eigenständigen Individuum mit individuellen Eigenheiten entwickeln. Das in der Gruppe aufgewachsene und lebende Pferd trainiert auf natürliche Weise Aufmerksamkeit, emotionale Differenziertheit und Lernfähigkeit und übt so im selbstverständlichen Umgang angemessene soziale Verhaltensweisen.

Für pädagogische und therapeutische Aufgaben eignen sich keine Pferde, die durch Isolierung und Bewegungsmangel aufgrund von Boxenhaltung selbst unter körperlichen und psychischen Mangelerscheinungen oder Krankheiten leiden. Sie sollten dagegen in Gruppen untergebracht sein, genügend Bewegungsmöglichkeiten haben in ausreichend frischer Luft, mit Wechsel zwischen wirklicher Tages-Helligkeit und tatsächlicher Nacht-Dunkelheit, und letztendlich auf tiergerechten Bodenverhältnisse laufen und ruhen können. Die drei Formen der Unterbringung, die Weidehaltung, bei der die Pferde das ganze Jahr über Tag und Nacht auf der Weide leben, die Offenstallhaltung, bei der die Pferde von der Weide oder vom Auslauf her jederzeit den Stall aufsuchen können, und die Gruppenstallhaltung, bei der die Pferde nachts oder im Winter gruppenweise im Stall untergebracht sind, sind nur als Grundtypen zu sehen. In der Praxis sind je nach Bedingungen die unterschiedlichsten Mischformen denkbar.

Zur tiergerechten Versorgung gehören neben der artgerechten Haltung und Unterbringung noch die Fütterung, die Pflege, der Schutz und das ständige Beobachten.

b. Die Ausbildung

Eigentlich ist die Ausbildung eines Pferdes nie abgeschlossen. Da das Pferd zu keinem Zeitpunkt denkend sein eigenes Verhalten überprüfen und eigenverantwortlich steuernd verändern kann, ist es – vorausgesetzt, es soll bestimmte Leistungen erbringen – ständig auf Verhaltenssteuerung durch den Menschen angewiesen.

Das Pferd übernimmt viele Verhaltensweisen durch *Nachahmen.* Das gilt vor allem für das Leben in der Pferdegruppe. Bei der Ausbildung eines Pferdes muß sich nun der Erwachsene immer wieder fragen, ob er ein instinkthaftes Verhalten nutzen will oder korrigiert. Da sind einerseits die dem Herdenleben entstammenden Verhaltensweisen, unter anderem der Fortbewegungsdrang, das Angriffs- und Abwehrverhalten, die Regelungen der Rangordnung und des Sexuallebens. Um die größtmögliche Individualität des Pferdes zu bewahren, wird der ausbildende Erwachsene soviel wie möglich von ihnen beibehalten, auch wenn sie für die Beziehungsarbeit Schwierigkeiten bereiten. Nutzen zum Beispiel kann er die sich im Gruppenleben ergebenden Rangfolgen, indem er die Pferde bei der Arbeit in gleicher Weise einander zuordnet und dadurch die Rangordnungsrangeleien während der Arbeit reduziert. Auch den Herdentrieb, der beim aktiven Reiten als „Kleben" unerwünscht ist, kann der Erwachsene bei der Beziehungsarbeit sinnvoll nutzen. Die Pferde ziehen hintereinander her. Jedes Kind kann sich aufmerksam dem Erleben hingeben, ohne sich zu stark mit dessen Eigenwilligkeiten auseinandersetzen zu müssen.

167

Eigenwilligkeiten sind zu korrigieren, wenn sie in nicht zu akzeptierende Unarten übergehen, die beim Kind Ängste hervorrufen oder verstärken.

Für alle anderen Veränderungseffekte, die nicht der Nachahmung entspringen, sollte statt des mit dem Denken eng verbundenen Begriffes „Lernen" der der *Konditionierung* benutzt werden. Wie hoch differenziert die Konditionierung im Zusammenhang mit der nonverbalen Kommunikation zwischen Mensch und Pferd ablaufen kann, beschreibt Pfungst (1977) auf faszinierende Weise in dem Buch „Der kluge Hans".

Das eben Pferde die menschliche Sprache nicht verstehen, muß der Erwachsene zum Belohnen und Strafen einerseits Stimmlage und Tonfall einsetzen, andererseits die Hand oder die Gerte als verlängerten Arm. Wenn er bei jeder Bestrafung in seiner inneren Einstellung die grundsätzlich anerkennende und wertschätzende Haltung gegenüber dem Pferd als Lebewesen beibehält und tatsächlich nur jeweils das eben unerwünschte Verhalten bestraft, wird die Handlung für das Pferd nie erniedrigend schmerzhaft oder entwürdigend quälerisch sein.

Das Pferd wird gelobtes Verhalten wiederholen und bestraftes Verhalten vermeiden, wenn es durch einen Erwachsenen geschieht, den es als „Leittier" anerkennen und ihm entsprechend vertrauen kann. Daraus entwickelt sich während der Ausbildung der *Gehorsam*, der unabdingbar die Grundlage für jede weitere Zusammenarbeit mit dem Pferd im Rahmen pädagogischer und therapeutischer Arbeit ist.

c. Training und Gewohnheit

Die Ausbildung hat beim Pferd die zu fordernden körperlichen Fähigkeiten und die erwünschten Verhaltensweisen in der Verbindung mit der notwendigen Beziehungsfähigkeit entwickelt. Da sich nun aber das Pferd und dessen Umfeld ständig verändern und daher die Ausbildung eigentlich lebenslang dauert, können zahlreiche Fähigkeiten nur durch zusätzliches regelmäßiges Training oder die Gewohnheit aufgrund sich ständig wiederholender Ereignisse auf dem erforderlichen Niveau gehalten werden.

Bei den Anforderungen an die Beziehungsfähigkeit steht die Regelmäßigkeit in Verbindung mit der Gewohnheit im Vordergrund. Ein geregelter Tagesablauf, stets gleiche Arbeitszeiten und -plätze und konsequent eingehaltene Versorgungs- und Trainingszeiten bilden das Gerüst für ein Pferd, das sich psychisch ausgeglichen dem Menschen als Freund oder Partner anbieten kann.

Kleinpferde als Beziehungshilfen

Das Beziehungsdreieck Kind–Pferd–Pädagoge

a. Das einzelne Beziehungsdreieck

Die pädagogische Zweier-Beziehung Erwachsener–Kind erweitert sich beim heilpädagogischen Reiten durch die Hereinnahme des Pferdes zur Dreier-Beziehung, die ab jetzt „Beziehungsdreieck" genannt wird. Die Einführung „entlastender Beziehungsmedien" (Wedekind 1988) ist sinnvoll, um in der pädagogischen oder therapeutischen Arbeit auf sterile Interaktion reduzierte Zweier-Beziehungen auf eine fruchtbare Beziehungsebene zurückzuführen. Im Beziehungsdreieck der Anbahnungsarbeit mit dem Pferd treffen zwei im allgemeinen verbal miteinander kommunizierende Menschen und das (nonverbale) Pferd als ein solch „entlastendes Beziehungsmedium" zusammen.

Der entscheidenste Inhalt des Beziehungsdreiecks (Abb. 102) ist die durch Nähe und gegenseitig vollständig und konzentrierte Zuwendung entstandene Geschlossenheit, die die Reitpädagogin bei ihrer Arbeit auf dem Hof immer wieder verantwortlich gestalten muß. Auf Dauer ist solche Nähe nicht unbedingt im Dreieck erforderlich. Hat sich eine erste Beziehung angebahnt, so können die Beziehungsinhalte zum Beispiel

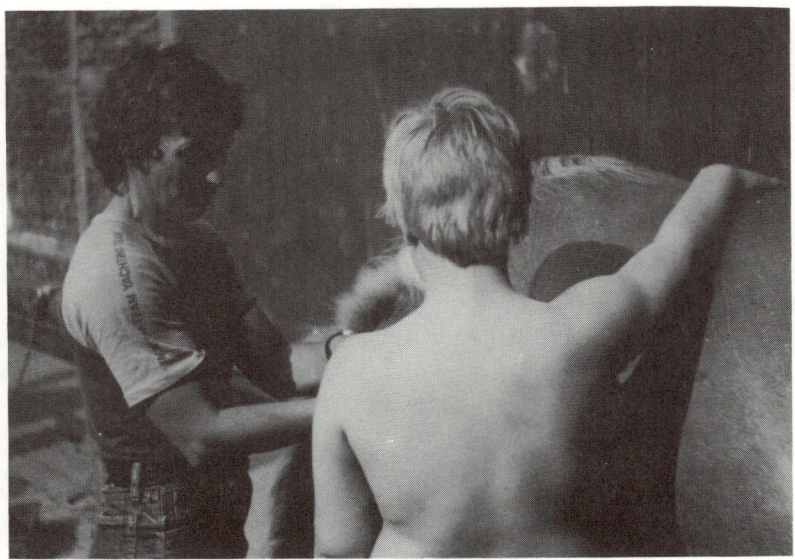

102   Das durch Nähe und vollständige Zuwendung bestimmte Beziehungsdreieck

169

auch durch den Strick „fließen", an dem das Kind sein Pferd führt, durch die Longe, an der die Reitpädagogin das Voltigierpferd dirigiert, oder durch Geräte, wie ein Ball, den die Reitpädagogin dem Kind auf dem Pferd zuwirft.

Gruppensoziologisch gesehen sind die drei Beziehungen innerhalb des Beziehungsdreiecks zwischen Kind und Pferd, zwischen Reitpädagogin und Pferd und zwischen Reitpädagogin und Kind von unterschiedlicher Qualität.

Kind und Pferd: Das Pferd vermittelt relativ gleichbleibend solche Beziehungsinhalte, wie sie das Kind für die Entfaltung seines Gefühlserlebens und der Beziehungsfähigkeit braucht. Das Kind holt sich beim Pferd positives emotionales Erleben. Schließlich gibt es versorgend und pflegend zurück, um noch mehr zu bekommen. Zugleich bringt das Pferd indididuelle Eigenheiten in die Beziehung ein, mit denen sich das Kind auseinandersetzen muß. Dadurch wird das Pferd für das Kind zum eigenständigen Individuum, das es sich als Freund oder Partner wünscht.

Soll es zur Freundschaft oder Partnererleben kommen, muß das Kind für die Dauer der Behandlung „sein" Pferd haben, mit dem es in einem Freiraum probierend die Beziehung anbahnen kann. Das Kind muß von sich aus aktiv werden können und auch Fehler machen dürfen. Es klappt, wenn das Pferd entsprechend speziell ausgesucht, gehalten, ausgebildet und an seine Aufgaben gewöhnt ist. Im allgemeinen sind Kinder kontaktfreudiger und aufgeschlossener als Erwachsene. Es dauert meistens nicht lange, bis sie in einem der Pferde den erwünschten Beziehungspartner oder -freund finden, mit dem sie aller Welt über das „mein . . ." die Zusammengehörigkeit signalisieren.

Reitpädagogin und Pferd: Auch der Reitpädagogin gegenüber bringt das Pferd seine hoch entwickelte Beziehungsfähigkeit ein. Die Reitpädagogin muß sie so annehmen und erwidern, daß sich ein Pferd in dem ihm vorgegebenen Lebensraum wohlfühlen kann. Im wesentlichen ist die Beziehung zwischen der Reitpädagogin und dem Pferd jedoch von der Dominanz seitens der Reitpädagogin bestimmt. Beim Pferd ist aufgrund seiner Hilfsbedürftigkeit und der Abhängigkeit vom Leittier eindeutige Führung durch den Menschen erforderlich. Die hat die Reitpädagogin – allerdings art- und tiergerecht unter großer Berücksichtigung der Individualität des einzelnen Pferdes – auszuüben, da im anderen Falle dessen Tugenden, die Ausgeglichenheit, die Menschenzugewandtheit und der Gehorsam, gefährdet sind.

Die Reitpädagogin weiß, daß sprachlicher und nichtsprachlicher Umgang von den Pferden in nonverbalen Signalen aufgenommen werden und vermittelt den Pferden mit ihren nonverbalen Signalen Empfindungen der Anerkennung, der Wertschätzung, der Zugehörigkeit und der

Abgrenzung. Vor allem spricht sie viel mit ihnen, weil sie um die besonders intensive Wirkung ihrer Sprachmelodie weiß, in Verbindung mit einer Fülle von selbstverständlichen Körperkontakten. Bei für die Arbeit unerwünschtem Verhalten korrigiert oder straft sie kurz und knapp mit der Stimmelodie energischer Worte, mit einem kontrollierten Schlag der Hand oder einem kurzen Ziehen am Anbindestrick. Jederzeit – auch beim Korrigieren und Strafen – verhält sich die Reitpädagogin gegenüber dem Pferd als nachahmenswertes Modell, so daß die Kinder die positiven Beziehungsinhalte erleben und nachvollziehen können.

Reitpädagogin und Kind: Die Beziehung zwischen der Reitpädagogin und dem Kind ist von der Verantwortung her bestimmt, die der pädagogische Auftrag des Erwachsenen gegenüber dem Kind hat. Die Reitpädagogin hilft dem Kind bei dessen Beziehungserprobungen mit dem Pferd. Ihre Einflußnahmen vermittelt sie mit besonders zuverlässigen Botschaften. Im übrigen kann sie sich weitgehendst gegenüber dem Kind zurückhalten, da ihr ja bei dem Anbahnungsmodell das Pferd als tragfähige Beziehungshilfe die Vermittlung wichtiger Beziehungsinhalte abnimmt. Um allerdings unsachgemäßer Behandlung des Pferdes, vor allem durch das Kind im Probier-Freiraum, vorzubeugen und damit die Beziehungsfähigkeit des Pferdes zu erhalten, überläßt die Reitpädagogin keines ihrer Pferde unbeaufsichtigt einem unerfahrenen Kind.

b. Beziehungsdreiecke in der Gruppe
Vor allem die therapeutische Erfahrung hat gezeigt, daß die Gruppenpädagogik als die ideale Möglichkeit des Trainings emotionaler Beziehungsinhalte anzusehen ist. Im Grund knüpft die Gruppe an die uralte und erste Situation der Sozialisierung, nämlich die Familie, an (Rattner 1977). Das Programm des Hofes zur Anbahnung und Gestaltung von Beziehungen mit Kleinpferden ist darum als Gruppenarbeit mit Beziehungsdreiecken konzipiert.

Die Abbildung 103 ist ein Denkmodell, das jedem Reitpädagogen helfen soll, sich der Möglichkeit der nahen und geschlossenen Beziehungsarbeit auch in Gruppen bewußt zu werden. Das bekannte Beziehungsgeflecht „jeder mit jedem" einer Gruppe wird natürlich in den Gruppen mit Kleinpferden durch die Beziehungsdreiecke nicht ausgeschaltet. So bilden sich laufend wechselnde Beziehungsdreiecke, -vierund -vielecke zwischen den Gruppenmitgliedern (einschließlich der Kleinpferde) mit von der Reitpädagogin erwünschten und nicht erwünschten Verhaltensweisen und durchsetzt von allseits auftauchenden Konflikten, die die Reitpädagogin ebenso beziehungsangemessen gestalten muß wie das einzelne Dreieck.

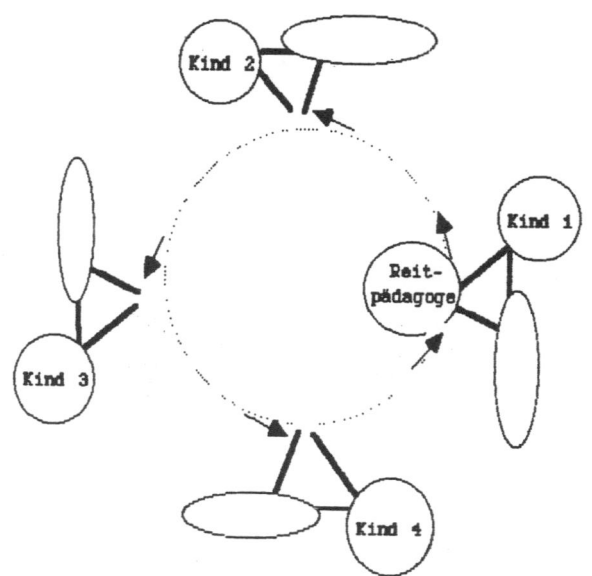

103 *Beziehungsdreiecke in der Gruppe mit Kleinpferden*

104 *Beziehungsanbahnung braucht Freiräume zum Ausprobieren*

c. Freiräume

Schon dadurch, daß sich die Reitpädagogin zur selben Zeit immer nur in eine einzelne Kind–Kleinpferd–Beziehung einordnen kann, ergeben sich für die anderen Kinder Freiräume. Methodisch gesehen, sind – wie bereits wiederholt angedeutet –, diese Freiräume mit die wichtigsten Angebote innerhalb des Programms. Dabei handelt es sich aber nicht um generell unbeaufsichtigte Zonen, in denen die Kinder tun und lassen können, was sie wollen. Die hier gemeinten Freiräume beziehen sich zeitlich und organisatorisch ausschließlich auf die Phasen, in denen die Kinder durch Nähe und Geschlossenheit zum Pferd ohne direkte Gegenwart eines Erwachsenen Beziehung ausprobieren und erleben können (Abb. 104).

Der organisierte Rahmen

Freiräume in Verbindung mit Kleinpferden bedürfen des geordneten Rahmens, der in mehrfacher Hinsicht seine wichtige Bedeutung hat. Einmal durch Ruhe und Abgeschlossenheit. Der geschlossene Rahmen vermeidet unter anderem jeglichen Zeitdruck und verhindert alle von außen möglichen Unterbrechungen und Ablenkungen, wodurch das Kind Sicherheit bekommt, sich vollständig auf die Beziehung mit seinem Kleinpferd einzulassen. Zum anderen sind die Räume und Zeiteinheiten so organisiert, daß sich das Kind in ihnen jederzeit ohne Schwierigkeiten orientieren kann. Vor allem aber dient der geordnete Rahmen dazu, so weitestgehend wie nur möglich alle Sicherheitsrisiken auszuschalten, also jeglichen Unfällen vorzubeugen.

a. Ordnung

Innerhalb des geordneten Rahmens hält die Reitpädagogin die Kinder zur Ordnung an, aber nur soweit, wie es nicht die Beziehungsanbahnung zwischen Kleinpferd und Kind stört (Abb. 105). Dort, wo zum Beispiel eine Jacke weggeräumt werden müßte, dadurch aber das momentan laufende Pferderlebnis unterbrochen würde, erledigt es die Reitpädagogin selbst. Sie zeigt durch diese Handlungsweise, daß ihr an Ordnung und Verantwortung gegenüber Geräten und Materialien gelegen ist. Wichtig bleibt, daß sie diese Korrekturen ruhig, ohne Hast und unaufdringlich erledigt, um die laufenden Beziehungen des Kindes zu seinem Pferd nicht zu stören.

Endet eine Arbeitsphase, fängt die Reitpädagogin (vielleicht schweigend) an, den Arbeitsbereich in Ordnung zu bringen. Sie signalisiert mit ihren Aktivitäten das Ende der Arbeitseinheit und demonstriert wiederum, wie wichtig ihr die Ordnung ist. So wird sie manchesmal,

105 *Ordnung ist unbedingte Voraussetzung bei der Anbahnung positiver Beziehungen*

106 *Abgrenzungen vermitteln Orientierung und Sicherheit*

besonders bei Neuangekommenen, alleine aufräumen. Spätestens nach ein bis zwei Arbeitseinheiten werden Kinder beginnen, sie freiwillig zu unterstützen und noch später ganz allein einige Aufgaben erledigen.

b. Raum

Der geordnete Raum ist das Ergebnis sorgfältiger Planung, bei der eigentlich nichts dem Zufall überlassen bleibt. Die überlegte Nutzung von Räumen, das Setzen von Zäunen und Abgrenzungen die Plazierung von Türen und Toren, die (sparsame) Ausstattung mit Inventar und die Anordnung von Geräten und Materialien muß im Hinblick auf die Nutzungs-Zusammenhänge erfolgen. Alle Geräte und Materialien sind so anzuordnen, daß sie unnötiges Hin- und Herlaufen verhindern. Engstellen, an denen sich unter Umständen viele Kinder zur selben Zeit begegnen könnten, sind, um des überflüssigen Konfliktpotentials willen, zu vermeiden (Slavson / Schiffer 1976).

Hecken und Zäune, Balken und Ketten, Türen und Tore dienen als Abgrenzungen und „sagen" den Kindern ohne zu sprechen, wie sich diese verhalten sollen. Die Hofabgrenzung rundum „erzählt" den Kindern, wie weit der „Erlebnisraum Ponyhof" geht. Die in U-Form erstellten Gebäude begrenzen den Innenhof in einer Weise, daß selbst orientierungsgestörte Kinder jederzeit ihren Standort ausmachen können. Der Kleinpferdebereich ist vom Innenhof her mit einem starken Bohlenzaun abgegrenzt, ohne den Eindruck von Eingesperrtsein zu vermitteln. Der Stallbereich ist so abgedichtet und die Weiden sind so weit entfernt, daß die Kleinpferde im allgemeinen außerhalb der Arbeitszeiten vor den Kindern ihre Ruhe haben. Außerhalb der Arbeitszeiten sind alle Türen und Tore verschlossen. Je nach den Verhaltensweisen der anwesenden Gruppenmitglieder entscheidet die Reitpädagogin, ob sie die Türen auch während der Arbeitszeiten abschließt. Wichtig ist, daß sie sich der methodischen Möglichkeit, auf diese Weise für die Beziehungsanbahnung störende Korrekturen vermeiden zu können, bewußt ist.

Bewegliche Abgrenzungen mittels Balken, Ketten und Tonnen, dienen während der Arbeitsphasen, um die Kleinpferde – vor allem auf dem Reitplatz – bestimmte Wege zu leiten, oder um Kinder und Kleinpferde – zum Beispiel beim Wälzen der Tiere nach dem Ausritt – voneinander zu trennen. Je unerfahrener die Kinder im Umgang mit Pferden sind, desto häufiger richtet die Reitpädagogin zur Hilfe beim Lenken oder auch als Sicherheitsvorkehrungen solche Abgrenzungen ein (Abb. 106).

c. Zeit

Die zeitliche Ordnung richtet sich nach den Arbeitszeiten der Reitpädagogin. Die Arbeitseinheiten sind i. d. R. festgelegt, auf dem „Ponyhof Hilbeck" z. B. täglich von 9 bis 13 Uhr (sonntags 11 bis 13 Uhr) und von

15 bis 18.30 Uhr, freitags ist Ruhetag. Eine Arbeitseinheit setzt sich aus mehreren Phasen zusammen, wie beispielsweise Vorbereitungen, Weidepflege, das Holen der Kleinpferde, Zeit für Kontakte, das Putzen, Kranke versorgen, Beschlagen, Aufräumen. Innerhalb der Befristungen gestaltet die Reitpädagogin also das Programm variabel. Die sich wiederholenden Zeitabschnitte bewirken bei den Pferden und den Kindern Sicherheit.

d. Hilfsmittel

Auf dem Hof bewährten sich bisher folgende Hilfsmittel, die zugleich als „nonverbale Ordner" unfallträchtige Situationen vermeiden: Tonnen, Putzkästen und Aufsteigeböcke.

Die Tonnen: Alte mittelgroße Ölfässer bekommen Griffe angeschweißt und werden gleichfarbig angemalt. Jedes Faß trägt den Namen eines Pferdes. Vor Beginn der ersten Arbeitseinheit zeigt die Pädagogin, wohin jedes Kind zu Beginn jeder folgenden Arbeitseinheit diese Tonne zu stellen hat. Die Tonne wird gegenüber einem Anbindering aufgebaut. Ab jetzt weiß das Kind für die gesamte Aufenthaltszeit, wo sein Kleinpferd angebunden werden soll. Alle während der einzelnen Phasen

107 Tonnen und Putzkästen helfen ordnen

verwendeten Geräte werden auf dieser Tonne abgelegt, damit sie nicht in den Trittbereich der Pferde gelangen (Abb. 107).

Die Putzkästen: Leichte, aber stabile zweifächerige Werkzeugkästen aus Plastik dienen der Aufbewahrung des Putzzeuges. Jeder von ihnen trägt den Namen des Pferdes, zu dem er gehört. Die Kinder holen zur angesagten Zeit den Putzkasten, stellen ihn auf die Tonne, putzen ihr Pferd und bringen den Kasten wieder fort. Der Inhalt: ein zweiseitig verwendbarer Putzhandschuh, eine Schweifbürste, ein Mähnenkamm, ein Hufkratzer und eine Wurzelbürste.

Die Aufsteigeböcke: Stabile und rutschfeste Bürotritte stehen bereit, damit die Kinder sie zum Aufsteigen benutzen können. Das schont vor allem die Rücken der Pferde.

e. Sicherheitsvorkehrungen

Die Alltagsarbeit macht eine Reihe von Sicherheitsvorkehrungen erforderlich.

Unfallfreie Räume und Wege: Baulicherseits sind in Kinderhöhe so weit wie möglich alle vorstehenden Teile, Kanten und Ecken, vor allem auch niedrige Glasfenster, zu vermeiden.

Kindgemäße Höhen: Die Werkzeuge, wie die Anbindestricke, das Sattelzeug für die Ponys, die Geräte zur Pflege, die Spielgeräte, sind in einer Höhe angebracht oder aufbewahrt, daß die Kinder ohne Tritthilfen heranreichen. Auch die Arbeitsplätze sind auf Kindhöhe eingerichtet, zum Beispiel die Anbindebalken, Fütter- und Tränkgefäße, Tür- und Torgriffe, Schiebebalken.

Festgelegte Aufbewahrungsorte: Alles, ob Hilfsgeräte, Sattelzeug, Spielgeräte, Geschirr, die abgelegte Bekleidung, der Abfall, hat seinen festen Platz.

Intakte Materialien: Die Arbeitsmaterialien dürfen nicht durch mangelnde Pflege oder Beschädigungen Unfälle verursachen können. Die Reitpädagogin sorgt dafür, daß sie regelmäßig gewartet und rechtzeitig repariert werden.

Als Pflegetag hat sich der Samstag bewährt, und zwar bei den Gruppen, die eine Woche und länger auf dem Hof sind. Je genauer und übersichtlicher die Arbeitsplätze vorbereitet und die Materialien zurechtgelegt sind, desto ausgeglichener verlaufen die Arbeitsphasen. Ergeben sich während der Pflegestunden Themen rund um die Pferde nicht von selbst, kann es sinnvoll sein, die Gespräche entsprechend auf die Beziehungsinhalte zu fokussieren.

Erste-Hilfe-Kasten: Im Geräteraum neben dem Hauptarbeitsplatz in und an der Scheune befindet sich immer ein vollständig gefüllter Erste-Hilfe-Kasten.

Notfall-Regeln: Die Regeln für einen Notfall durch Unfall, Feuer,

Wasser oder Elektrizität sind festgelegt; ein Telefon, um Hilfe herbeirufen zu können, jederzeit erreichbar. Das Tragen der Reitkappe ist bisher auf dem Hof keine Pflicht, da es dort nicht darum geht, aktives Reiten zu erlernen.

Das Programm

Miteinander sprechen

a. Zum Beginn

Die neu eingetroffenen Kinder sitzen also da, je nach Anzahl in einer kleineren oder größeren Runde, und schauen die Reitpädagogin erwartungsvoll an. Die meisten würden am liebsten nach draußen zu den Kleinpferden rennen. Zu ihrer Enttäuschung müssen alle eine bis eininhalb Stunden bleiben und sie führen miteinander ein Gespräch. Aus den Erzählungen zieht die Reitpädagogin ihre ersten Informationen, welches Verhältnis die einzelnen Kinder zu Pferden haben. Für sie ist dieser Anfangskontakt noch ohne Anwesenheit der Tiere zur Einschätzung der bisherigen Reiterfahrungen und -kenntnisse sowie der individuellen Gefühlslagen besonders wichtig. Man kann diese Gesprächsrunde auch als „Einstimmung auf der Beziehungsebene" sehen.

Maike zum Beispiel hat eine positive Beziehung zu einem Pony in Österreich. Sie erzählt von ihren Ferien mit den Eltern. Dort ist ein Pony zu dem sie hingeht und sich manchmal draufsetzen darf. Auch Claudia berichtet über positive Erlebnisse. Sie freut sich jedesmal, wenn zum Ferienprogramm in den Westfalenpark in Dortmund Ponys kommen. Sie darf diese dann führen und verbringt dort den ganzen Tag. Bei André dagegen überwiegt die Angst. Er besuchte einmal mit seinen Eltern Bekannte, die drei Pferde halten. Er durfte sich auf eines draufsetzen. Erst führte ihn ein Erwachsener, dann ließ dieser los. Da lief das Pferd zu schnell und er fiel runter. Deshalb will er hier nicht mitreiten. Der Reitpädagogin ist wichtig, daß André den Mut hatte, seine Angst und seine Ablehnung in dieser Runde vor den anderen auszusprechen.

Im Laufe des Gespräches streut die Reitpädagogin wiederholt Informationen über die Gruppenhaltung der Kleinpferde und den grundsätzlich artgerechten Umgang mit den Tieren auf diesem Hof ein. Sie läßt anekdotenhaft interessante Beispiele einfließen und verstärkt ähnlich positive Erlebniserzählungen der Kinder. Es gilt schon jetzt, das vorhandene Gefühls-Tohuwabohu in Richtung Beziehungserleben mit den Hofponys zu zentrieren. Vor allem erfahren die Kinder, daß sie in ihren Gefühlsunsicherheiten und Ängsten unbedingt ernstgenommen werden. Sich selbst bringt die Reitpädagogin in die Erlebnisrunde ein, indem sie den Kindern vermittelt, daß ihr der Umgang mit den Kleinpferden viel bedeutet und sie sich über das Gespanntsein der Kinder auf diese freut.

b. Zum Abschied

Die Gruppenteilnehmer und die Reitpädagogin treffen sich nach der letzten Arbeitseinheit und vor der Abfahrt noch einmal zu einem Abschlußgespräch, in dem bearbeitet wird, was für die Kinder sinnvoll ist, an Gefühlen auf dem Hof zurückzulassen und welche mit nach Hause mitgenommen werden sollten. Trauer über die Trennung von einem Freund, mit dem das Kind viel gemeinsam erlebte, ist wünschenswert. Daß es unter Verlustängsten und Einsamkeit leidet, sollte vermieden werden.

Nachdem die Kinder am Anfang immer wieder als Erinnerungsstück zum Beispiel den Kleinpferden Haare abschnitten, bekommen sie jetzt seit vielen Jahren ein Foto ihres Ponys mit auf den Heimweg, das ihnen die Erinnerung an eine erlebnisreiche Zeit erhalten kann und den Einsamkeitsgefühlen entgegenwirkt.

Das Kleinpferd erleben

a. Kennenlernen

Nach dem Anfangsgespräch finden die Kinder ein Tier aus der Kleinpferd-Herde in der Mitte der Reitscheune vor. Von selbst bilden sie einen Kreis drumherum. Einige Kinder treten sofort heran und streicheln, manchmal gehen sie in die Hocke und sehen ihm ins Gesicht und in die Augen. „Oh, ist der süß", sagen andere als erste Reaktion und fragen: „Darf ich ihn einmal streicheln?" Manche haben Leckerwürfel mitgebracht und möchten sie geben. Andere stellen schon genauer fest: „Der hat so weiches Fell!" Die Ängstlichen und Zaghaften bleiben entfernt stehen. Sie halten die Hände auf dem Rücken und beobachten erst einmal aus größerer Distanz. Oder fragen. „Beißt er auch nicht?" – „Schlägt er auch nicht aus?" – „Ist er auch lieb?"

Während die Reitpädagogin im Gespräch einzelne Kenntnisse vermittelt und abfragt und selbst modellhaft aktiv ist, streichen die Kinder mit ihren Händen über das Fell, prüfen die Mähne mit ihren Fingern, ertasten vorsichtig den Nasenrücken, die Nüstern, das Maul, tippen an die Ohren, kraulen die Stirn und erspüren die Muskeln an Kruppe und Schweifrübe, jeweils bei jeder Berührung die Reaktionen des Kleinpferdes beobachtend. Über die Erlebnisse sprechen alle miteinander. In einer zweiten Folge werden die unbekannteren Körperbereiche berührt. Die Kinder gleiten mit den Fingerspitzen den Bauch entlang und die Beine hinab und wieder hinauf, heben die Füße und betrachten die Hufe,

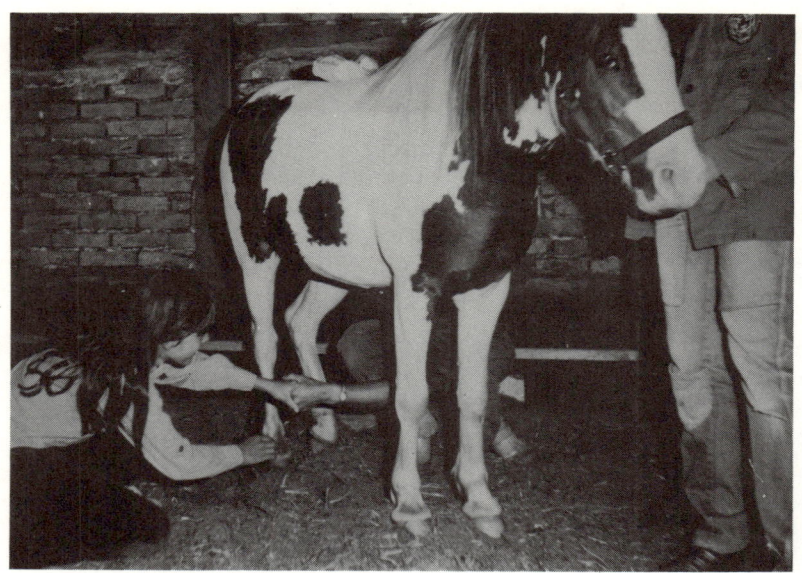

108 *Sicherheit gewinnen durch Kennenlernen*

bestreichen sich selbst mit dem Schweifende wie mit einem Pinsel. Wenn
es sich ergibt, suchen sie „kitzelige" Partien oder sprechen über After,
Glied und Scheide. In einer Gruppe von zehn bis zwölf Kindern ist das
meistens eine lebhafte Arbeitseinheit, die noch lebendiger abläuft, wenn
das Kleinpferd zwischendrin Darmwinde abläßt, uriniert oder kotet.

Die Abwartenden fordert die Reitpädagogin grundsätzlich nicht auf,
dicht an das Pony heranzutreten oder es zu berühren, weil es ihr nicht
darum geht, daß sie das tun. Sie sollen das Kleinpferd und sich selbst
erleben, und das kann auch aus größerer Entfernung sein. Manchmal
hockt sich die Reitpädagogin modellhaft dicht heran und informiert ein
sehr ängstliches Kind über Eigenarten und Fähigkeiten dieses Tieres. Sie
weiß, je mehr Informationen ängstliche Kinder über ein Kleinpferd
erhalten, desto vertrauter wird es ihnen und desto größer ist die Chance,
daß sich die Ängste verringern. Sie erzählt: „Mein Kosename für Snoopy
ist ‚Schnüffel'", und fragt, „Hast Du auch einen Kosenamen?" Manchmal bietet die Reitpädagogin einem distanzierten Kind die Überlegung
an: „Wir stehen jetzt alle so dicht um Snoopy herum. Wenn Du willst,
sage ihm, daß er vor uns keine Angst zu haben braucht."

Wichtig ist bei dieser ersten Kennenlern-Phase (Abb. 108) der nahe
und geschlossene Rahmen ohne Zeitdruck und Ablenkungen von außerhalb. Die Kinder müssen sich wirklich auf das eine Tier konzentrieren

können. Die positiven Beziehungsinhalte der Kinder werden in Richtung des vorgestellten Kleinpferdes geleitet. Sie erfahren dabei, keines der drei vom Hörensagen bekannten Schrecknisse tritt ein: Das Pferd beißt nicht, es schlägt nicht aus und rast auch nicht flüchtend durch die Gegend. Sondern es steht so ruhig da, daß ihm nach Meinung der Kinder die Berührungen gefallen müssen.

In der zweiten Kennenlern-Phase, während eines Rundgangs mit der gesamten Gruppe vorbei an allen Tieren, stellt die Reitpädagogin den Kindern jedes Kleinpferd einzeln vor. Sie beantwortet Fragen und informiert über Rasse, Herkunft, individuelle Eigenarten und Fähigkeiten oder humorvolle Begebenheiten. Gemeinsam wird über Christmas' „Schnurrbart" und Asterix' Clownerien gelacht, über die Neugier von Filou gestaunt, die dichte Mähne von Sally in die Hände genommen. Slavo hat es gerne, wenn die Ohren zur Seite gedehnt werden. Er läßt dann seinen Kopf hängen und schließt beinahe vollständig die Augen. Flocke steht mit halbgeschlossenen Augen und hängender Unterlippe dösend da. Sie nähern sich flüsternd, um sie nicht zu stören. Die Reitpädagogin informiert auch über die abgrenzenden Verhaltensweisen einzelner, erklärt diese und macht zugleich die Umgangshilfen vor. Sally wendet gern den Herankommenden ihr Hinterteil entgegen. Die Reitpädagogin zeigt, daß Sally es unterläßt, wenn sie ein anderer vorne hält und krault. Peppermint schlägt bei Berühren ihrer Ohren unwillig mit dem Kopf. Dominik dreht, sobald die Gruppe ihn erreicht, die Ohren nach hinten, die dann etwas angelegt aussehen. Die Reitpädagogin informiert, daß er sich nicht verteidigen will, sondern besonders aufmerksam ist. Er möchte auch hinter sich alles mitbekommen.

b. Zuordnen

Es ist klar, wieviele Weichen beim Kennenlernen bereits gestellt werden. Die Kinder wissen bereits, daß sich jedes von ihnen für die Zeit der Anwesenheit auf dem Hof alleine oder in Abstimmung mit einem zweiten ein Kleinpferd auswählen kann. Üblicherweise sind einem Kleinpferd zwei Kinder zugeordnet, die dann auch noch in der folgenden ersten Arbeitseinheit zusammenbleiben. Am Ende dieser ersten Einheit können sie entscheiden, ob sie weiterhin in allen Arbeitseinheiten zu zweit mit ihrem Kleinpferd umgehen wollen oder in der nächsten jeder für sich alleine.

Das Zuordnen ist ein emotionsbeladenes, gruppendynamisch gesehen, dramatisches Geschehen, bei dem teilweise Gefühle der Zu- und Abneigungen und der Auf- und Abwertungen offen ausgesprochen werden. Teilen sich zwei Kinder ein Kleinpferd wird der Entscheidungsprozeß ein doppelter, nämlich einmal für das Tier und zum zweiten für das andere Kind, und damit um einiges mühsamer. Andererseits verlaufen die Zuordnungen unkomplizierter, als man es generell vermuten mag. Zum ersten Mal kommt direkt der hohe Aufforderungscharakter der Pferde mit den zur Anbahnung positiver Beziehungsinhalten zum Tragen, der die Kontaktängste vieler Kinder reduziert und bestehende Ablehnungen zwischen zwei Kindern abschwächt.

Die Reitpädagogin geht in der Runde von einem Duo oder Trio zum nächsten und sieht nach, ob sie einigermaßen zusammenpassen, in Größe, Gewicht und gegenseitigem Verhalten. In der Regel ist das der Fall. Zusammengefundene und von ihr akzeptierte Zweier- oder Dreiergruppen, die sich bereits mit „ihrem" Kleinpferd beschäftigen, verstärkt sie durch Aufmunterungen oder nur durch Hingucken und Gewährenlassen.

Bei größeren Gruppen passiert es regelmäßig, daß sich nicht unbedingt jeweils zwei Kinder zusammenfinden, ein Paar sich nicht auf ein Tier einigen kann oder sich mehrere Paare für dasselbe Kleinpferd entscheiden. Je beziehungsunfähiger ein Kind ist, desto eher wird es die Partnersuche vermeiden und ein Tier für sich alleine aussuchen. Vielfach eines, das nun wirklich nicht zu ihm paßt. Solche Situationen regelt die Reitpädagogin mit ihrer Erfahrung, indem sie versucht, die ihr bekannten Eigenheiten und Fähigkeiten des Kleinpferdes und die von ihr eingeschätzten Einstellungen und Fähigkeiten der Kinder überzeugend einander zuzuordnen. Sie versucht es mit Aussagen wie: „Carino ist noch sehr jung. Er braucht jemand, der schon geübter im Umgang mit Pferden ist." Aber sie läßt auch eigene Erfahrungen zu. Sven, ein achtjähriger schmaler Junge, wollte unbedingt auf Slavo, weil er wußte, daß der der schnellste ist, obwohl er (Sven) für eine erfolgreiche Beziehungsanbahnung mit diesem Pferd eigentlich zu klein war. Das ihm angebotene Shetlandpony lehnte er ab. Die Reitpädagogin überließ ihm Slavo. Weil seine Füße nicht in die Steigbügel paßten, mußte Sven in der übernächsten Arbeitseinheit von der größeren Partnerin geführt werden, während die anderen Kinder schon alleine ritten. Am Nachmittag entschied er sich für das Shetlandpony.

Kann sich ein Kind trotzdem nicht für eines der Kleinpferde entscheiden, bietet ihm die Reitpädagogin folgendes an: „Probiere doch Heidi für heute einmal aus. Wenn Du nicht mit ihr klar kommst, müssen wir morgen noch einmal überlegen." Im allgemeinen nehmen die Kinder ein solches Angebot an. Ein Wechsel am nächsten Tag ist sehr selten.

Kinder, die zum wiederholten Male kommen, äußern in der Regel den Wunsch, ihr Kleinpferd vom vorigen Mal zu bekommen. Sie haben bei der Wahl dann das Vorrecht, ausgenommen sie wurden inzwischen zu schwer oder zu groß.

Vor der Putzphase veranstaltet die Reitpädagogin innerhalb eines Beziehungsdreiecks eine Wieder-Kennenlern-Phase. Sie fragt, ob ihr

Pony noch genauso aussieht, ob es sich noch so anfühlt, wie das Kind es in der Erinnerung hat, und was es sonst noch von damals weiß.

Aber auch das kann sich ereignen: Monika fängt schon im Anfangsgespräch zu weinen an, weil das Pony Bento nicht mehr da ist, mit dem sie beim letzten Mal zusammen war. Bento war gestorben. Nun will Monika nicht mitreiten, weil eben kein anderes Pony so wie Bento ist. Die Reitpädagogin sagt ihr: „Du mußt nicht reiten. Komm mit nach draußen und gucke Dir einfach alles an. Es gehört im Leben mit dazu, daß man stirbt. Den Tieren ergeht es ebenso. Ich freue mich, daß Du ihn so gerne hast, und bin selbst auch immer noch ein wenig über Bentos Tod traurig. Aber an der Tatsache läßt sich nichts ändern." Den Tag über schaut sie zu und entscheidet sich am Abend für ein anderes Kleinpferd. Für Dominik, wahrscheinlich weil er im Äußeren Bento am ähnlichsten sieht. Die zwei Mädchen, die schon Dominik zugeordnet sind, hatten die Traurigkeit Monikas miterlebt und sind bereit, sich ihn zu dritt zu teilen.

Auch wenn der Zuordnungsprozeß manchmal länger dauert, muß am Ende jedes Kind das Gefühl haben, dieses ist genau das richtige Kleinpferd für mich, es muß das Ausgesuchte bejahen können.

Damit kein Kind ungeregelt zu füttern oder zu putzen beginnt und die Reitpädagogin korrigierend eingreifen muß, hält sie die Sattelkammer und den Futterraum während der Kennenlern- und Zuordnungs-Phasen verschlossen.

c. Freundschaft schließen

Die Reitpädagogin billigt es, wenn sich nun alle Kinder erst einmal, die Kleinpferde befummelnd und verhätschelnd, in einer erlebnisreichen Annäherung verlieren. Sie bekommen genügend Freiraum, das heißt genügend Zeit, in abgeschirmter Ruhe, ihr Kleinpferd intensiver kennenzulernen (Abb. 109, 110). Ein türkisches Mädchen, dessen Vater mit Teppichen handelt, stellt bald fest, Neros Winterfell fühle sich wie ein Perserteppich an. Ein anderes Kind bemerkt laut: „Snoopy hat richtige Plüschohren. Die sind ganz weich." Die Kastanie wird von den Kindern häufig, weil sie sich bei einigen Kleinpferden so anfühlt, für ein verklebtes Kaugummi gehalten. Heidi singen sie gerne das Heidi-Lied aus der gleichnamigen Fernsehsendung vor. Jedesmal, wenn der Name fällt, wendet sie die Ohren aufmerksam dem Sprecher oder Sänger zu, als lausche sie. Benny ist der Rangniedrigste in der Herde und immer auf der Hut, deshalb scheu und abwartend. Die Kinder sagen ihm: „Bennilein, Du brauchst keine Angst vor mir zu haben", und streicheln ihn dabei beruhigend.

Wenn sie genügend Freiräume bekommen, können Kinder betrachten – umarmen – kraulen – streicheln – schmusen – Reaktionen erleben – getragen werden – aufeinanderliegen – liebkosen – anfassen – anlehnen –

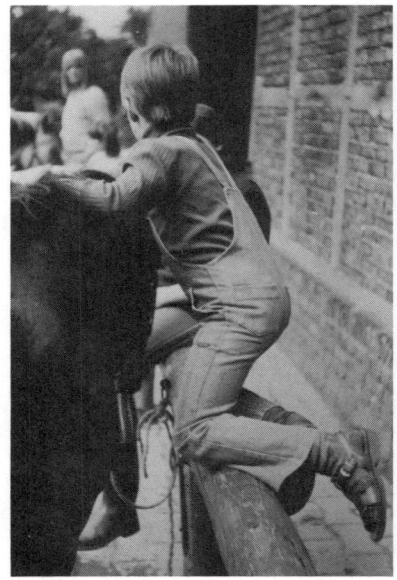 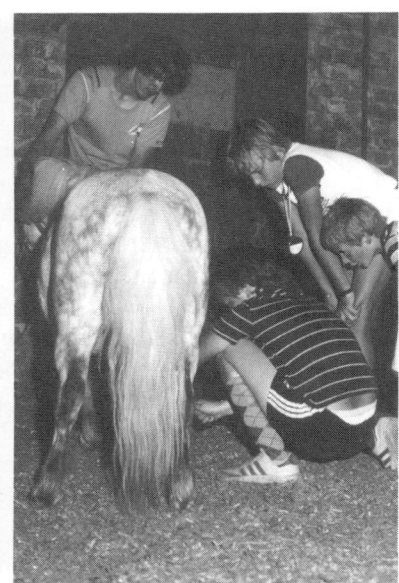

109 *Freundschaft schließen*   110 *Konzentriert beobachten*

ankuscheln – rückwärts sitzen und liegen – unterhaken – massieren – kitzeln – das Fell durch die Finger gleiten lassen – knubbeln und rubbeln – pflegen – klopfen – reiben – an sich drücken – sich andrücken – sprechen – füttern – aneinanderliegen – mit den Haaren spielen – tätscheln – kribbeln und krabbeln – trösten oder beruhigen – festhalten – tupfen – pusten und hauchen – in der Mähne wuseln – betasten und ertasten. Ganz vorsichtig schlagen – liebevoll kneifen – zärtlich boxen – sanft kratzen – verhalten die Finger ins Fell bohren – weich hacken – behutsam trommeln – gefühlvoll kneten. Und das alles mit den Fingerspitzen, einzelnen Fingern, den Knöcheln, der flachen Hand, der Faust, dem Handrücken, den Handkanten, den Armen, dem Gesicht und dem ganzen Körper (Abb. 111).

Die mit den Genitalien zusammenhängenden artgemäßen Eigenheiten lösen bei den Kindern spezielle Reaktionen aus. Entdeckt ein Kind das Urinieren seines Tieres, macht es regelmäßig mit verstohlener Gestik die anderen darauf aufmerksam, die dann auch mehr oder weniger indirekt hinschauen und kichern. Bei der Bemerkung der Reitpädagogin: „Da kommt ein wenig mehr raus als bei uns", lockert sich das Miteinander (Abb. 112).

Wird vor allem bei einem größeren Wallach der hervorkommende Penis länger und länger, schauen die Jungen von weitem immer wieder

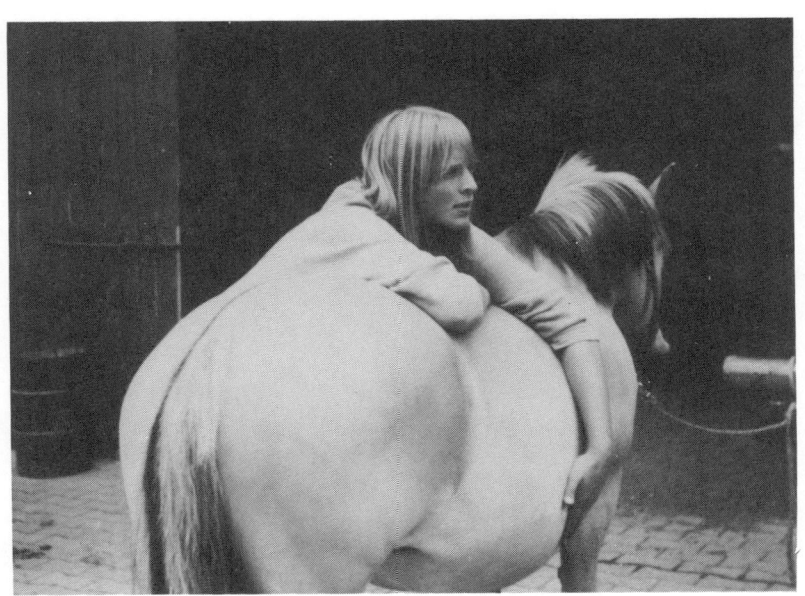

111   Mit dem Körper erleben

112   Die artgemäßen Verhaltensweisen kennenlernen

113 Mit den artgemäßen Eigenheiten fertig werden

hin. Erst wenn die Reitpädagogin ihnen die Talgabsonderungen zeigt, kommen sie dicht heran und mögen sich nun alles direkt angucken.

Der schwierigere Anteil beim Kontakten für die Kinder ist, mit den abgrenzenden Eigenheiten des Kleinpferdes fertig zu werden. Diese aber machen erst dem Kind die Eigenständigkeit des Tieres deutlich. Das Kind merkt, daß sich das Gegenüber nicht alles gefallen läßt. Will es das Kleinpferd als Freund gewinnen, muß es sich mit dessen abgrenzenden Verhaltensweisen auseinandersetzen (Abb. 113). Da sind zum Beispiel die Berührungen an besonders empfindlichen Körperteilen, wie den Flanken oder im Gurtbereich. Üben die Kinder dort Druck aus, erleben sie bei Christmas oder Phil ein Seitwärtstreten, mit dem Schweif schlagen oder unzufriedenes Ohren anlegen.

Jutta erlebt: Das Pony Christmas weicht zur Seite aus und landet mit einem Bein auf ihrem Fuß. Sie schreit und schimpft auf Christmas: „Blödes Mistvieh", oder so ähnlich, „komm da runter." Die Reitpädagogin hört es, geht zu Jutta hin und informiert sie darüber, daß wir Menschen sehen können, wohin wir treten, ein Pony aber nicht. Sie zentriert auf die Beziehung: „Bei Christmas mußt Du schon selber darauf achten, daß er Dir nicht auf den Fuß tritt." Modellhaft zeigt sie Jutta, wie man dicht an der Seite neben Christmas stehen kann, ohne auf den Fuß getreten zu werden.

Das kluge Pony Sally ist im gesamten in ihrem Verhalten nicht so

einfach und zeigt immer wieder einzelne Unarten, die von der Reitpädagogin korrigiert werden müssen. Die Kleine hat keinen Respekt vor
kleinen Kindern und vor solchen, die zu zaghaft und ängstlich mit ihr
umgehen. Die Reitpädagogin ist zufrieden, wenn sie innerhalb einer
Gruppe oder Schulklasse ein Kind findet, das gewichtsmäßig nicht zu
groß und schwer ist und trotzdem selbstverständlich und sicher mit Sally
umgehen kann. Bei Stefanie ist das an sich der Fall. Als sie heute um
Sally herumgeht, um mit ihr auf der anderen Seite zu schmusen, passiert
es trotzdem, daß Sally auskeilt und Stefanie am Schienbein trifft. Die
Reitpädagogin steht daneben, gibt Sally sofort einen kräftigen Schlag auf
das Hinterteil und sagt mit energischer Stimme, daß sie das unterlassen
soll. Stefanie aber ist sauer und kümmert sich erst wieder am nächsten
Tag um das Tier.

Einzelne Kinder müssen ebenfalls während der Freiräume immer
wieder einmal von der Reitpädagogin korrigiert werden. Zwei wirbelige
Mädchen gehen sehr unruhig mit Texas um und schreien ihn wiederholt
laut an. Die Reitpädagogin geht zu ihnen hin und baut ein Beziehungs-
viereck auf, indem sie der Hauptakteurin ihre Hand auf die Schulter legt
und die andere auf Texas Rücken. Sie korrigiert: „Versucht etwas
ruhiger zu sein." Sie informiert: „Texas versteht Euren Lärm nicht und
wird unruhig, weil er nicht weiß, was los ist." Sie zentriert auf die
Beziehung: „Sprecht doch mit ihm einmal leise oder flüstert ihm etwas
ins Ohr." Die Mädchen versuchen es und danach läuft alles zwischen den
dreien nicht mehr so hektisch ab.

Insgesamt aber sind die 16 Kleinpferde so ausgewählt, gehalten und
trainiert, daß beim freien Umgang der Kinder mit ihnen, die Zuwendungen gegenüber den Abgrenzungen überwiegen und sich die Kinder im
Umgang mit ihnen wohlfühlen können. Aus dem Wohlbefinden, bald
verbunden mit einer gewissen Dankbarkeit, erwächst eine erste Versor-
gungsbereitschaft. Je nach Situation öffnet die Reitpädagogin manchmal
noch in der Arbeitseinheit des Zuordnens, manchmal erst in der folgenden, die Sattelkammer, und die Kinder können putzend den Kontakt
intensivieren. Will ein dominierendes Kind alles alleine machen und das
zweite ist zum Zusehen verurteilt, gibt die Reitpädagogin manchmal den
Hinweis, daß sich ihr Tier besonders wohlfühlt, wenn der eine an seinem
Körper arbeitet, währenddessen der andere den Kopf hält, mit ihm
spricht und es krault.

Am Ende der Arbeitseinheit bringen die Kinder „ihre" Kleinpferde in
den Auslauf oder auf die Weide zurück. Bereits in der zweiten Arbeitseinheit fühlen sie sich sicherer, da ihnen inzwischen vieles vertraut ist. Sie
finden die Arbeitsbereiche wie beim ersten Mal geordnet vor und kennen
auch schon den Ablauf. Sie stellen sich angemessener auf ihr Kleinpferd
ein, können es schon mit dem Strick am Halfter aus dem Stall oder von

der Weide holen und innerhalb oder außerhalb der Scheune – dort, wo sie vorher die Tonne mit dem Namen ihres Tieres hinstellten – anbinden.

Mit jeder folgenden Arbeitseinheit erweitert sich das gegenseitige Kennenlernen und vertiefen sich die Beziehungen, wenn genügend Freiräume zugestanden werden. Die Kinder erfahren vermehrt die Eigenheiten und Gewohnheiten und können bald auch erkennen, ob es sich wohlfühlt. Aus der Sicht der Kinder wird ihnen das Kleinpferd zum Freund. Äußern die Kinder zum Beispiel am zweiten oder dritten Tag, „Heute gibt Heidi ihren Fuß" oder „Heute konnte ich bei Slavo den Sattel auflegen", dann verstärkt die Reitpädagogin den Kindern die Beziehung und sagt, es liege wohl daran, daß die Ponys sie jetzt besser kennen würden. Selbst für die beiden besonders ängstlichen Mädchen mit Asterix ist der dritte Tag erfolgreich verlaufen. Sie ritten alleine mit ihm aus, ohne sich gegenseitig zu führen. Sie putzten ihn hinterher noch, kratzten ihm die Hufe aus und wollten sich nicht von ihm trennen.

Bei den Ängstlichen und Zaghaften dauert die Freundschafts-Anbahnung im allgemeinen etwas länger. Sinnvoll ist, wenn die Reitpädagogin immer wieder zu ihnen geht. Bei dieser Gruppe erlebt sie es sogar noch nach Tagen, daß Marco bei Filou sagt: „An das Bein gehe ich nicht ran. Slavo keilt gleich aus oder ‚kniept' mir einen." Slavo ist das daneben angebundene Kleinpferd. Obwohl die Reitpädagogin Marco jeden Tag über den Unterschied informierte, ob Slavo entspannt steht oder unruhig ist, blieb Marco lange Zeit vorsichtig. Die Reitpädagogin schob zur Unterstützung Slavo ein Stück zur Seite, um Platz zu schaffen. erst dann beschäftigt sich Marco mit dem Bein von Filou.

d. Versorgen

Füttern und Tränken sind zwar auf dem Hof ein wichtiger, aber insgesamt nur ein Anteil bei der Versorgung. Die Reitpädagogin weiß, jedes Lebewesen braucht, um sich wohlzufühlen, mehr als nur das Hunger- und Durststillen, einen harmonisch arbeitenden Stoffwechsel und unbeschwerte Verdauung, nämlich: Körper- und Krankenpflege, Licht und frische Luft (Sauerstoff), Platz zum Ausruhen und Bewegungsfreiheit, Abwechslung im Umfeld-Erleben und soziales Miteinander, vor allem auch Befriedigung zärtlichen und sexuellen Verlangens. Während des Aufenthaltes bekommen die Kinder die entsprechenden Informationen und beim Umgang mit den Kleinpferden die Möglichkeit, in dem Maße, wie sie es wollen und können, sich um die Versorgung in diesem umfassenden Sinne zu kümmern.

Die Grundversorgung der Kleinpferde ist auf dem Hof natürlich unabhängig von dem, woran sich die Kinder beteiligen, gwährleistet. Erwachsene tragen die volle Verantwortung. Denn auch die versorgenden Beziehungsinhalte können nur im Freiraum ausprobiert und erlernt

114　Versorgen: Regelmäßig tränken

werden. Wäre die Versorgung für das Kind von vorneherein Pflicht, würde die Beziehungsanbahnung gefährdet sein. Deshalb gibt es für alle Versorgungsarbeiten keine Einteilungen oder Pläne. Bei solchen Fragen der Reitpädagogin wie: „Wer kommt mit, die Ponys füttern/Rüben holen/Heu verteilen?", melden sich meistens Freiwillige. Wenn nicht, erfüllt sie die erforderlichen Aufgaben alleine. Ausgenommen davon ist das morgendliche Misteinsammeln, je nach Jahreszeit auf der Weide oder im Stall, an dem die Kinder verpflichtend gruppenweise mitwirken müssen.

Füttern und Tränken: In dem Maße, wie die Kinder daran interessiert sind, können sie sich in den Wintermonaten an der Austeilung von Kraftfutter, Rüben, Heu und Stroh beteiligen. Saufen lassen gehört zu der Fürsorge, die während der Weidezeit mehrmals am Tag erforderlich ist, obwohl es Tränken im Stall und auf der Weide hat. Vor und nach einzelnen Arbeitszeiten sorgt auf den Hinweis der Reitpädagogin hin jedes Kind dafür, daß sein Tier frisches Wasser aus der Wanne aufnehmen kann (Abb. 114). Füttern der Kleinpferde zwischendurch ist generell verboten. Aufdringliches Suchen und unangenehmes Kneifen, das unerfahrene Kinder schnell verschreckt, kann so vermieden werden. (Was den „Freunden" trotzdem täglich heimlich ins Maul gesteckt wird, soll dahingestellt bleiben.)
　　Futter und Wasser dürfen für die Kinder kein Spielzeug sein. Deswegen sind Futterkammer, Rübenkeller und Heuboden nur für die Zeiten

189

der Beschaffung geöffnet, der Wasserschlauch nur zum Füllen der Wanne herausgeschlossen.

Während der Freßzeiten morgens und abends können die Kinder begrenzt mit den angebundenen Tieren Kontakte aufnehmen und das Futterverhalten beobachten, wobei die Reitpädagogin darauf achtet, daß die Tiere nicht überfordert werden. Angefangen vom „Guten Morgen"- oder „Gute Nacht"-Sagen halten sie sich in der Nähe ihres Kleinpferdes auf, streicheln es, füllen herausgefallenes Futter in den Trog zurück und vergleichen das Verhalten ihres Tieres mit dem der anderen. Sie erkennen den gierigen Fresser, den langsam Kauenden, den Unruhigen, der alles durcheinander wühlt, den Neidischen, der mit seinem Maul stets beim Nachbarn hängt.

Stall und Weide säubern: Die Reitpädagogin benötigt jeden Tag eine Stunde, den Aufenthaltsbereich vom Pferdemist zu befreien, im Winter den Stall, im Sommer die Weide. Aus Gründen der Weidepflege müssen die „Ködel" auch dort regelmäßig abgesammelt werden. Mit diesem Einsammeln beginnt täglich morgens die Arbeitseinheit. Vor dem Einsammeln bekommt jedes Kind genügend Freiraum, sein Tier gründlich und konzentriert zu begrüßen. Die Kleinpferde beim „Ködelsammeln" in ihrem Verhalten beobachten zu können, bringt dann ein wenig Abwechslung in diese nicht besonders beliebte Versorgungstätigkeit. Die Geräte zum Säubern, wie Schubkarren, Schaufeln, „Ködelheber", Harken und Besen werden an einem zu dieser Zeit zugänglichen Aufbewahrungsort – übersichtlich geordnet – bereitgehalten. Das Tor zum Sägemehllager öffnet die Reitpädagogin nur im Winter und während des Nachholens. Auch die übrigen Bereiche sind während der Säuberungsphase verschlossen.

Putzen und Pflegen: Zur Pflegephase läßt die Reitpädagogin die Tür zur Sattelkammer mit dem Putzzeug darin aufschließen. Jedes Kind holt sich den Putzkasten für sein Kleinpferd heraus, dann wird die Tür wieder versperrt. Zu ordnen braucht sie bei diesem Ablauf nichts, sie kann sich weitgehendst den Beziehungen widmen. Das Putzen im umfassenden Sinne geschieht nur zum geringeren Teil zur Reinigung. Es fördert vor allem den direkten Kontakt zwischen dem Kind und seinem Tier. In Verbindung mit der Körperreinigung lernt das Kind vertieft, wo und wie es sein Tier so berühren kann, daß es für dieses angenehm ist. Und es gibt tausend Besonderheiten zu entdecken. Die sanfte Hand des Kindes spürt Muskeln, Knochen und Fett. Die Haare an der Brust sind samten, die Schweifsträhnen am Ende manchmal strohig. Die Lippen sind weich, die Hufwände hart. Der Widerrist erhebt sich höher oder niedriger. Ist das Tier entspannt und gelöst und genießt die

Berührungen oder hat es Schmerzen? Die Reitpädagogin wandert von Beziehungsdreieck zu Beziehungsdreieck und gestaltet das Erleben. Sie fordert die Kinder zwischendurch immer wieder auf, ohne Handschuh über das Fell zu streichen. Sie fühlen dann, wie weich es ist, und spüren die Unregelmäßigkeiten wie Knubben, Verletzungen, Zecken. Die Kinder bemerken die Wirbel im Haarkleid. Die Reitpädagogin informiert, daß die Wirbel so gewachsen sind, damit der Regen am Kleinpferd herabfließen kann, ohne daß er ins Fell eindringend bis auf die Haut gelangt und empfindliche Regionen naß werden. Die Kinder bemühen sich, mit dem Handschuh in Richtung der Wirbel zu streichen.

Damit das Striegeln am ehesten einem Streicheln gleichkommt, werden inzwischen keine Bürsten mehr verwendet, sondern Putzhandschuhe, in die die Kinder mit der Hand hineinfahren und so über den Körper gefühlvoll streichen können. Die Vorsichtigen und Ängstlichen bleiben in einiger Entfernung stehen und versuchen es zögernd mit ausgestrecktem Arm.

Der Junge Felix probiert, mit einem solchen Abstand Filou zu putzen. Jedesmal, wenn er den Arm ausstreckt, dreht Filou jedoch den Kopf zu ihm hin und macht eine abwehrende Bewegung. Nach einigen Versuchen gibt Felix auf. Die Reitpädagogin informiert: „Wenn Du Filou nur so ein wenig berührst, kitzelt es ihn." Und streicht Felix ganz zart über dessen Haare, daß er es selbst spürt. Sie stellt sich modellhaft dicht an Filou heran und berührt diesen mit kräftigen langen Strichen. Während anschließend Felix es ausprobiert, bleibt die Reitpädagogin an Filous Kopf stehen. Sie zentriert auf die Beziehung: „Das hat er gerne. Jetzt fühlt er sich wohl." Doch muß die Reitpädagogin mit solchen beispielhaften Körperberührungen bei den Kindern selbst vorsichtig sein. Besonders bei denen, die ihr noch fremd sind. Für manche ist es ungewohnt, berührt zu werden. Sie mögen es nicht und erleben es als Eingriff in ihre Intimsphäre.

Der Pflege der Langhaare an der Mähne, am Schweif und am Behang dient ein Kamm.

In bestimmten Situationen sind die fellosen Körperteile, wie Nüstern, Maul, Augen, After und Scheide zu reinigen. Meistens reagieren die Kinder nach der Aufforderung, wegen der Hitze oder Durchfall auch den After zu säubern (Abb. 115), mit einem „Igitt, das mache ich nicht". Die Reitpädagogin verweist dann darauf, daß der- oder diejenige das bei sich selbst doch auch tun. „Ponys sind wie Babys, die es nicht alleine waschen können." Manchmal kommt das Gespräch dann auf die Babys und deren Pflege. Den Schlauch säubert die Reitpädagogin selbst, da fast alle Wallache dabei überempfindlich reagieren.

Das Hufesäubern mit dem Hufkratzer ist für viele Kinder erst einmal eine der Hauptschwierigkeiten. Immer wieder hört die Reitpädagogin:

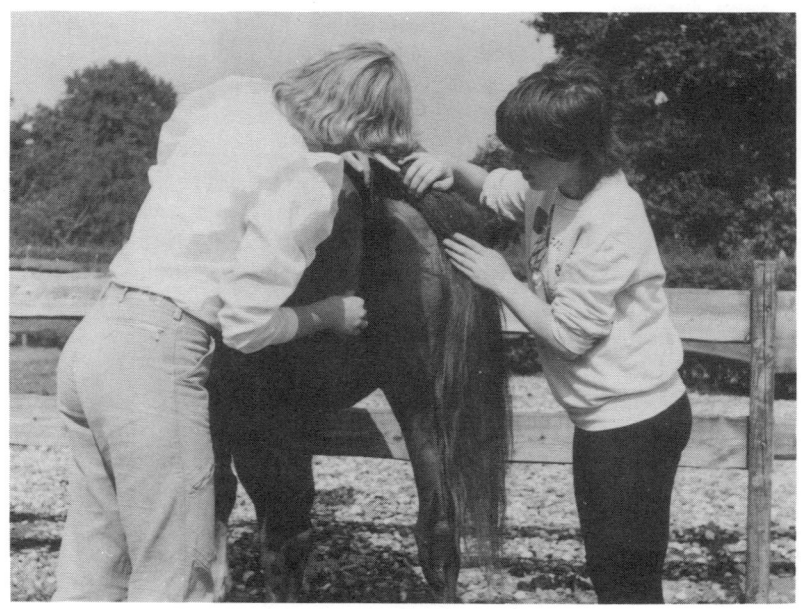

115 Bei Hitze und Durchfall auch den After säubern

„Er will seinen Fuß nicht geben!", sie reagiert: „Ich glaube, Phil weiß nicht, daß er sein Bein hochheben soll. Ich zeige Dir, wie Du es ihm deutlich machen kannst." Auch Sandra hat Schwierigkeiten mit Phils Hufen. Die Reitpädagogin nimmt Sandras linken Arm und führt diesen an Phils Bein entlang. Gemeinsam drücken sie dabei konsequent gegen Phils Körper und schaffen es so, das Bein anzuheben. Anschließend gelingt es Sandra bei den anderen Beinen alleine. Dominik zieht beim Hufereinigen gerne seine Hinterbeine verspannt unter den Bauch. Die Reitpädagogin informiert und zentriert, wie er sich entspannt, wenn man ein wenig abwartend das Bein festhält. Auch Christmas verweigert gerne seine Hinterbeine. Die Reitpädagogin zeigt, wie unkompliziert er es zuläßt, wenn die Hufe tief unten gehalten werden.

Am dritten Tag kommt Monika zur Reitpädagogin und sagt, sie möchte ihr etwas zeigen. Snoopy kenne jetzt ihre Stimme und höre auf sie. Sie sagt „Huf" und Snoopy nimmt ihn tatsächlich hoch.

Abwaschen und Wälzen lassen: Um die Kleinpferde zu erfrischen und Sattellage und Sehnen zu kühlen, werden sie bei heißem Wetter nach dem Absatteln mit kalten Wasser abgewaschen. Zum Abschluß erfolgt die „Mauldusche". Dabei hält jedes Kind das Schlauchende mit weichem Strahl vorsichtig in die Maulwinkel.

Anschließend wird das überflüssige Wasser mit den Händen aus dem Haarkleid gestrichen und die Kleinpferde dürfen in den Auslauf, wo sie sich im allgemeinen sofort hinlegen und wälzen. Für die Kinder jedesmal neu ein aufregendes Erlebnis.

Beim täglichen Wälzenlassen nach der Arbeit alle zu gleicher Zeit, können die Kinder gut die Rangordnung innerhalb der Gruppe erkennen. Das Leittier hat keine Probleme und auch die Ranghöheren wälzen sich als erste und sofort. Benny zum Beispiel, als Rangniederer, wartet dagegen bis die anderen fertig sind und weggeführt wurden.

Kranke betreuen: Bei 16 Tieren ist es unausbleiblich, daß sich das eine oder andere für einige Zeit mit einer Krankheit plagt, eine Verletzung, eine Entzündung oder etwas Innerlichem, wie Husten und Lahmen. Sofern es sich um Bagatellen handelt, helfen die Kinder der Reitpädagogin bei den heilenden Anwendungen. Oder sie stehen ihr bei der Erfüllung ärztlicher Anwendungen zur Seite. Mit viel Liebe und Sorgfalt werden die Beine gekühlt, neue Verbände angelegt oder Salben aufgetragen. Mehrmals täglich bedauern die Kinder seine Krankheit, schmusen und sprechen mit ihm, versorgen es wie die anderen. Nach Möglichkeit wird es an seinem Stammplatz angebunden, so daß es den übrigen Tagesablauf verfolgen kann.

e. Führen

Jedes Kind mit einem Führstrick in der Hand, zieht die Reitpädagogin mit ihnen durch den Auslauf auf die angrenzende Weide. Vorher informierte sie die Kinder darüber, daß die Kleinpferde natürlich lieber dort blieben, als mitzukommen und zu arbeiten. Sie sollen sich nicht wundern, wenn einige nicht mitgehen wollen. Auch beim Holen erkennen die Kinder das unterschiedliche Verhalten: vom willigen Folgen bis zum ohrenangelegten Widersetzen. Das individuelle Verhalten ihres Kleinpferdes läßt die Reitpädagogin die Kinder allerdings selbst erfahren. Alleine auf sein Tier zugehen, ihm den Haken am Halfter zu befestigen und ihm deutlich zu machen, daß es mitkommen soll, erfordert in vielen Fällen entschiedenes Auftreten. Dank der Gewöhnung durch den regelmäßig wiederkehrenden Tagesablauf und auch des Herdentriebes, daß die nächsten folgen, wenn die ersten abziehen, geht es in der Regel reibungslos vonstatten. Für die Kinder im allgemeinen ein sehr positives Beziehungserlebnis (Abb. 116).

Bianca hat schon häufiger beim Zirkus geholfen und meint, sie könne gut mit Pferden umgehen. Da sie ein großes und kräftiges Mädchen ist, überläßt ihr die Reitpädagogin Asterix. Gleich beim ersten Rausführen rennt dieser mit dem Mädchen über den Innenhof runter zum Gras. Bianca ist daraufhin so enttäuscht, daß sie spontan reagiert: „Ich mag

116   Führen

*117   Der Westernsattel vermittelt auch ängstlichen
Kindern Sicherheit*

Asterix nicht leiden." Die Reitpädagogin informiert: „Ich hätte es Dir vorher sagen sollen. Das macht er immer. Im Stall hatte er morgens nur Heu und Stroh gehabt. Da unten aber ist Gras. Das hat für ihn eine solche Anziehung, daß man ihn sehr konzentriert festhalten muß." Sie zentriert auf die Beziehung, indem sie hinzufügt, Asterix wolle nicht von ihr weglaufen, sondern nur fressen. Dieses Mal geht das Gespräch noch weiter. Bianca: „Ich mag Asterix trotzdem nicht." Auf die Frage, was sie denn an ihm nicht möge, kann sie nichts sagen. Dann kommt es doch heraus: „Er sieht nicht aus wie mein Traumpony." Die Reitpädagogin: „Welches von den sechzehn sähe denn deinem Traumpony am ähnlichsten?" Nach einer Weile: „Eigentlich Asterix." Hinzufügend: „Ich möchte doch heute mit Asterix zusammenbleiben."

Ängstliche Kinder gewinnen manchmal einen Zugang zu ihrem Kleinpferd, indem sie das Führseil nur ganz am Ende anfassen. Ein Helfer führt das Pony am Halfter, das lange Führseil hängt durch. Mit der Zeit fassen die Kinder automatisch kürzer und bald gehen auch sie neben dem Kopf.

f. Satteln und Trensen

In zweierlei Hinsicht bewährt sich bei der Anbahnungsarbeit auf diesem Hof der Westernsattel (Abb. 117). Durch seinen tiefen Sitz vermittelt er den Kindern das Gefühl, nicht *auf* dem Pferd zu sitzen, sondern *in* ihm. Zusammen mit dem Horn vorne zum Festhalten und den breiten Auflagen der Steigbügel wird Sicherheit vermittelt und verringern sich die Ängste, was die positiven Beziehungsinhalte stärkt. Außerdem entlastet der Westernsattel mit seiner breiten Auflage und damit besseren Gewichtsverteilung den Pferderücken. Um diese noch mehr zu schonen, werden immer zwei Sattelunterlagen verwendet.

Die Trensen müssen für jedes der Kleinpferde speziell ausgesucht sein, besonders da bei den vielen Anfängern unter den Kindern die Gefahr besteht, daß sie, sich an den Zügeln festhalten wollend, zu stark daran ziehen und den Ponymäulern Schmerzen bereiten. Dominik geht am ausgeglichensten mit dem Nathe-Gummigebiß, Asterix und Flocke mit der Westerstange. Heidi und Peppermint brauchen für ihre empfindlichen Mäuler Hackamores. Einige andere laufen mit einer Wassertrense, jedoch ohne hannoversches Reithalfter. Bei manchen Ponys wird von Zeit zu Zeit gewechselt.

Für die vielen im Umgang mit Pferden unerfahrenen Kinder sind das Satteln und Trensen Arbeiten, die sie nur gemeinsam mit der Reitpädagogin erfüllen können. Auch bei den Kindern, die es alleine schaffen, überprüft die Reitpädagogin vor dem Losgehen jede Einzelheit.

Wolfgang ist ein sehr lebhafter Junge, der durch sein Reden und Verhalten in der Klasse auffallend hervortritt. Er hat sich mit Pepper-

mint zusammengefunden. Jedesmal, wenn er beim Satteln zum Bauchgurt greift, dreht Peppermint ihren Kopf und schnappt nach ihm. Er ist
nicht ängstlich und kontert: „Hei, beiß mir nicht in'n Arsch." Die
Reitpädagogin informiert ihn: „Peppermint hatte im letzten Jahr am
Bauchgurt eine aufgescheuerte Stelle, die sich sehr stark entzündete.
Wahrscheinlich empfindet sie jetzt noch immer, wenn da unten etwas
gemacht wird, daß es ihr schmerzt. Auf jeden Fall ist sie dort überempfindlich." Die Reitpädagogin zentriert, daß Peppermint nicht nach ihm
schnappt, weil sie ihn nicht mag, sondern weil sie sich nur so gegen einen
erwarteten Schmerz wehren kann. Sie zeigt ihm modellhaft, wie ruhig
Peppermint stehen bleibt, wenn man den Gurt sanft und rücksichtsvoll
anzieht. Dabei spricht sie mit ihr: „So, Peppermint ich will jetzt den
Sattelgurt anziehen. Wir wissen, daß du das nicht so gerne hast; aber zum
Reiten ist es notwendig." Die beiden verlassend, hört sie noch Wolfgang
sagen: „Peppermint, das habe ich ja nicht gewußt, ..."

Auch noch nach dem Satteln räumt die Reitpädagogin Freiräume für
Möglichkeiten ein, aufzusteigen und das Kleinpferd von obendrauf zu
erleben.

Am Ende jeder Arbeitseinheit werden die Kleinpferde wieder an den
für sie festgelegten Plätzen angebunden und dort abgesattelt und abge-
trenst. Die Reitpädagogin öffnet die Sattelkammertüren und die Kinder
bringen die Sättel und Trensen an die mit Namen versehenen Ständer
zurück.

g. Draufsitzen

Es gibt keine Gründe, warum das Kind nicht während der Kennenlern-
und Pflegephasen sein Kleinpferd obendrauf erleben soll. Die Tiere
stehen angebunden am Balken und das Kind klettert irgendwie auf seines
hinauf, läßt sich dabei helfen oder sich einen Aufsteigebock. Die
Reitpädagogin verhindert um der Schonung des Pferderückens willen
das Aufspringen direkt vom Boden. Oben angekommen, hat das Kind
nun Zeit, sich selbst und das ungesattelte Kleinpferd, dessen Körper, das
Fell, die Wärme, zwischen den Beinen zu erleben.

Inge versucht auf die ungesattelte Heidi aufzusteigen. Heidi wehrt sich
mit einem Hopser und Inge rutscht wieder runter. Inge ist enttäuscht und
ärgerlich und sagt zum Nachbarkind: „Auf die gehe ich nicht wieder
rauf." Die Reitpädagogin beobachtete das Geschehen, geht hin und
informiert, daß es Heidi im Rücken wehtut, wenn man zu weit hinten, in
der Nierengegend, aufsitzt und daß sie sich dann wehren muß. Sie
zentriert auf die Beziehung: „Du denkst, Heidi ist ärgerlich auf dich und
wollte dich absichtlich abwerfen. Aber sie wollte ja nur den Schmerz auf
dem Rücken loswerden." Dann zeigt sie, wie man den Aufsteigebock
nahe an das Vorderbein stellt und dicht am Widerrist aufsitzt. Inge

118 Das Erlebnis „obendrauf"

probiert es und bemerkt, daß sie in Ruhe obendrauf sitzen kann (Abb. 118).

h. Aktives und Passives Reiten

Beim Reiten kann zwischen einem passiven Sich-vom-Pferd-tragen-Lassen, bei dem ein Lenker neben dem Pferd geht, und einer aktiven Lenkung, bei dem der auf dem Pferd sitzende Reiter das Pferd selbst dirigiert, unterschieden werden (Meyer 1975). Auf den Bewegungsdialog bezogen, bleibt der Reiter beim passiven Reiten als Draufsitzender im Dialog der Körper eher reagierend, auf der Beziehungsebene eher erlebensorientiert während er beim aktiven Reiten gezielt versucht, durch eigene Körperinitiativen bewußt agierend den Dialog mitzubestimmen.

Zumindest in Verbindung mit dem heilpädagogischen Reiten tritt das passive Reiten wieder als eigenständige Methode hervor. Von einem Lenker an der Longe, am Kopf oder am Doppelzügel geführt, oder als Herdentier in der Reihe hinter dem anderen herziehend, kann sich der Reiter, sinnvoller genannt, der Draufsitzende, vermehrt auf das Bewegungserlebnis einlassen. Zu unterscheiden wäre hier das passive Reiten mit einem schlaffen Draufsitzenden, der sich (nur) dem emotionalen Erleben hingibt, und das passive Reiten mit einem gespannten und aufmerksamen Draufsitzenden, der die verschiedenen Bewegungs- und

197

Beziehungseinflüsse des Pferdrückens bewußt wahrnimmt und auf sich wirken läßt.

Passiv reiten: Da das Erleben Vorrang vor der Aktivität hat, lernen die Kinder auf diesem Hof nur begrenzt, die Kleinpferde selbst aktiv zu lenken. Das passive Reiten steht im Vordergrund. Damit die Phasen, in denen die Kinder auf den Kleinpferden sitzen, trotzdem geordnet ablaufen, haben sich vier Lenkungsformen bewährt: das Führen durch einen nebenhergehenden Lenker, das Hintereinanderherlaufen entsprechend der Herden-Rangfolge, auf mittels Zäunen, Balken oder Ketten abgegrenzten Bahnen und die Einflußnahmen der Reitpädagogin, speziell auch durch ihre Stimme. Natürlich werden kombinierte Formen praktiziert.

In den beiden ersten Tagen bleibt die Reitpädagogin mit den aufgesessenen Kindern auf dem Reitplatz, dessen etwa 3 Meter breite Ovalbahn nach außen und innen mittels Balken und Ketten sicher abgegrenzt ist. Ihr geht es darum, daß die Kinder das langersehnte und vielfach auch angstvoll erwartete Obendrauf mit ihrem Kleinpferd als positive Beziehung erleben können. Nach der ersten Runde zieht sie bei jedem Tier den Bauchgurt nach. Bis sie das letzte erreicht, können sich die Kinder auf den anderen schon mit der neuen Höhenlage vertraut machen. Dann folgen alle Kleinpferde dem ersten im Schritt. Die Reitpädagogin bemerkt, wie sich in den Kindern die Anspannung löst, indem diese bald immer wieder einmal ihrem Kleinpferd den Hals klopfen und sich auch gegenseitig die Erlebnisse zurufen.

Bei Gruppen mit jüngeren, sehr unerfahrenen oder stark behinderten Kindern sowie bei einzelnen extrem ängstlichen läßt die Reitpädagogin das Kleinpferd von dem zweiten Kind, einem Erwachsenen oder einem Helfer führen.

Nicole hat große Angst, in der Gruppe mitzureiten. Sie läßt sich vormittags auf Peppermint von ihrer Lehrerin auf dem Hof spazieren führen. Nachmittags spürt die Reitpädagogin, wie gern das Mädchen bei den anderen wäre. Sie informiert und zentriert auf die Ängste Peppermints als eine Rangniedrige, die sich wohlfühlt, wenn sich jemand viel mit ihr beschäftigt. Nicole versucht es und reitet später in der Gruppe mit. Ohne sich führen zu lassen.

Viele Kinder möchten, obwohl sie keine Reitkenntnisse besitzen, gerne alleine reiten. Indem die Kleinpferde auf abgegrenzten Bahnen in der Reihung, wie sie sich über die Gruppenhaltung herauskristallisierte, hintereinander herziehen, ist das auch möglich. Zusätzlich bringt der nahe Umgang der Reitpädagogin mit den Kleinpferden mit sich, daß diese sie als ihr „Leittier" akzeptieren und jederzeit auf ihre Stimme und Körpersignale reagieren.

Das Problem mit Asterix zum Beispiel beim Alleinereiten auf dem Platz oder in der Scheune ist: Wird der Abstand zum Vordermann zu groß, dreht er um und bringt alles durcheinander. Oder er geht quer über den Platz, wobei er die leicht trennbaren Plastikketten zerreißt. Astrid reitet auf Asterix und erlebt das halbe Chaos. Die Reitpädagogin informiert Astrid über Asterix' Eigenheit und zentriert in Richtung der Beziehung, daß es von ihm keine Böswilligkeit ihr gegenüber sei. Sie geht dann eine Runde neben beiden her und weist Astrid auf zu große Abstände hin. Sie soll Asterix mit der Gerte einen Tick geben damit er wieder aufschließt. Bei der nächsten Runde merkt Astrid es von selbst.

Am Nachmittag ergab sich der Konflikt, daß alle gerne traben wollen, nur Marco ist unsicher. Er sagt das zwar nicht, aber die Reitpädagogin spürt es. Da in der Scheune geritten wird, bittet sie Marco, er möchte doch mit Texas in die Mitte kommen und ihm eine Ruhepause gönnen. Texas sei wegen seines Hustens im Staub der Scheune leicht benachteiligt. Marco stimmt sofort bereitwillig zu und steigt in der Mitte ab, während die anderen ihre Trabrunden ziehen.

Beim Alleinereiten fällt ab und zu jemand herunter. Die meisten Kinder steigen gleich wieder auf. Einige wenige möchten nicht wieder aufsitzen und wünschen sich ein anderes Kleinpferd. In den meisten Fällen genügt es, wenn die Reitpädagogin über die Ursache informiert, und verdeutlicht, daß es vom Tier nicht beabsichtigt war, um das Kind zu ärgern. Jedes heruntergefallene Kind wird, wenn es über Schmerzen klagt, zur Kontrolle ins Krankenhaus gefahren.

Aktiv reiten: Erst die Auseinandersetzung mit dem Kleinpferd beim aktiven Reiten und die Ereignisse beim Aufgaben Erfüllen, Ausreiten, Spielen und Feiern, lenkt das Kind vom unmittelbaren Körpererleben ab und führt über die Konfliktbearbeitung und das gemeinsame Bewältigen zu einer vertieften Beziehung zwischen den beiden. Auch beim aktiven Reiten im Rahmen der Beziehungsanbahnung wird immer darauf geachtet, beim Lenken vom Rücken aus die Inhalte der Beziehungsebene im Mittelpunkt zu behalten.

Auf dem Hof wird kein Reiten im klassischen Sinn gelehrt. Trotzdem hilft die Reitpädagogin den Kindern beim Sitzen im Schritt, Trab und Galopp, um Rücken und Maul der Kleinpferde zu schonen, letztlich auch sich selber. Mit Hinweisen auf den entlastenden Sitz übermittelt sie Kriterien des angstfreien Reitens (Bruns 1989).

Zusammenfassend kann gesagt werden, daß für die Anbahnung von Beziehungen trotz einzelner aktiver Reitphasen bei geübteren Kindern das passive Reiten überwiegt. Die Übergänge vom Sich-Führen-Lassen zum Alleinereiten und schließlich aktiven Reiten sind fließend. In den einzelnen Situationen ist nicht immer unbedingt auszumachen, ob sich ein Kind im Moment nur tragen läßt, schlaff oder aufmerksam, oder gerade von oben selbst lenkend aktiv einwirkt. Manche wünschen sich, nach dem Versuch alleine zu reiten, doch noch wieder geführt zu werden. Andere entspannen sich gerne nach anstrengendem aktiven Reiten in einer passiven Phase.

Ohne Sattel: Um den hautnahen Kontakt zum Pony zu spüren, würde die Reitpädagogin gerne häufiger auf den Sattel verzichten. Doch die vielen Anfänger unter den Kindern fühlen sich zu Beginn zu unsicher. Sie brauchen den Halt der Steigbügel und vorne am Sattelhorn. Bei Gruppen mit längerem Hofaufenthalt, zum Beispiel in den Ferien, wird das Reiten ohne Sattel ab und zu ins Programm eingebaut.

Gerten: Wo erfahrene Kinder beim Reiten durch den sinnvollen Einsatz einer Gerte das Verhalten des Kleinpferdes angemessen beeinflussen können, benutzen sie diese. Bei allen Kindern wird besprochen, daß eine Gerte nicht dem Schlagen dient, sondern dem Vermitteln von Signalen, die das Pony verbal nicht verstehen kann.

Mit dem Kleinpferd erleben

a. Aufgaben erfüllen
Je nach Alter und Art der Gruppe wird mit einzelnen Körperübungen begonnen. Erst im Stand, dann im Schritt. Bei Jüngeren mehr spielerisch:

– Jetzt reitest du unter einer tiefen Brücke hindurch. (Nach vorne beugen.)
– Dich umschwirrt ein Schwarm Wespen. (Die Zügel loslassen und ganz vorsichtig mit den Armen rudern.)
– Du bist müde. (Nach hinten legen.)
– Du wachst wieder auf und schaust umher, wo du bist. (Aufrichten, sich strecken, in die Bügel stellen und umherschauen.)

Dabei werden die Kinder beteiligt. Beim letzten Draufsitzenden beginnend, denkt sich jedes Kind der Reihe nach eine Übung aus, die von allen nachvollzogen wird, zum Beispiel verkehrt herum draufsitzen, Damensitz, Schneidersitz, Hände hoch über dem Kopf zusammenklatschen, auf dem Rücken oder unterm Pferdehals, Berühren der Ohren, des Schweifs. Häufig beteiligen sich auch die zuschauenden Kinder mit Anregungen.

Sascha ist ein kleiner, schmächtiger Junge, der zierlichste von allen, und hat neben den großen, kräftigen Jungen, die den Ton angeben und zum Teil recht aggressiv sind, nicht viel zu sagen. Er reitet auf Snoopy. Heute kommt er groß heraus, da ihm die meisten „Kunststücke" einfallen. Er zeigt sie, und alle machen sie nach: Armeklatschen oben und unten, Beine hinten und vorne hoch. Da er klein und behende ist, hat er schließlich keine Mühe, auf dem Sattel zu knien und sich sogar daraufzustellen, was die meisten anderen nicht ohne weiteres schaffen. Als die Reitpädagogin es bemerkt, holt sie Snoopy an den Anfang, damit alle Saschas Vormachen gut sehen können.

Bei älteren Kindern und Jugendlichen bietet die Reitpädagogin solche Entspannungen als turnerische oder psychomotorische Übungen an. Das Repertoire ist groß. Beispiele und Methodisches können in diesem Buch bei M. Gäng und B. Ringbeck gefunden werden.

b. Das Ausreiten

Nachdem auf dem Reitplatz die erste Sicherheit gewonnen wurde, erhöhen Geländegänge den Erlebnisgehalt beträchtlich. Ein Ausritt bedeutet für die meisten Kinder immer das Höchste und Schönste im Erleben mit dem Pferd. Damit es auch so bleibt, müssen die Anforderungen klein beginnen und sich von Tag zu Tag steigern. Angefangen beim Spazierritt im Schritt von vielleicht zwanzig Minuten wird es täglich verlängert. Durch die Herden-Reihung folgt ein Pony dem anderen.

Nach einer Trab- oder Galoppstrecke ist das Anhalten wichtig. Die Kleinpferde dürfen grasen. Die Reitpädagogin zieht die Sattelgurte nach, manch einer streckt die Beine. Es ist Zeit, die Erregung, die sich bei Pferd und Reiter durch die Geschwindigkeit ansammelte, wieder zu reduzieren. Vor dem Umkehren wird eine längere Pause eingelegt. Alle trinken und essen das Mitgenommene. Die Kleinpferde sind angebunden oder die Kinder beginnen, sie ihr Gras fressen zu lassen.

Bei Sally fällt ein Kind wegen Krankheit aus. Sally bleibt darum auf dem Hof zurück, und das zweite Kind von Sally wird Snoopy zugeteilt. So müssen sich beim Ausreiten drei Kinder Snoopy teilen. Wer reitet hin, wer zurück, wer führt, wie lange sitzt jeder drauf? Im gemeinsamen Gespräch einigen sie sich.

Hilde, klein und zierlich, führt Benni, auf dem Gerald sitzt. Wegen der total vermatschten Treckerspuren ist es für sie schwer, nebenherzugehen und Benni am Strick zu halten. Um Anschluß zu halten, beginnt Benni zu traben. Hilde läßt den Strick trotzdem nicht los und fällt der Länge nach in Matsch und Wasser. Sie nimmt es recht gefaßt. Hinterher hört die Reitpädagogin, wie Hilde vermeldet: „Der doofe Benni hat mich ins Wasser geschmissen." Sie geht zu ihr hin, nimmt sie in den Arm und zentriert auf die Beziehung: „Du bist jetzt sicherlich ärgerlich, weil Du naß und dreckig geworden ist. Aber Bennis Schuld war das nicht. Er hat gelernt, daß er mit den anderen mitlaufen muß und wollte nur hinterher.

119   Spielen: Der Ring ist auf dem Hütchen gelandet

Er konnte nicht wissen, daß du im Matsch nicht so schnell laufen kannst."
Darauf Hilde: „Ach, da hast du eigentlich recht. Er konnte gar nichts
dafür."
    Jan ist in der Gruppe ein stiller, unauffälliger Junge. Er hat den
unruhigen Filou, der, wenn es ihm auf dem Ausritt zu nah wird, gerne
ausbricht und übers Feld düst. Heute auch. Die anderen Kinder rufen
durcheinander: „Zieh am Zügel." „Halt dich fest." Die Reitpädagogin
meldet sich nicht zu Wort. Nach der Rückkehr zur Gruppe geht sie zu
beiden hin und sagt: „Ich finde es gut, daß Du so ruhig geblieben ist. Das
ist für Filou das beste."
    Ein überempfindliches Mädchen fällt unterwegs von Slawo. Der Reit-
pädagogin war klar, sie konnte sich nicht übermäßig weh getan haben.
Trotzdem lamentiert das Mädchen lautstark und will nicht wieder aufsitzen. Die Reitpädagogin nimmt sie in den Arm und schaut sich die Stelle
an: „Das tut Dir jetzt sicherlich weh." Versucht aber sehr konsequent zu
erreichen, daß das Mädchen nicht Slawo die Schuld gibt, der unerwartet
über einen Ast sprang. Etwas später überwindet sich das Mädchen und
steigt wieder auf.
    Es geht ein kalter Wind und die Kinder leiden während der Pause
unter kalten Händen. Die einzige, die warme Hände hat, ist Bianca.
Daraufhin schlägt die Reitpädagogin vor, wenn sie es will, könnten sich
alle die Hände bei Bianca wärmen. Sie läßt es zu und alle reihum wärmen
sich einmal die Hände an Biancas. Diese Anerkennung und Zuwendung

120 Spielen: Bei der Rallye das Kleinpferd über ein Brett führen

tut ihr sicherlich gut, da sie sonst von der Gruppe allgemein etwas abgelehnt wird.

c. Spielen

Zur Abwechslung, um Spaß und Spannung zu vermitteln und auch Ängste vergessen zu lassen, eignen sich viele einfache Spiele, die von allen sofort gekonnt werden, und bei denen es nicht darauf ankommt, ob einer aktiv reiten kann oder nicht. Die Spiele sind so angelegt, daß sie, damit die Reihenfolge nicht durcheinander gerät, im Vorbeiziehen durchgeführt werden können, wie das Dosenwerfen, Fahnen transportieren, Ringreiten (Abb. 119). Bei anderen Spielen müssen die Kinder nacheinander einzeln reiten oder ab- und wieder aufsteigen.

Bei der Auswahl und Art der Durchführung wird von der Reitpädagogin das Alter berücksichtigt. Bei den 12- bis 13jährigen sind Wettkämpfe in Gruppen sehr beliebt. Jeder zweite Reiter bekommt eine Schleife an das Sattelhorn und bildet eine Mannschaft, der Rest die andere. Jede Mannschaft zählt dann ihre Punkte.

Eine Rallye gehört inzwischen zum Programm-Standard. Die Aufgaben sollen möglichst abwechslungsreich sein:

– sportliche Aufgaben: auf- und absteigen; hinüberklettern und etwas holen (zum Beispiel Stempel auf der Hand); das Pony hinter sich her führend, längs über ein Brett balancieren (Abb. 120)

- Geschicklichkeitsaufgaben: ein Strumpfknäuel in eine Lochwand werfen; eine Glocke im Vorbeiziehen ergreifen und läuten; einen Luftballon im Vorbeiziehen ergreifen und aufpusten
- kreative Aufgaben: aus 4 vorgegebenen Wörtern einen Reim dichten; ein Pony mit möglichst vielen Einzelheiten malen; das Pony mit Bändern schmücken
- lustige Aufgaben: mit Kaugummi möglichst große Blase pusten; im Vorbeiziehen Hut, Krawatte, Weste aufnehmen und anziehen; möglichst viele Bälle mitbringen
- Quizfragen: leichte und schwere Fragen aus der Pferdewelt; Scherzfragen.

Am Vormittag bereiten alle miteinander die Strecke, besser gesagt, das gesamte Gelände vor. Start und Ziel werden markiert. Tische und Stühle für die Jury aufgebaut, die einzelnen Gegenstände für die Aufgaben und den Parcours festgelegt. Eine Übertragungsanlage mit Mikrofon ist unbedingt notwendig. Die Kinder schmücken ihre kleinen Pferde festlich. Aus Sicherheitsgründen reitet bei der Rallye grundsätzlich keiner alleine. Jeder nimmt einen Helfer als Lenker mit. Aus Sicherheitsgründen spielt auch grundsätzlich die Zeit keine Rolle.

Natürlich sind die Aufgaben einer Rallye auf die Fähigkeiten der einzelnen Gruppen abgestellt. Damit auch die Zuschauenden ihre Spannung haben, ist das gesamte Gelände einbezogen. Sind die Kleinpferde nach Beendigung der Rallye versorgt, treffen sich alle zur Siegerehrung. Wie wichtig die genommen wird, zeigt folgender Wortwechsel. Die ersten drei Plätze wurden verkündet und die Pokale – je ein mit Bronze, Silber und Gold bemalter Joghurtbecher – an die Sieger ausgegeben. Darauf ein „Verlierer": „Das ist ja nur ein Joghurtbecher!" Antwort eines Gewinners: „Das *war* ein Joghurtbecher, jetzt ist es ein Pokal!" Jeder Teilnehmer erhält schließlich zur Erinnerung eine Urkunde oder eine Schleife.

d. Feiern

Im Rahmen der Beziehungsanbahnung ist es selbstverständlich, daß zum Abschluß des Aufenthaltes auf dem Hof gemeinsam mit den Kleinpferden eine Feier steigt. Der Tag zuvor dient der Vorbereitung, gehört aber eigentlich immer schon zum Fest (Abb. 121). Alle treffen sich und überlegen unter welches Thema das Fest gestellt werden soll. Den Kindern fällt meistens eine Menge ein: Ponyhof-Safari / Modenschau / Zoo / Pony-Theater / Pferdemarkt / Handwerkertreffen / Pferde aus aller Welt / Treffen der Völker / Zirkus / Künstlertreffen / Märchenwelt.

Da Zeit und finanzielle Mittel im allgemeinen nur begrenzt zur Verfü-

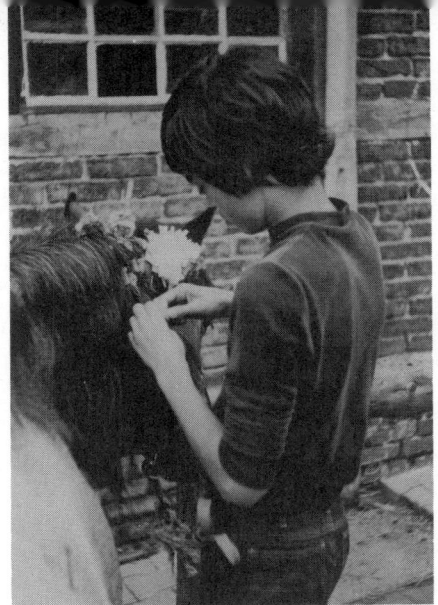

*121 Feiern: Das Kleinpferd
fürs Fest schmücken*

gung stehen, wird viel improvisiert. Mit einigen Anregungen ist es häufig erstaunlich, was bei den Kindern an Ideen und Phantasie herauskommt. Gerade die Stillen und Unauffälligen entpuppen sich als großartige Schauspieler, Sänger oder Dichter. Die Kleiderkiste des Hofes unterstützt. Ein Hut auf dem Kopf und ein Umhang um die Schulter regt die Kreativität an.

Generalthema *Zirkus:* Im Kreis gelegte Strohballen sind die Arena, mit großen Tüchern und Wimpeln wird der Eingang festgelegt, der Zirkusdirektor mit Frack und Zylinder bekommt das Mikrofon in die Hand. Ein Tusch ertönt und schon läuft das Programm. Angefangen mit der gemischten Tierdressur Pony, Ziege, Hund und Katze, die in dieser Zusammensetzung wohl ein- und erstmalig vorgeführt wird, folgt ein gewagter Balanceakt, bei dem das Balancierbrett auf zwei Rücken, den von Charly und Snoopy, liegt. Ein Clown darf natürlich nicht fehlen. Ausgerechnet er will den Zuschauern zeigen, wie man ganz richtig ein Pferd besteigen sollte. Drei reitende Beduinen treffen in der Wüste auf einen Schlangenbeschwörer. Die Rücken der beide ruhigen Haflinger und Norweger dienen zwei Kindern als „Boden" für ein nach Musik dargebotenes Doppelballett. Andere Kinder zeigen die „Hohe Schule" (Schulunterricht auf dem Pferderücken) und Kunststücke auf dem an der Longe gehenden Asterix, bei denen wiederum ein Clown für die nötigen Lachsalven sorgt. – Beliebt ist bei den Kindern auch ein Programm aus einfachen Sketchen.

Im Westernsaloon: Einige Cowboys trinken Whisky an der Bar. Ein besonders großer und kräftiger Cowboy kommt angeritten, bindet sein

205

Pferd fest und geht breitbeinig mit an die Bar. Plötzlich pendelt die Tür auf und ein kleiner Cowboy tritt ein und schreit mutig: „Wer hat mein Pferd grün angestrichen?" Der große Cowboy dreht sich langsam um, nimmt die Hand an den Colt und sagt ruhig: „Ich." Der kleine Cowboy wird noch kleiner und murmelt: „Ich wollte nur sagen, es ist trocken, Du kannst jetzt lackieren!"

Verjüngungskur: Ein neues Wundermittel wird angepriesen, in einer riesigen Flasche. Berühmte Wissenschaftler entwickelten es in jahrelanger und kostspieliger Forschungsarbeit. Nun ist es auf dem Markt. Es besitzt die einzigartige Möglichkeit, den Traum der Menschen zu erfüllen, sich zu verjüngen. Vor den Augen wird es demonstriert. Die ausgewachsene Farina wird herangeführt. Umständlich reibt man sie überall mit der Flüssigkeit ein und gibt ihr aus der Flasche zu trinken. Zum Einwirken wird sie fortgebracht. Nach kurzer Zeit ist das Experiment gelungen. Statt Farina wird Sally, das braune Fohlen, vorgeführt.

Phantasievolles: Die Mädchen bauen einen Frisiersalon auf und machen mit Seife, Wasser, Farben und Fön den Tieren die verschiedenen Frisuren. – Man kann sich nach dem Barbesuch ein Kleinpferd mit Kopfkissen und Bettdecke als Taxi für den Heimweg bestellen. – Mit einem Regenschirm läßt sich vom Pferderücken aus auf eine Matratze Fallschirmspringen üben. – Die Pferde treten im Fernsehen auf! (Abb. 122)

122   *Feiern: Das eigene Pferde-Fernsehen*

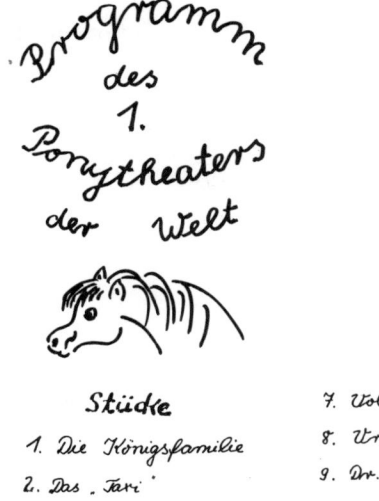

Programm des 1. Ponytheaters der Welt

Stücke

1. Die Königsfamilie
2. Das Tari
3. Ponyballett
4. Beim Tierarzt
5. Das Wundermittel
6. Schneewittchen

Pause

7. Voltigieren
8. Uroni
9. Dr. Wunderlich
10. Im Western Saloon
11. Beim Tierarzt
12. Läusebeteri
13. Komm bau ein Haus

Wir wünschen viel Spaß!

123 Das Ponytheater-Programmheft

Auch die Darstellung vollständiger Märchen ist möglich. *Schneewittchen:* Ein Herold bläst die Fanfare und liest die Handlung vor. Der Jäger und Schneewittchen reiten in den Wald. Sie nimmt tränenreich von ihrem Pferd Abschied, wird aber bald versöhnt, denn die sieben Zwerge kommen auf ihren von der Arbeit heim. Neben der Hausarbeit muß sie abends und morgens die Tiere versorgen. Das macht sie natürlich gerne. Auch die böse Stiefmutter erscheint auf einem Kleinpferd. Schließlich liegt Schneewittchen auf dem Tisch. Der Königssohn nimmt die Erwachende von dort auf sein Pferd und reitet mit ihr zum Schloß, gefolgt von den Zwergen.

Für einen Elternnachmittag inszenieren die Kinder das „1. Ponytheater der Welt". Es regnet, die Bühne wird in die Scheune verlegt. Ein geschwungener Vorhang und ein Balken teilen die Bühne vom Zuschauerraum, wobei die Bühne den größeren Teil ausmachte, denn es treten ja Kleinpferde auf. Die Stuhlreihen werden numeriert, Programme hergestellt (Abb. 123), Werbeposter ausgehängt und Eintrittskarten produziert. Alles am Vorbereitungstag. Natürlich fehlen nicht Musikanlage und Mikrofon. Für die Pause ist eine Kaffee- und Kuchentafel hergerichtet. Am Lampenfieber der Kinder am Festtag läßt sich erkennen, wie ernsthaft sie alles betreiben. Während und nach dem Programm sparen Eltern und Geschwister nicht mit Beifall.

Rückmeldungen

Auszüge aus der Kinderpost seit Bestehen des Ponyhofes!

Seit den 5 Tagen auf dem Ponyhof, denke ich noch oft an Slavo. Wie geht es ihm? Ich habe mich riesig über das Bild von Slavo gefreut. Es hängt nun seit November über meinem Bett. Grüßen Sie Slavo von mir und wünschen Sie ihm einen guten Rutsch ins neue Jahr. Ihre Johanna.

Am ersten Abend habe ich geheult weil ich Nero vermißt habe. Wie geht es Neros Huf? Ich hoffe gut. Ich schaue alle 5 Minuten auf die Uhr und überlege mir was ich jetzt wohl auf dem Ponyhof machen würde. Ich freu mich schon auf das nächste mal. Ich hoffe Du grüßt Nero von mir und schmust lange und ausgiebig mit ihm. Deine Sandra

Was macht Twigger? Ist er lieb? Die 1. Nacht bei uns zu Hause habe ich geweint. Mein Fuß, auf den mir Twigger trat, tut immer noch weh! Viele Grüße von Saskia

Ich habe Bonny immer noch im Kopf. Ich komme nächstes Jahr vielleicht wieder zum Ponyhof in Hilbeck. Sagen Sie Bonny, daß ich mich sehr freue. Nächstes Jahr nehme ich Bonny wieder. Viele Grüße ihr Bonny-reiter Sascha

Ich hatte, als ich damals auf dem Ponyhof war den lieben, süßen Texas, ich glaube es muß schon mindestens 1½ Jahre her sein. Ich möchte gerne unbedingt wissen wie es meinem treuen Freund Texas geht. Wahrscheinlich komme ich in den Sommerferien. Aber nun Tschüss und Grüße von mir auch an Texas, vielleicht versteht er es. Deine Texaspflegerin Sabine aus dem Jahre 81 – Was ich noch schreiben sollte, es kommt mir so vor, als ob ich niemals auf Texas saß, oder ihn geputzt habe, aber manche Bilder beweisen es.

Glaub mir: Ich hätte Bento gerne mit nach Berlin genommen. Gruß Daniel

Literatur

Argyle, M. (1982): Körpersprache & Kommunikation. 2. Aufl. Junfermann, Paderborn.

Blendinger, W. (1980): Psychologie und Verhaltensweisen des Pferdes. 4. Aufl. Paul Parey, Berlin/Hamburg.

Bruns, U. (1989): Reiten ohne Angst? Hörnemann, Bonn.

Deutscher Kinderschutzbund e.V. (1985): Beziehungsmangel in der „Überflußgesellschaft". DKSB, Hannover.

Hanisch, T. (1989): Ist „Klarheit" ein Kriterium für guten Unterricht? Pädagogik, 1, 16–19.

Immelmann, K., Keller, H. (1987): Die frühe Entwicklung. In: Funkkolleg Psychobiologie, 5, Beltz, Weinheim und Basel, 11–68.

Mente, A., Spittler, H.-D. (1980): Erlebnisorientierte Gruppenpsychotherapie, Band 1+2. Junfermann, Paderborn.

Meyer, H. (1975): Mensch und Pferd. Olms Presse, Hildesheim.

Montagu, A. (1974): Körperkontakt. Ernst Klett, Stuttgart.

Pagès, M. (1974): Das affektive Leben der Gruppen. Ernst Klett, Stuttgart.

Pfungst, O. (1977): Der kluge Hans. Fachbuchhandlung für Psychologie, Frankfurt/M.

Rattner, J. (1977): Gruppentherapie. 2. Aufl. Fischer Taschenbuch Verlag, Frankfurt/M.

Slavson, S. R., Schiffer, M. (1976): Gruppenpsychotherapie mit Kindern. Vandenhoeck & Ruprecht (Vlg. f. Med. Psychologie), Göttingen.

Tausch, A.-M., Tausch, R. (1973): Erziehungspsychologie. 7. Aufl. Vlg. f. Psychologie Dr. C. J. Hogrefe, Göttingen.

Verlinden, M. (1986): Gefühle und Beziehungen im Kindergarten. Wehrfritz-Wissenschaftlicher-Dienst (WWD), 34, 9–12.

Voßberg, J. (1978a): Überlegungen zum „hohen Aufforderungscharakter" des Pferdes. Therapeutisches Reiten 1, 13–17.

Voßberg, J. (1978b): Die Bedeutung des heilpädagogischen Reitens für die multidimensionale Behandlung verhaltensgestörter Kinder. Unveröffentlichte Diplomarbeit, Universität Hannover.

Watzlawick, P., Beavin, J. H., Jackson, D. D. (1974): Menschliche Kommunikation 4. Aufl. Verlag Hans Huber, Bern/Stuttgart/Wien.

Wedekind, E. (1988): Beziehungsarbeit. 2. Aufl. Verlag Brandes & Apsel, Frankfurt/M.

Selbsterfahrung durch das Medium Pferd

Von Carl Klüwer

Der Begriff des Selbst

Der Begriff des Selbst ist in letzter Zeit weit über psychologische Erörterungen hinaus in allgemeinen Gebrauch gekommen. Mit dem zunehmenden Bewußtwerden von Entfremdungserlebnissen im sozialen Feld – in der Ausbildung, auf dem Arbeitsmarkt, in der Wirtschaftsentwicklung und in der kleinen wie großen Politik – erleben sich die Subjekte immer weniger selbstgemeint und selbstwirksam, jedoch von dem Einfluß depersonaler Machtapparate immer stärker selbst betroffen. Gefühle des Selbstverlustes bedrohen die Stabilität von Selbstgefühl, Selbstwert und Selbstsicherheit. Arbeitslosigkeit zum Beispiel – und das ist wissenschaftlich seit den Ereignissen der Zwanziger Jahre nachgewiesen (Jahoda 1983) – untergräbt die soziale Selbstachtung und führt zu personalen Selbstzweifeln. Aktiv seine Lebenswelt mitgestalten zu können, gehört zu den Voraussetzungen psychosozialen Wohlbefindens. Sich passiv ausgeliefert zu erleben, ist eine Quelle funktionaler, psychischer und somatischer Störungen und – besonders bei Chronifizierung – von manifesten psychosomatischen Erkrankungen (Bettelheim 1973).

So ist das Versprechen der Selbstverwirklichung zum Verkaufsschlager in der Werbung und auf dem „Psycho-Markt" geworden. Der Begriff des „Selbst" ist dabei inflationiert worden. (Vgl. Jaspers 1946, Thomae 1968, Simon u. Stierlin 1984). Abgesehen von der speziellen Auffassung C. G. Jungs (1946, 1980), dessen „Selbst" die letzte Realisierung aller psychischen Möglichkeiten einer Person umfaßt, läßt sich das allgemeine Verständnis des Selbst-Begriffes auf zwei Aspekte und deren Verschränkung verdichten.

In der Entwicklungspsychologie und in der Psychoanalyse der frühen Persönlichkeitsentwicklung wird der Phase der Entdeckung des Anderen, zum Beispiel der Mutter – und damit zugleich auch des Ichs selbst – als psychischen Objektes (= Repräsentanz) große Bedeutung zuerkannt. Eine mißratende Selbst-/Objekt-Differenzierung legt Keime zu schweren psychischen Entwicklungsstörungen.

In der wissenschaftlichen Begriffsbildung ist aus den Erfahrungen, die durch das Beiwort „selbst" (ich selbst, du selbst etc.) charakterisiert werden, und aus der Anreicherung von weiteren Merkmalen um diese

Erlebniseinheit der Begriff „Selbst" abstrahiert worden. Mit diesem wurde eine Instanz (integrale Repräsentanz) im Psychischen entworfen. Dieses Selbst umfaßt nun einerseits alle Kennmerkmale der Abhebung des Subjektes von den anderen und weist zugleich andererseits auf das innerste Eigene des Subjektes hin, womit dieser Begriff in die Nähe der sozialen und der personalen Identität kommt, die er aber beide in sich integriert.

Die psychische Instanz „Selbst", die also Zentrum wie Umfeld der personalen Existenz betrifft, wird durch Lebensereignisse bereichert oder eingeengt, oder sogar durch das Überwuchern einer der beiden Dimensionen auseinander gesprengt. Damit verlöre die Person das Zentrum einer gesunden, d. h. lebensgünstigen Orientierung. Aus dieser Sicht läßt sich verstehen, daß eine gesunde Persönlichkeitsentwicklung auch von der Linie der Selbstentfaltung her bestimmt und gefördert werden kann. Aus der Selbstpsychologie ergeben sich vielleicht keine neuen Behandlungstechniken, aber wenn es dem Therapeuten oder Pädagogen gelingt, das Selbstverständnis und die Regeln der Selbstregulation seines Klienten zu erfassen und zu akzeptieren, dann wird es ihm leichter fallen, sich im therapeutischen oder pädagogischen Prozeß mit dem zu fördernden Partner über die notwendigen Schritte der Veränderung einig zu werden. Genau das ist meines Erachtens das entscheidende Element in der *partnerschaftlichen Herangehensweise* im Heilpädagogischen Voltigieren und Reiten. Diese bewußt lehrbar gemacht zu haben und unermüdlich zu vertreten, ist ein Verdienst von Antonius Kröger.

Am Anfang aller psychischen Inhalte steht die Ausarbeitung des Körperschemas über die neuro-, senso-, psychomotorische Integration von fortschreitenden Wahrnehmungs-/Handlungs-Schleifen, die bis zur psychosozialen Reife führen sollten. Dabei ist die Erfahrung „was in der Außenwelt durch motorische Aktivität verändert werden kann, ist real" (Rose 1968) grundlegend für den Ursprung der Realitätsprüfung! „Das Kopfschlagen und Sich-Selbst-Beißen autistischer Kinder kann pathologische Versuche darstellen, die Wahrnehmung des Körper-Selbst zu schärfen und die Besetzung der Grenzen zu verstärken." (Rose 1968). Bei zahlreichen psychischen Störungen wie Hypochondrie, Fetischismus, psychosomatischen Krankheiten sind bis zum Erwachsenenalter Grenzen der psychischen Körperselbst-Repräsentanzen nicht ausreichend klar geworden. Im Umgang mit der Realität ist das Körper-Ich das erste Instrument; durch seine Beteiligung an der schöpferischen Imagination trägt es weiterhin zu der unendlichen Aufgabe der Realitätskonstruktion bei. Vom Körperselbst her ist man in diesem Prozeß um so sicherer, je besser „man weiß, was man hat und wie man damit umgeht" (Rose 1968).

211

Kleinkind und Selbstwahrnehmung

Vor 35 Jahren hat die Psychoanalytikerin Judith Kestenberg, deren Longitudinalstudien der Bewegungsentwicklung Berühmtheit erlangten, begonnen, ein Bewegungsentwicklungsprofil zu entwerfen, das gut zu dem von Anna Freud (1963) vorgestellten psychoanalytischen Entwicklungsprofil in Beziehung gesetzt werden kann. Zusammen mit Arnhild Buelte hat sie eine „well-baby-clinic" aufgebaut, wo Mütter im Umgang mit ihren Babies beobachtet und beraten werden.

Sie beschreibt, daß die Rhythmen dieser Spannungen und Formveränderungen beim Säugling anfangs unregelmäßig sind. Sie werden „dadurch stabilisiert, daß die Mutter den Säugling hält und mit ihm atmet, während sie ihn stillt.(...) Reift der Säugling heran, so entwickelt er neue Bewegungsmuster, die es ihm gestatten, Spannungs- und Formfluß auch in den Dienst der Triebabfuhr, der Affektkontrolle und seiner Beziehungen zur Außenwelt zu stellen. (...)
Ein sechs Wochen alter Säugling schaut z. B. starren Blicks in den Raum. Er operiert mit einem gleichbleibenden Spannungsniveau und bereitet so die Entwicklung eines direkten Antriebs vor, der der direkten Aufmerksamkeit im Raum dient; das wiederum ist eine Vorbedingung für das Greifen. Wenn der Säugling sich dreht oder seine Blickrichtung wechselt, pendelt er sein Spannungsniveau neu ein. Seine indirekte Aufmerksamkeit hilft ihm, Objekte zu verfolgen, die sich bewegen. Starken Antrieben liegt eine hohe Spannungsintensität zugrunde. Sie dienen dem Ausdruck starker Intentionen. Umgekehrt ist eine geringe Spannungsintensität die Voraussetzung zur Ausbildung des Feingefühls für geringe Gewichte. Das Kind lernt so zu unterscheiden, was schwer und federleicht ist. Hat das Kind die Aufmerksamkeit erlernt, so beginnt es, auch das Gewicht des eigenen Körpers zu spüren. Das ist wichtig in der Phase, in der es aufrecht zu stehen beginnt. Im dritten Lebensjahr hat es das Kind vor allem mit plötzlichen oder allmählichen Spannungswechseln zu tun; daraus gewinnt es den Anstoß, durch Beschleunigung und Verlangsamung mit der Zeit umzugehen. (...) Die Aufmerksamkeit aufrecht zu erhalten ist eine Vorbedingung dafür, sich selbst aufrecht zu erhalten. Beweglichkeit und Initiative können sich erst entfalten, wenn zuvor Stabilität erreicht wurde. (...)
Die Angst vor Verwirrung, davor, daß die Welt auf dem Kopf steht, oder aber deren Gegenteil: die Angst vor der Leere (die dem Gefühl des Nicht-Seins verwandt ist) sind Begleiterscheinungen von Aufmerksamkeitsstörungen. Die Angst, zu fallen und in Stücke zu zerschellen, und die gegenteilige Angst, ins All zu fliegen, sind Begleiterscheinungen von Störungen der Intentionalität [der Fähigkeit, sich zu etwas hinzuwenden; C. K.]. Die Angst, (wie) in einem dahinrasenden Fahrzeug ins Weite geschleudert zu werden, und ihr Gegenteil – die Angst, bis zur Unbeweglichkeit verlangsamt zu werden – fallen mit der Unfähigkeit zusammen, Entscheidungen zum richtigen Zeitpunkt zu treffen. Bekommen solche Ängste das Übergewicht, so gewinnen der Abwehr dienende Vorläufer von Antrieben die Oberhand. Abwehrmechanismen wie Isolierung und Vermeidung entwickeln sich dann auf Kosten von Aufmerksamkeit. An die Stelle von Intentionalität und Autonomie treten dann rigides Festhalten-Wollen oder aber eine Sanftheit, die den Wunsch, gierig festzuhalten überkompensiert. An die Stelle von echter Initiative tritt dann das kontraphobische Sich-in-Gefahr-Stürzen oder aber das zögernde Aufschieben fälliger Entscheidungen. (...)

Der Kernpunkt des Selbst liegt in unserer Körpergestalt. Die Beziehungen zu unserer Umwelt beginnen mit dem Einatmen von Luft und der Zuwendung von Reizen. Dann ändert sich die Körperform, indem der Körper breiter oder schmaler wird, sich verlängert oder verkürzt, sich hervorwölbt oder sich zusammenzieht. Diese Änderungen in den Körperdimensionen werden nach außen in die Raumrichtung projiziert. Die Zuwendung zu Objekten beginnt erst richtig, wenn das Kind sich in den verschiedenen Raumrichtungen orientieren und bewegen kann. Indem wir uns zur Seite, nach unten oder oben, nach hinten oder vorwärts bewegen, können wir Objekte im Raum finden. Die Linien, die wir auf diese Weise im Raum ziehen, werden auch für die Abwehr von Objekten genutzt." (Kestenberg 1981)

Alle diese Bewegungserfahrungen sind bei der Frühförderung kleinerer Kinder im Umgang mit dem Pferd zu beobachten und zu vermitteln. Dabei ist die intensive emotionale Beteiligtheit der Kinder bemerkenswert, die ja erst die volle Selbsterfahrung ausmacht. Als Ausrüstung für das Pferd bevorzugen wir bei den zwei- bis dreijährigen eine Satteldecke mit aufgestepptem langhaarigem „Flokati" zum Einkrallen und keinen Voltigiergurt mit Griffen. Damit bieten wir dem Kind eine Einladung zum Klammerreflex, der ja angeboren ist, aber beim Menschen verkümmert. Überhaupt hat das ganze Übungsangebot den Charakter von Einladungen (vgl. Glasow 1988). Das Pferd trägt Ausbinder und wird am geteilten Zügel zwischen dem Übungsleiter und dem Assistenten geführt (Abb. 124). Diese Anordnung ist wohl zuerst von Spink (1987) unter der Bezeichnung „New Harmony Triangle" veröffentlicht worden. Sie bietet eine beiderseitige Sicherung für den „Ernstfall", wodurch die Freiheit des Kindes zum selbständigen Ausprobieren kaum jemals Einschränkung braucht. Wenn es das Gleichgewicht verliert und beim Abrutschen nicht rechtzeitig seine Balance zurückgewinnt, so kann die seitenentsprechende Hilfestellung den „Sturz" zu einem sanften Landen dosieren, ohne daß die sensomotorische Erfahrung der Grenzsituation genommen wird.

Wir legen Wert darauf, daß die Assistenz durch den Betreuer des Kindes – Vater oder Mutter – geleistet wird, nicht nur, weil das Aufgeben des vertrauten Armes zugleich die Eroberung des faszinierenden Pferdes ist, sondern auch weil dabei eine enorme Chance für die Betreuer besteht, ihr Kind zu begleiten und zu beobachten, wenn es sich in seinen Möglichkeiten und Grenzen entdeckt. Zugleich lernen sie verstehen, wie sie es dabei unterstützen können, ohne ihm eine Erfahrung abzunehmen oder zu früh zu fordern, denn auch bei Anregungen behält das Kind die Initiative! (Abb. 125) Da Eltern unbewußt in der Regel ihr Kind so halten, „wie sie selbst als Babies gehalten wurden" (Kestenberg 1981), kostet es sie zuerst Überwindung, das Kind nicht ins Gleichgewicht zurückzuschieben, wenn sie glauben, daß es ins Rutschen kommen könnte; vielmehr sollten sie beim Zugreifen für die Hilfestellung eher die Wirkung der Schwerkraft unterstützen, um die sensomotorische Reaktion des Kindes verstärkt auszulösen. So helfen wir ihnen, die Entdeckerfreude ihres Kindes einzufühlen und mitzuerleben. Auf diese Weise werden alle Phasen der sensomotorischen Integration (Ayres 1984) im Sinne der Motopädagogik (Kiphard 1986) durch die Schrittbewegung und den Rhythmus des passenden (!) Pferdes verstärkt und von den Eltern bewußt miterlebt.

Schon um das zweite Lebensjahr lernen gesunde Kinder mit ausreichender Haltungsstabilität, „Maa(r)sch" und „Haa(l)t" zu kommandieren, um das Spiel mit der positiven und negativen Beschleunigung des antretenden oder haltenden Pferdes zu genießen. Ältere kommandieren etwa „Rechts" oder „Links", um zum Beispiel den Spiegel anzusteuern und zu sehen, wie sie auf dem haltenden Pferd stehen (Abb. 126). Das Lernen von rechts/links wird außerordentlich erleichtert, wenn der seitenentsprechende Zügelführer das Pferd nach der angesagten Seite lenkt, das Kommandowort wiederholt und das Kind wirklich mit vielen Sinnen zugleich die Seitenbewegung erlebt!

„Sehr viel komplizierter sind die mehrdimensionalen Bewegungsformen. Die Verständigung zwischen Mutter und Kind beginnt in der horizontalen Ebene. In dieser Tisch- und Eß-Ebene wird das Kind aufmerksam und entdeckt Objekte. In der vertikalen Ebene zeigt das Kind, was es will und was es hat. Auf Grund der vertikalen Bewegungsformen bilden sich die Selbst- und Objektvorstellungen aus, zu denen es nur kommt, wenn das Kind den Erwachsenen Auge in Auge konfrontiert ist, ihnen gehorsam ist, oder sich gegen sie sträubt. Bewegungen in der sagittalen Ebene – der Annäherungsebene des Menschen – ermöglichen es dem Kinde, vorauszusagen, was folgt, und dementsprechend Entschlüsse zu fassen" (Kestenberg 1981).

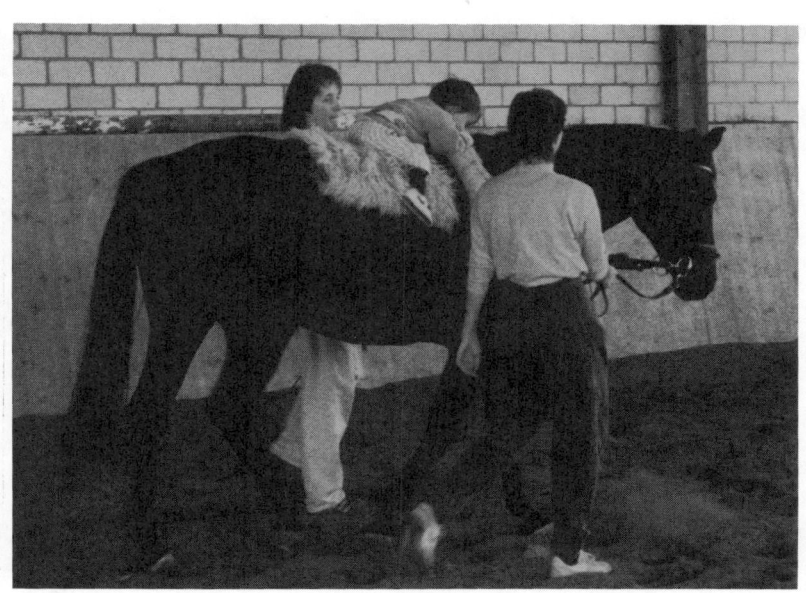

125 ▲
126 ▼

Diese Beobachtungen erkennen wir beispielhaft wieder, wenn wir nur die Wünsche des Kindes nehmen: Das Weg/Da zum Betreuer, das Rauf/Runter zum Pferd und das Marsch/Halt und Rechts/Links im Raum. Im Kindergartenalter und Grundschulalter bleiben die Grundprinzipien der frühen Kinderzeit für die Selbsterfahrung durch das Pferd erhalten. Sie werden aber zunehmend mit dem Alter zu einer spielerischen Abwandlung des Vorgehens, das wir auch bei Adoleszenten und Erwachsenen praktizieren. Deshalb soll unsere Arbeit mit Erwachsenen ausführlicher dargestellt werden, woraus sich der Leser die Besonderheiten für die kindlichen Vorstufen ohne weiteres selber vorstellen wird.

Übungen zur Selbsterfahrung

Während das Kleinkind die fließende Gestaltveränderung des unter ihm Schritt gehenden Pferdes spontan beantwortet, das Kindergartenkind gelegentlich staunend beobachtet, was das Pferd alles mit ihm macht, wenn es geht oder steht, schnaubt und atmet, den Kopf hebt oder senkt, haben viele Adoleszenten und Erwachsene Schwierigkeiten, den Bewegungsfluß des Pferdes passiv wahrzunehmen und zugleich aktiv in der Eigenbewegung mitzugehen. Der Verstand kann die mehrdimensionalen Schwingungen zunächst gar nicht ordnen. Öfter kommen überraschte Ausrufe wie: „Das bewegt sich ja nach allen Richtungen!" oder gar: „... nach allen Richtungen gleichzeitig!" Deshalb hat es sich bewährt, die Erfahrungen in mehrere Schritte zu gliedern:

- Das Finden der passiven Losgelassenheit im Liegen
- Die Entdeckung des in der Bewegung des Pferdes mitschwingenden Beckens im Sitz
- Das Finden der ausbalancierten Aufrichtung im Sitz

Der Aufgang ist beliebig. Während das Kleinkind auf das Pferd gehoben wird, sollte schon ab Schulalter beim Aufsitzen die Eigenaktivität herausgelockt werden. Das Pferd ist jetzt mit einem flach anliegenden Voltigiergurt und Ausbindern ausgerüstet und wird entweder geführt oder longiert.

Die wirksamste Übung, vollkommene Losgelassenheit zu gewinnen, ist das Rückwärtsliegen, das allerdings nicht selten durch Vorwärtsliegen (Abb. 127) mit Umhalsen des Pferdes und andere geeignete Übungen vorbereitet werden muß. Die Rückenlage (Abb. 128) wird am besten eingenommen, indem der Reiter (so werden im weiteren Text alle männlichen und weiblichen Übenden bezeichnet) die Hände unmittelbar hinter seinem Sitz aufstützt und sich dann über die Ellbogen hinlegt. Zur Sicherung kann der Übungsleiter den Oberschenkel des Reiters auf

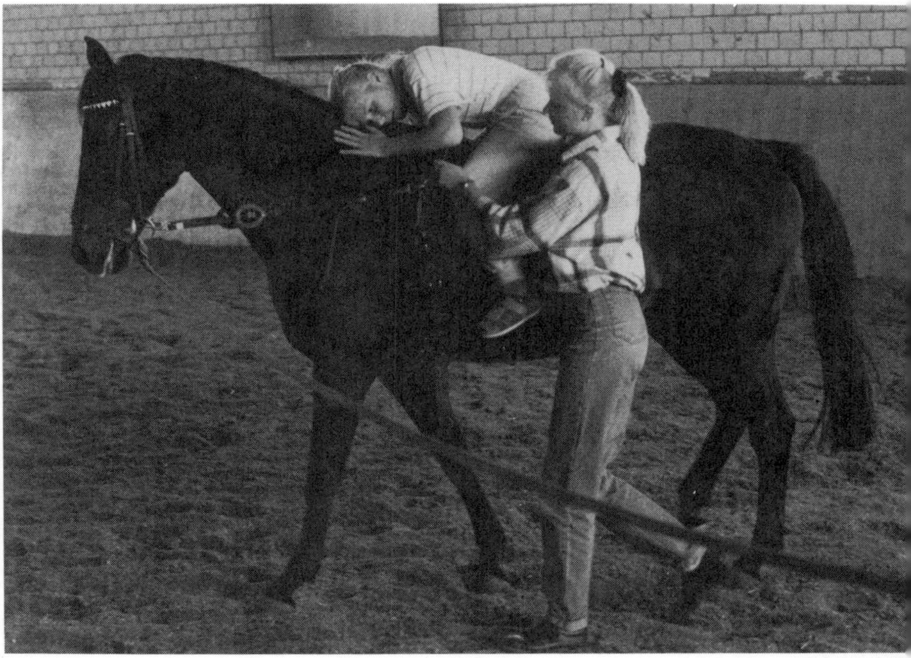

127 ▲

128 ▼

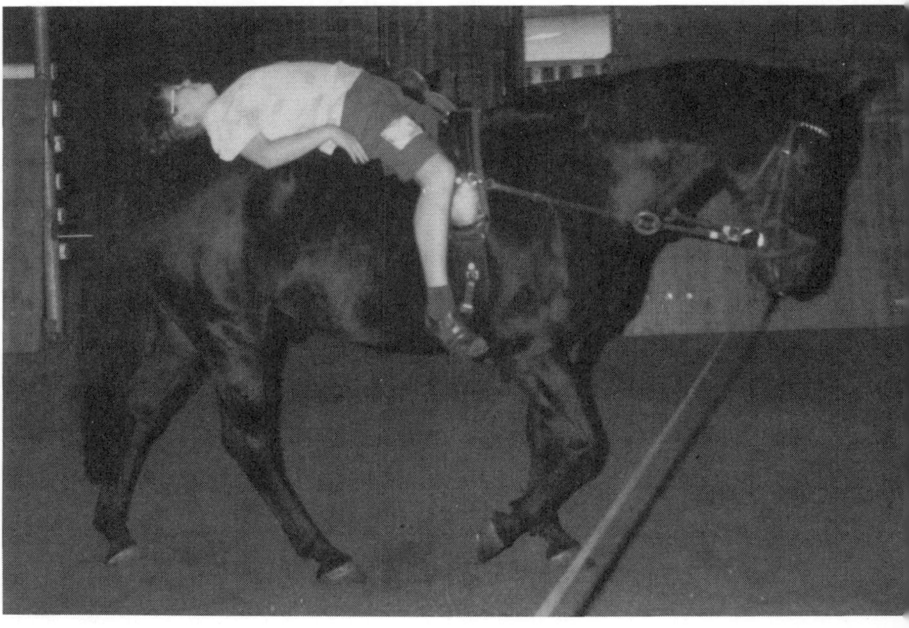

seiner Seite durch seinen Unterarm fixieren, indem er mit der Hand den Handgriff des Voltigiergurtes im Kammgriff faßt. Dann geht es darum, daß der Reiter baldmöglichst alle Muskelanspannung loslößt. Dazu hilft ihm die Vorstellung, sein ganzes Gewicht vom Pferd tragen zu lassen und zu spüren, daß das (ganz gemäßigt) schreitende Pferd ihn in allen Gelenken bewegt. Wir lenken nun die innere Aufmerksamkeit des Reiters, beginnend mit dem Knie, auf die Wahrnehmung des Bewegtwerdens, indem wir sprachlich und durch die Berührung mit der Fingerspitze die Gelenkspalte markieren. Dann gehen wir zum Hüftgelenk: „Lassen Sie die ganzen Beine schwer hängen. Spüren Sie, wie sie durch die Schrittbewegung des Pferdes baumeln!" Und dabei markieren wir den Trochanter (Oberschenkelknorren), hinter dem das Hüftgelenk liegt. (Den Gelenkspalt hierbei zu touchieren, wird meist zu unangenehm empfunden. Das bewirkt dann eine Abwehrreaktion, das Gegenteil entspannten Loslassens.) Über das Weichlassen der Bauchdecke gehen wir weiter zur Wirbelsäule: „Übergeben Sie das ganze Gewicht von Bauch und Beinen über das Kreuzbein dem Pferd!" Dann weiter: „Legen Sie bei jedem Schritt des Pferdes einen (oder zwei) Wirbel mehr auf dem Pferderücken ab, wie wenn eine Kette Glied für Glied abgelegt wird, so daß dann jedes Kettenglied unabhängig von den anderen aufliegt." Auch wenn wir wissen, daß die Wölbungen von Reiter- und Pferderücken ein volles Aufliegen unmöglich machen, so ist doch die Vermittlung dieser Vorstellung hilfreich, zumal wir mit ihr den Vorgang des Loslassens auch zwischen den Schulterblättern hindurch weiter sprachlich begleiten können. Und gerade zwischen den Schulterblättern bestehen offenbar bei vielen „Periatlantikern" starke Kontrakturen. Ob die Anregung vom Reiter aufgenommen werden konnte, sieht man daran, daß die Schultern nachgeben und mit dem Pferdeschritt eine Bewegungswelle von den Knien über die Hüften und die Länge des Rumpfes bis zum Halse des Reiters läuft. Dem fällt es dann nicht mehr schwer, auch Nacken und Kopf loszulassen.

Als letztes kann man das Fallenlassen der Schultern sprachlich und durch Anrührung des Schlüsselbein-Schultergelenkes mit der Fingerspitze fördern. Dabei läßt der Anfänger in der Regel die Arme fallen. Wir halten es aber für wichtig, daß er die Hände irgendwo hinter seinen Oberschenkeln flach am Pferdekörper hält. Wir vertiefen ja jetzt seine Entspannung dadurch, daß wir ihm die Anregung geben, mit dem inneren Spürsinn von den Schultern über Nacken – Wirbel für Wirbel – Hüfte – Knie – Füße zurückzuwandern und immer weiter so langsam auf- und abwärts. Dabei tritt leicht ein vollständiges Abschlaffen mit Verlust der Lagekontrolle ein. Das aber würde die volle bewußte Losgelassenheit unterschreiten und die Kontrolle der Hände beugt dem vor. In der losgelassenen Wachheit wird der Reiter seiner selbst auf eine enorm wohltuende Weise in der tiefensensorisch gespürten Bewegtheit bewußt. Von Jugendlichen, denen diese Übung im Vergleich zu ihren Cowboy-träumen zunächst etwas lächerlich vorkam, hörte ich dann häufig begeisterte Bemerkungen wie: „Das ist ja doll, hier geh ich überhaupt nicht mehr runter!" Gelegentlich trifft man aber auch auf Schwierigkeiten durch das Pferd oder beim Reiter. Ein erfahrenes Therapiepferd findet bald das Schritt-Tempo, das für den liegenden Reiter zu seinem biokinetischen Rhythmus paßt. Sportpferde, die mir anderen Orts für die Demonstration der Übung zur Verfügung gestellt wurden, haben von Temperament und Ausbildung her fast immer einen zu starken und zu raumgreifenden Schritt. Selbst wenn man sie zum verkürzten Schritt zügelt, was sie sonst nur vom Sattel aus kennen, finden sie noch nicht den Einklang mit der Eigenschwingung des liegenden Reiters. Zu große und zu kleine Pferde im Verhältnis zum Reiter sind für die Übung ungeeignet, weil ihnen zum einen der „verkürzte Trottelschritt" zu schwer fällt und zum anderen der Rücken nicht gut fürs Liegen geeignet ist.

Von seiten des Reiters ergeben sich Schwierigkeiten, wenn bei stärkerem Hohlkreuz das Becken im Hüftgelenk mit der Lendenwirbelsäule fixiert ist und eine Kontraktur der Muskulatur zwischen Lendenwirbeln, Kreuzbein und Oberschenkeln besteht. Beim Versuch, Hüftgelenk und Wirbelsäule loszulassen, treten dann in der Regel Schmerzen auf. Diese verschwinden normalerweise, wenn die Muskulatur im Gangrhythmus des Pferdes durch das Eigengewicht der Beine gedehnt wird und die krampfartige Spannung zwischen den Wirbeln sich löst. Das kann durch Elemente der funktionellen Entspannung sehr unterstützt werden. (Fuchs 1949, 1974) Wir regen an, beim Aufwärts- und Abwärtswandern mit dem inneren Spürsinn an der schmerzenden Stelle einen Moment zu verweilen und mit einem summenden Ausatmen „die Spannung von dort abfließen" zu lassen. Führt das nicht zur Erleichterung, so ist die Übung abzubrechen und an eine orthopädische Überprüfung zu denken. Daß sich eine Nackenverspannung mit Hinterhauptskopfschmerz nicht löst, haben wir nur ganz selten erfahren.

Für manche ist es eine überraschende Erfahrung bei dieser Übung, wie groß die Neigung ist, sich immer wieder irgendwo im Körper zu verspannen. Wandert man mit dem inneren Spürsinn abwärts, so trifft man meist die Hüften wieder gespannt an – und kaum hat man diese losgelassen und kommt aufwärts mit der Wahrnehmung bei den Schultern an, so sind diese wieder etwas hochgezogen. Uns allen fällt es eben zunächst schwer, uns ganz dem Partner Pferd hinzugeben, und so versuchen wir, uns an uns selber festzuhalten. Erst wenn auch das Gewicht der Schultern auf dem Pferd abgelegt ist, geht es uns auf, daß die minimalen Lagekorrekturen bald „Es-haft" ganz von selbst erfolgen. Es braucht eine gewisse Zeit, bis der ganze Körper zugleich und bleibend in allen Gelenken losgelassen ist und die Bewegungswelle von Fuß bis Kopf durch den Körper laufen kann.

Das dabei empfundene Wohlgefühl hat ganz frühe lebensgeschichtliche Züge aus propriozeptiven, tastempfindlichen, coenästhetischen, kinästhetischen, rhythmischen und posturalen Elementen, aus denen archaische Vorformen des Selbstbildes integriert wurden, in denen noch keine szenischen Vorstellungen zu Raumbildern geführt haben. (Anzieu 1987) Diese Erfahrung ist für manche Erwachsene verwunderlich.

Sobald das in der Tagesform mögliche Maß optimaler Losgelassenheit gewonnen wurde, ist es gut für den Übenden, sich über Ellbogen und Hände wieder in den Reitsitz aufzurichten. Dann sollte – noch aus dem Gefühl der losgelassenen Beweglichkeit in allen gelenkigen Verbindungen des Körpers heraus – die losgelassene Aufrichtung des Balancesitzes gefunden werden. Dazu muß zuerst die Wahrnehmung des senkrecht aufgerichteten, aber über den Sitzbeinkufen beweglich schwingenden Beckens gefunden werden, mit welchem erst der Rhythmus des gehenden Pferdes ausgesessen, d. h. mitgeschwungen werden kann. Damit wird die „Mittelpositur des Reiters" zu der elastischen Basis, auf welcher der „Baustein-Turm" aus den Wirbeln aufzubauen ist.

An dieser Stelle muß etwas über die Hilfestellungen bei dieser und den weiteren Übungen gesagt werden. Wo immer eine Berührung am Körper gespürt wird, dahin richtet der Berührte seine innere Aufmerksamkeit. Wir möchten diese Wachheit auf die Presso- und Tensorezeptoren bei den Gelenken richten. Dort ist die bewegliche Entspanntheit positiv und besser wahrzunehmen, als bei den Muskeln, wo sie nur negativ – als nicht mehr gespannt – zu merken ist. Aus diesem Grunde berühren wir den Körper des Übenden bevorzugt da, wo keine Muskeln sind. Das ist hauptsächlich bei den Gelenken! Zudem können wir dort die Gliedmaßen, wenn nötig, zur Sicherung umfassen, während wir über den Muskeln keinen sicheren Griff finden können. Auch wenn wir Haltungshinweise geben wollen, so gelingt das am klarsten über nichtbemuskelte Körperstellen, zum Beispiel die Hüftbeinkante und deren vorderes Ende, oder das Kreuzbein und die Dornfortsätze der Wirbel. Wenden wir dort einen stärkeren Druck mit der Fingerspitze an, so setzen wir damit einen Periost-(Knochenhaut-)Reiz (Vojta 1981), der eine reflektorische Haltungsänderung bewirkt.

Damit kommen wir zum losgelassen-aufgerichteten Balancesitz auf dem Pferd zurück. Findet der Reiter nicht von selber die senkrechte Beckenhaltung, so können wir ihm dazu helfen, indem wir das Becken (Abb. 129) zwischen dem Knochen an der vorderen Beckenkante und dem Ileosakral-Gelenk, (das heißt dem oberen Ende des Kreuzbeins) ins Lot richten, wobei wir mit der Stärke des Fingerdrucks das automatische

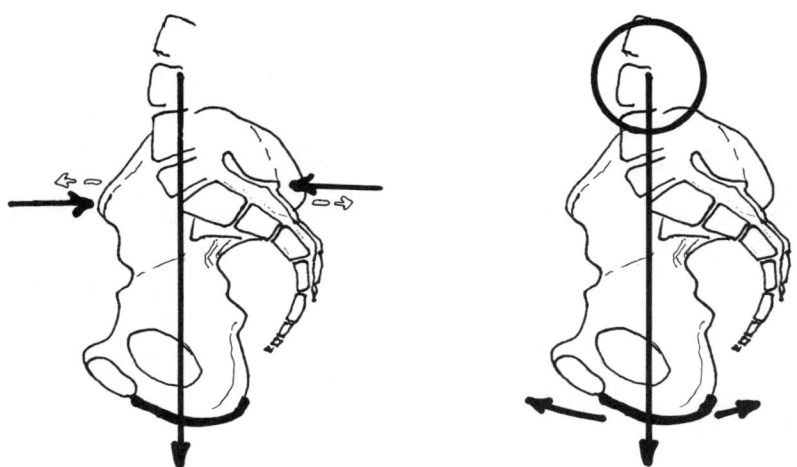

129 *Aufrichten und Mitschwingen des Beckens*

Ausweichen dosieren und für die Haltungsänderung nutzen. Ist das erfolgt, so kann der Reiter sich vorstellen, daß er auf der Mitte der Sitzbeinkufe ruht und bei der Beschleunigung des Vortritts das Becken wie in einem Schaukelstuhl nach hinten schaukeln und bei der relativen Verzögerung des Pferdes beim Beinwechsel wieder nach vorne schwingen kann, ohne die ausbalancierte Position des Oberkörpers verändern zu müssen. Der „Drehpunkt" liegt in der elastischen Lendenwirbelsäule, die durch die senkrechte Grundstellung des Beckens nach vorne wie nach hinten genug Bewegungsspiel hat (Abb. 130).

Nun wird der Reiter angeregt, mit jedem Schritt des Pferdes einen Wirbel nach dem anderen von unten nach oben senkrecht übereinander zu bringen. Wir können mit der Hand die Wirbelsäule entlangfahren und merken dabei, ob in der Wölbung der Brustwirbelsäule „herausstehende" Dornfortsätze eine zu starke Kyphose anzeigen (Abb. 131). Wir vermitteln dann die Vorstellung, daß einzelne „Bauklötze herausstehen", die wir zur Stabilisierung des Turmes wieder richtig über die unteren Bauklötze schieben wollen. Dabei verstärken wir den Druck der Fingerspitze auf den gemeinten Dornfortsatz so, daß dieser Wirbel reflektorisch in die richtige Lage gebracht wird. Wir erklären dem Reiter, daß er sich diese „Markierung" merken müsse, weil von da aufwärts die Aufrichtung seine gewohnte (Fehl-)Haltung korrigieren müsse, wenn er „im Ganzen ins Lot kommen wolle" (Fuchs 1949).

Ist die Aufrichtung auch zwischen den Schulterblättern gelungen, so fallen die Schultern und Arme durch ihr Gewicht von selbst in die richtige Lage zurück. Und ist die Aufrichtung erst durch die Halswirbelsäule bis

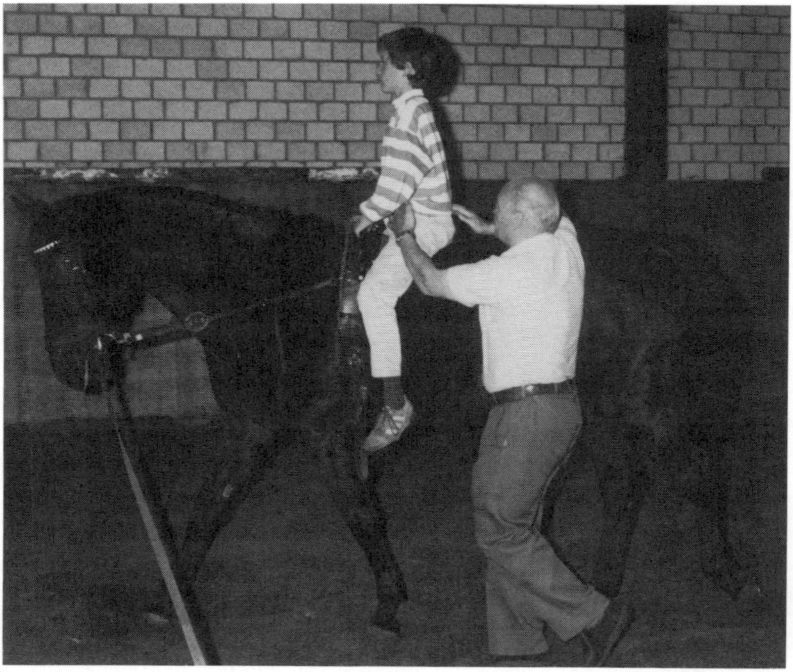

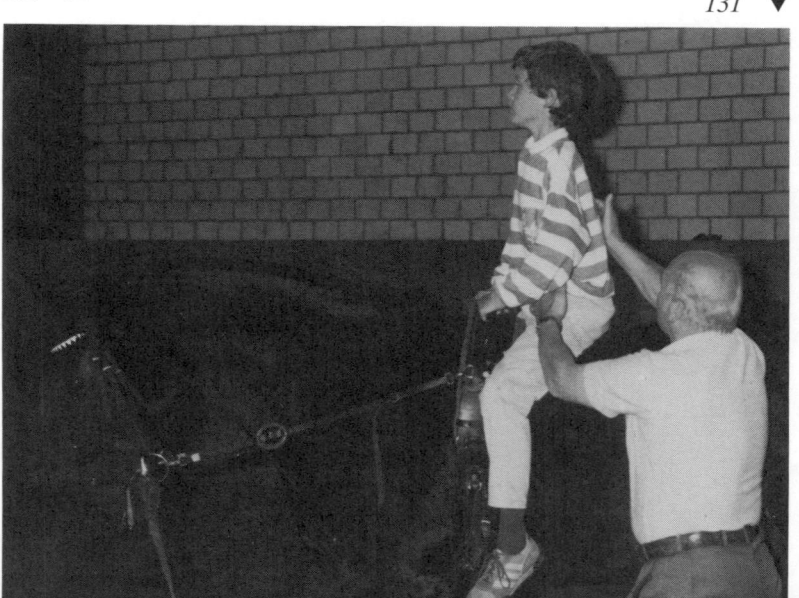

130 ▲

131 ▼

zum Scheitel als höchstem Punkt weitergeführt worden, so wird „der Kopf leicht und frei", weil er weder nach vorne noch nach hinten an Bändern und Muskeln der Wirbelsäule hängt. Dadurch bekommt auch das Kinn von selbst seine korrekte Position.

Mit dem so aufgerichteten losgelassenen Balancesitz findet der Reiter etwas von dem Wohlgefühl und der Leichtigkeit wieder, die er zuvor im losgelassenen Liegen entdeckt hatte. Indem er wieder mit dem inneren Spürsinn im Körper entlang der Gelenke auf und ab wandernd seine Losgelassenheit aufrecht erhält – eventuell wieder von einem Ausatmen unterstützt – genießt er die Sicherheit, Beweglichkeit und Leichtigkeit dieses losgelassenen, in allen Gelenken minimal mitschwingenden aufrechten Balancesitzes. Dem Außenbeobachter bleibt es überlassen, in dieser ideal korrekten Sitzpositur den „Stolz des Reiters" zu erkennen. Für den Reiter selber hat die Sache nichts mit triumphierendem Stolz zu tun. Die Haltung wurde ja nicht durch muskuläre Beherrschung, sondern durch empfindungsoffene Hingabe gefunden. Es wurde, so könnten wir sagen, *„Kraft in Gefühl eingetauscht"*! Die üblichen Korrekturen in einer weniger anspruchsvollen Reitschule wenden sich dagegen in der Regel an den willkürlichen Einsatz von Muskelkraft: „Knie tief"; „Rücken strecken"; „Brust raus"; „Schultern und Ellbogen zurück"; „Kopf hoch"; „Kinn zurück" kommen aus dem Fehlergucken des Lehrers. Die Reiter übernehmen die Kommandos als Vorschrift und beantworten sie, in dem sie sich mit Muskelanstrengung korrigieren. Wir haben aber als Menschen Bewegungsmuskeln und keine Dauer-Haltemuskeln, weshalb wir in einer angespannten Haltung bald ermüden. Nur mit innerer Überwindung und ständig erneuerten Eigenkommandos in der Identifikation mit dem Lehrer können wir den immer wieder „erschlaffenden inneren Schweinehund" besiegen und auf die Anerkennung des Lehrers hoffen. Dann trifft es zu, daß wir Stolz an dem „Sieg über uns selbst" verspüren. Dieser sekundärnarzißtische Triumph ist aber nicht zu vergleichen mit dem primären Wohlbefinden, das wir in uns selbst erfahren, wenn wir – wie die Sprache sagt – „mit uns im Lot sind"! Diese Selbsterfahrung aber ist es, die wir mit der Hilfe des Pferdes vermitteln können. Dessen lebendiger, ständig minimal, aber unberechenbar veränderter Bewegungsfluß im taktmäßigen Rhythmus ist durch nichts zu ersetzen.

Es ist an dieser Stelle nicht nötig, die spielerischen Abwandlungen zu beschreiben, die notwendig werden, wenn wir in der Arbeit mit jüngeren Menschen diese Selbsterfahrung durch das Medium Pferd vermitteln wollen. Der Leser kann aus anderen Arbeiten dieses Buches reiche Anregungen erhalten (Baum, Gäng, Kröger, Voßberg, Ringbeck) und selber ermessen, welcher Spielraum für den Einfallsreichtum der Übungsleiter und der Kinder hier besteht.

Auch bei den Erwachsenen können wir im Anschluß an die Grunderfahrungen des Balancesitzes alle Übungen des Voltigierens in modifizier-
ter Form verwenden, um die individuelle Förderung zu intensivieren.
Dabei werden in verschiedensten Positionen die Möglichkeiten der
Reflexhemmung (Bobath 1975) genutzt, wie z. B. beim Liegen, beim
Grundsitz, beim Vierfüßlerstand. Die Reiter werden entdecken, daß
jede Aktion das Gleichgewicht stört, daß aber der Balancesitz jederzeit
ganz schnell wieder zurückgefunden werden kann (Abb. 132, 133). Auch
wenn der Reiter daran interessiert ist, seine Grenzen auszutesten, so
kann er über Schneidersitz, Knien und Stehen den Anspruch an seine
Balancierfähigkeit erhöhen, wobei die Prinzipien der losgelassenen Aufrichtung in der Balance immer gleich bleiben.

Die langjährige Erfahrung mit Jugendlichen zeigt, daß in den meisten
Fällen wenige Hinweise genügen, diese Grunderfahrungen durch das
Medium Pferd auch auf andere psychische und soziale Erfahrungszusam-
menhänge anzuwenden und in den Alltag zu übertragen, wie z. B. beim
Umgang mit der Angst oder beim Mut zu etwas Neuem. Es bleibt wohl
keine Frage, daß Varianten dieser Selbsterfahrungstechnik auch im
allgemeinen Reitunterricht, aber auch in der heilpädagogischen Arbeit
mit Verhaltensauffälligen von bedeutendem Wert sein können. In den
letzten Jahren ist eine entsprechende Arbeit mit dem Pferd im Sinne der
Körperarbeit auch in der Psychotherapie vermehrt zur Anwendung
gekommen (Herzig 1988, Kästner 1988, Lansalot 1988, Lubersac 1988).

Die reiterlichen Erfahrungen haben in der Geschichte des Abendlan-
des einmal eine große Kulturepoche mitgeprägt: Das Zeitalter der
Ritter, Chevaliers, Knights, Caballeros. Damals gehörte die Erfahrung
des Reitens zu den persönlichkeitsbildenden Künsten für die Heran-
wachsenden. Sie waren Teil der Schule ritterlicher Tugenden für die
Damen und Herren jener Zeit. Wenn wir auch heute ein anderes
Menschenbild haben mögen, so bekommt uns doch die Selbsterfahrung
durch das Medium Pferd noch ebenso gut, wie den Menschen der
damaligen Zeit.

Literatur

Anzieu, D. (1987): Les signifiants formels et le moi-peau. (Die formalen Signifi-
kanten und das Haut-Ich). Vortrag, Köln.
Ayres, J. (1984): Bausteine der kindlichen Entwicklung. – Die Bedeutung der
Sinne für die Entwicklung des Kindes. Springer, Berlin, Heidelberg, New
York, Tokio.
Bettelheim, B. (1973): So können sie nicht leben. – Die Rehabilitation emotional
gestörter Kinder. Klett, Stuttgart.

132 ▲

133 ▼

Bobath, K. u. B. (1975): Motor Development in the Different Types of Cerebral Palsy. William Heinemann Medical Books, London.

Freud, A. (1963): Die Beurteilung von Entwicklungsstörungen im Kindesalter; The Psychoanalytic Study of the Child, Bd. XVIII. International Universities Press, New York.

Fuchs, M. (1949): Über Atemtherapie und entspannte Körperarbeit als Unterstützung der Behandlung vegetativer Störungen. Psyche, III/7, 538–548.

Fuchs, M. (1974): Funktionelle Entspannung – Theorie und Praxis einer organismischen Entspannung über den rhythmisierten Atem. Hippokrates, Stuttgart.

Glasow, B. (1988): An Invitational Treatment Approach Utilizing Horses. 6. Internationaler Kongreß für Therapeutisches Reiten, Toronto.

Herzig, L. (1988): L'équitation psychothérapique. 6. Internationaler Kongreß für Therapeutisches Reiten, Toronto.

Jahoda, M. (1983): Wieviel Arbeit braucht der Mensch? Arbeit und Arbeitslosigkeit im 20. Jahrhundert. Beltz, Weinheim/Basel.

Jaspers, K. (1946): Allgemeine Psychopathologie. Springer, Berlin.

Jung, C. G. (1946): Die Psychologie der Übertragung. Rascher Verlag, Zürich.

Jung, C. G. u. a. (1980): Der Mensch und seine Symbole. Walter, Olten/Freiburg. (Darin: M. L. von Franz: „Der Individuationsprozeß").

Kästner, J. (1988): Anwendung des Therapeutischen Voltigierens in der Kinder- und Jugendpsychiatrie, Klinik Rheinhöhe, Eltville, BRD. 6. Internationaler Kongreß für Therapeutisches Reiten, Toronto.

Kestenberg, J. S. (1981): Neurosenprophylaxe und Therapie. Psyche XXXV/9, 826–839.

Kiphard, E. (1986): Psychomotorische Entwicklungsförderung – Mototherapie. Verlag modernes lernen, Dortmund.

Kröger, A. (1977): Voltigieren als Erziehungshilfe an Schulen für verhaltensauffällige Kinder. In: W. Heipertz, Therapeutisches Reiten in Medizin-Pädagogik-Sport. Franckh, Stuttgart.

Lansalot, G. (1988): Persönliche Mitteilung.

Lubersac, R. de (1988): Dix ans de recherches et pratique spécifique de la Therapie avec le cheval et avec les enfants d'un hôpital de jour (9 à 10 ans). 6. Internationaler Kongreß für Therapeutisches Reiten, Toronto.

Rose, G. J. (1968): Körper-Ich und Realität. Psyche XXII/7, 503–517.

Simon, F., Stierlin, H. (1984): Die Sprache der Familientherapie. Klett-Cotta, Stuttgart.

Spink, J. (1988): A Four Phase Construct for Therapeutic Riding: A model for physicians, therapists, educators und instructors. 6. Internationaler Kongreß für Therapeutisches Reiten, Toronto.

Thomae, H. (1968): Das Individuum und seine Welt. Verlag für Psychologie, Göttingen.

Voijta, V. (1981): Die cerebralen Bewegungsstörungen im Säuglingsalter – Frühdiagnose und Frühtherapie. 3. Auflage, Verlag Enke, Stuttgart.

Psychisch kranke Menschen auf dem Pferd

Von Dirk Baum

Ausgangspunkt

Seit sieben Jahren führe ich heilpädagogisches Reiten/Voltigieren mit psychisch kranken Menschen im Rahmen begleitender Angebote der Werkstatt für Behinderte in den von Bodelschwinghschen Anstalten in Bielefeld/Bethel durch. In dieser Zeit sind ca. 80 psychisch behinderte Menschen zur Arbeit mit dem Pferd gekommen. Die Kontakte zwischen diesen Menschen, dem Pferd und mir als Reitpädagogen, führten zu einer Methodik, die ich im folgenden beschreiben will.

Es geht hierbei nicht um eine wissenschaftliche Arbeit im engeren Sinn, sondern um eine „vorwissenschaftliche" Beschreibung der Methodik des Heilpädagogischen Reitens/Voltigierens mit Langzeitpatienten aus der Psychiatrie. Ich habe darauf verzichtet, eine genaue Beschreibung der Krankheitsbilder der Teilnehmer zu geben, und habe mich darauf beschränkt, meine Haltung zur psychischen Krankheit deutlich zu machen, weil diese Haltung Grundlage meines Handelns ist. Das Handeln wird natürlich auch durch die Lebenssituation in den Anstalten eingeschränkt – es ist wichtig, sich diese Situation bewußt zu machen. Die nachfolgenden Beschreibungen sollten nicht mißverstanden werden als ein fertiges Konzept, das im Sinne eines „Kochrezeptes" genutzt werden kann. Es soll vielmehr zum Ausprobieren und zum Diskutieren anregen, um dieses Konzept weiterzuentwickeln.

Wer ist hier eigentlich „verrückt"?

Je länger ich mit psychisch kranken Menschen arbeite, desto mehr verschwimmen die Grenzen zwischen diesen Menschen und mir. Reaktionsweisen, die ich von mir kenne, finde ich bei diesen Menschen wieder. Es scheint so, daß diese Menschen eher bereit sind, gegen Ungerechtigkeiten, Kränkungen und Unwirtlichkeiten in unserer Welt zu rebellieren. Die Welt, genau betrachtet, ist in ihrer Unwirtlichkeit und Zerstörtheit nicht zu ertragen. Wieso wehren sich eigentlich nicht mehr Menschen gegen Ungerechtigkeit und Umweltzerstörung? Ist es nicht krankhaft, dem kollektiven Selbstmord mit Atomwaffen, verseuchten Flüssen usw. tatenlos zuzusehen?

Als professioneller Helfer komme ich an diesem Punkt in einen Konflikt: Soll der „kranke Mensch" sich der Umwelt anpassen oder umgekehrt? Ist die Hoffnung nach dem Paradies nicht so wirklichkeitsfremd, daß sie dem „kranken" Menschen schadet? Wir müssen uns als professionelle Helfer auf den Weg machen, diese Fragen zu beantworten und uns selber mit dem Konflikt zwischen Wirklichkeit und Wunsch auseinander setzen, zwischen dem, wie wir die Welt gerne hätten und wie sie ist. Es scheint mir ein Grundproblem des Menschseins zu sein und damit Grundlage ausgeglichenen pädagogischen Handelns.

Krankheit und Symptom
Ich gehe davon aus, daß das gezeigte Verhalten (z. B. depressives Verhalten) nicht die Krankheit an sich ist, sondern ein Symptom eines Ganzen. Das Symptom signalisiert, daß ein Mensch als Seelenwesen krank ist, das bedeutet, aus dem Gleichgewicht der innerseelischen Kräfte geraten ist. Das Symptom informiert darüber, daß diesem Menschen seelisch etwas fehlt, es kann Anstoß für eine Gesundung werden.

Für unsere Aufgabe in helfenden Berufen ist die Krankheit also der Code, mit dem Menschen über sein Ganzes zu sprechen. So gesehen ist Krankheit ein „gesundes Verhalten" (Reaktion eines kranken Ganzen). Das kranke Ganze bezieht sich nicht nur auf die Person allein, sondern auch auf sein Umfeld.

Krankheit und Gesundheit
Im psychiatrischen Bereich läßt sich manchmal schwer unterscheiden, welche Verhaltensweisen, welche Äußerungen als gesund zu bezeichnen sind und welche als krank. In der Geschichte hat sich gezeigt, daß die Unterscheidung in gesund oder krank immer abhängig ist von gesellschaftlichen Normen.

Die Bewertung als „gesund" oder „krank" ist in unserer heutigen Welt oft mit der Wertung „gut" oder „schlecht" verbunden. Krankheit ist dann etwas Schlechtes, was abgeschafft werden muß. Gesundheit ist etwas Erstrebenswertes, dem jeder Mensch versucht nachzukommen. Die Beurteilung von Kranksein und Gesundheit hat zufolge, daß die, die krank sind, aus unserer Gesellschaft ausgegliedert werden. Deswegen erscheint es mir notwendig, diese Wertung als „gut" oder „schlecht" aufzuheben, Krankheit genauso wie den Tod in unser alltägliches Leben zu integrieren und als einen Bestandteil des Menschseins zu verstehen.

Das bedeutet, Krankheit und Gesundheit nicht als gegensätzliches Begriffspaar zu verstehen, sondern als ein ineinandergreifendes System. Unser Blick muß sich vom einseitigen Denken (Krankheit oder Gesundheit) zu einer umfassenden Sicht verändern.

Krankheit und Hilflosigkeit

Jemand der krank ist, z. B. bettlägerig ist oder psychisch verwirrt, bedarf der Hilfe. Hilfe führt an manchen Punkten zu Entmündigung, wodurch die Hilflosigkeit überhaupt erst zum Schicksal wird. Dem Helfer fällt es manchmal schwer, wirklich nur das zu tun, worum er gebeten wird. Häufig findet eine Überstülpung eigener Vorstellung statt, wodurch der „Kranke" um seine Möglichkeit gebracht wird, selbst zu entscheiden. Es scheint mir notwendig, klar zu unterscheiden, wann ich etwas anstelle des Menschen tue und wann ich ihm behilflich bei seiner Aktivität bin. Ich gehe davon aus, daß ein Großteil der Klienten ihre Heilung selber vorantreiben muß. Ich als Helfer kann ihn bei seinen Aktivitäten nur unterstützen. Dazu ist notwendig, daß der Helfer Demut entwickelt und den Anspruch aufgibt, er wüßte, was für den anderen gut ist.

Krankheit und Diagnose

Nach den oben beschriebenen Gedanken zum Begriff „Krankheit" stellt sich die Frage, welcher Sinn in diesem Zusammenhang der Diagnose zukommt. Häufig erkennt man, daß Diagnosen dazu dienen, sich von den Kranken zu distanzieren. Es ist leichter, von den „Depressiven" oder den „Psychotikern" zu sprechen, weil die Ähnlichkeit zu mir dann nicht so deutlich wird. Wenn ich meinen Gegenüber mit einem Raster in eine gewisse Ordnung drücke, wähne ich, mir den Kontakt mit ihm zu vereinfachen.

Ich brauche mich nicht mit den Ängsten, mit den Wahrnehmungen und den Gefühlen dieses Menschen auseinanderzusetzen, sondern grenze mich über die Diagnose ab. Mit diesen Bemerkungen soll nicht gesagt werden, daß Diagnosen völlig überflüssig und sinnlos seien; doch sie beinhalten nur Richtungsweisungen auf ein mögliches Verständnis. Im direkten Kontakt mit den Menschen ist die Diagnose völlig überflüssig und manchmal störend.

Krankheit und Leiden

Wenn uns die herkömmlichen Begriffe von „Krankheit" und „Gesundheit" nicht weiterhelfen, brauchen wir eine andere Kategorie, an der wir unsere Arbeit ausrichten. Diese Kategorie muß uns eine ethische Erlaubnis zum Helfen geben. Dies kann nur von subjektiven Leiden des Einzelnen ausgehen. Dieses Leiden ist nicht von außen zu beurteilen, sondern nur vom Leidenden selbst, von innen heraus zu empfinden und zu beschreiben. Weiter ist zu unterscheiden, ob es sich um ein unabänderliches Leiden handelt oder nicht. Unabänderliches Leid, wie z. B. der frühe Tod der Mutter oder Verlassenheit in der frühen Kindheit, können später nicht mehr korrigiert werden. Die Aufgabe des Pädagogen kann hier nur sein, im Leiden unterstützend zu wirken, um mit diesem Leid leben zu lernen. Dieses Leid wird uns wahrscheinlich das ganze Leben lang begleiten und wir können nur lernen, damit zu leben. Wir begeben uns auf den Weg „mitzuleiden", ohne uns von dem Leid des anderen einfangen zu lassen oder uns von seinem Leiden bestimmen zu lassen. Festzuhalten ist, daß nicht jede Krankheit ein Leiden beinhaltet. Leiden kann auch subjektiv erlebt werden, ohne Krankheit. Für die pädagogische Arbeit gilt es jetzt herauszufinden, welches subjektive Leid es gibt und welche Zielsetzung es für diesen Menschen geben sollte.

Krankheit und Stärke

Es läßt sich bei genauer Betrachtung von psychischen Krankheiten herausfinden, daß in jeder Krankheit eine Stärke liegt. Zum Beispiel sind psychotische Menschen oft Menschen, die eine ausgeprägte Phantasie und eine hohe Sensibilität haben. So kann man auch sagen, bei jedem psychisch behinderten Menschen lassen sich besondere Fähigkeiten herausfinden. Diese Fähigkeiten sollten Richtschnur pädagogischen Handelns werden.

Weiterhin sollte uns Krankheit aufmerksam machen, auf uns selber zu achten. Die Frage, warum werde ich jetzt in diesem Zusammenhang krank, kann uns in unserem persönlichen Wachstum eine Chance bieten. Krankheit sollte uns zum Lernen auffordern.

Lehren statt behandeln

Aus dem oben Gesagten ergibt sich ein anderes Verhältnis zu dem Klienten. Die Klienten werden von mir nicht als unmündige Menschen, die einer Behandlung bedürfen, verstanden, sondern als Schüler in dem Sinne, daß sie in den Stunden, in denen sie mit mir arbeiten, das Leben wieder lernen wollen. Das bedeutet, daß der Schüler sich seinen Lehrer auch selbst aussuchen kann. In diesem Sinne sind alle Angebote, die über das Heilpädagogische Reiten/Voltigieren gemacht werden, Lernangebote für den Schüler und keine Pflicht. Für den Lehrer bedeutet das, auf den Schüler einzugehen, mit ihm gemeinsam zu einem Wachstum zu gelangen, ohne den Weg vorher zu bestimmen, sondern mit dem Vertrauen, daß der Schüler weiß, was für ihn gut ist.

Lebenslänglich:
Chronisch psychisch behinderte Menschen in der Anstalt

Wahrscheinlich kann man sich als „normaler" Mensch nicht vorstellen, was es bedeutet, als „Langzeitpatient" zu leben. Da gibt es Erzieher, Krankenpfleger, Ärzte usw., die im Zweifelsfalle entscheiden, die festlegen, in welchem Haus man wohnt, wo man arbeitet, mit wem man zusammen frühstücken muß.

Gleichzeitig ist man nicht daran beteiligt, was es zu essen gibt, wie der Tisch gedeckt wird, mit welchen Möbeln das Zimmer eingerichtet ist.

Viele dieser Menschen, die in Anstalten leben, entwickeln aufgrund der oben beschriebenen Situation eine zusätzliche Krankheit, die Anstaltsneurose oder Hospitalismus. Sie haben wenig eigenes Interesse, kümmern sich nur um die primären Bedürfnisse und sind in der Regel dem Anstaltspersonal gegenüber unterwürfig oder subtil aggressiv. Die Grundproblematik, weswegen sie eigentlich in die Klinik gekommen sind, ist kaum noch wahrnehmbar. Sie zeigen immer deutlicher die gleichen Verhaltensweisen.

Zu diesen Verhaltensweisen zählen:

- Krisen werden zum Lebensinhalt und kommen ohne verstehbaren äußeren Anlaß;
- Krankheit wird das Hauptkriterium eigener Identität;
- Unfähigkeit, gleichberechtigte Beziehungen einzugehen;
- übermäßiges Bedürfnis, gemocht zu werden, was sich in einem anbiedernden Verhalten gerade gegenüber dem Betreuungspersonal äußert;
- Verwahrlosung, besonders in der Kleidung und Körperpflege;
- Nicht-spüren-Können des eigenen Körpers; gestörtes Körperschema;
- Nicht in der Lage, seine eigenen Entscheidungen zu treffen;
- Entwicklung individueller Ticks oder Fähigkeiten (so sind viele gute Maler, Musiker, Gedichteschreiber oder ähnliches, andere tragen nur einen bestimmten Hut oder mindestens drei Krawatten). Dieses ist übrigens auch eine der schönen Seiten der Anstalt; hier kann man sich dies erlauben.

Goffman (1977, 17) hat in mehreren soziologischen Untersuchungen nachgewiesen, daß sich totale Institutionen, wozu auch psychiatrische Langzeitkrankenhäuser, aber auch Gefängnisse gehören können, sich immer ähnlich auswirken. Als Kriterium, welche Einrichtung als totale Institution zu bezeichnen ist, hat er vier Punkte beschrieben:

„1. Alle Angelegenheiten des Lebens finden an ein und derselben Stelle, unter ein und derselben Autorität statt.
2. Die Mitglieder der Institution führen alle Phasen ihrer täglichen Arbeit in unmittelbarer Gesellschaft einer großen Gruppe von Schicksalsgenossen aus, wobei allen die gleiche Behandlung zuteil wird und alle die gleiche Tätigkeit gemeinsam verrichten müssen.
3. Alle Phasen des Arbeitstages sind exakt geplant, eine geht zu einem vorher bestimmten Zeitpunkt in die nächste über, und die ganze

Folge der Tätigkeiten wird von oben durch einen Stab von Funktionären vorgeschrieben.

4. Die verschiedenen erzwungenen Tätigkeiten werden in einem einzigen rationalen Plan vereinigt, der angeblich dazu dient, die offiziellen Ziele der Institution zu erreichen."

Diese Feststellung über Verhaltensweisen von Patienten in totalen Institutionen und über die Sogwirkung solcher Einrichtungen – bist du einmal drinnen, kommst du nicht mehr raus –, führte zu der Forderung nach Auflösung großer und totaler Einrichtungen und zur Schaffung ambulanter Alternativen.

In Italien, Skandinavien oder anderen Ländern hat sich gezeigt, daß ein ambulantes Angebot alleine nicht verhindert, daß Menschen zu Langzeitpatienten werden, sondern daß es weiterhin einen „harten Kern" in den Anstalten gibt, die nicht aus den Anstalten heraus wollen oder können. So hat es sich gezeigt, daß es neben dem weiteren Angebot und Ausbau ambulanter Dienste wichtig wird, sich Gedanken zu machen, wie die Langzeitpsychiatrie in Anstalten humaner gestaltet werden kann. Doch bevor ich an diesem Punkt beschreibe, welche Aufgabe in dieser Frage dem Heilpädagogisches Reiten/Voltigieren zukommen kann, will ich einen kurzen Abstecher machen.

In den ambulanten Diensten wird ein Problem immer deutlicher: Auch hier entstehen Langzeitpatienten, die ein Leben lang behandlungsbedürftig sind und von Therapeut zu Therapeut oder von Beratung zu Beratung wechseln und immer mehr in Abhängigkeit dieser Einrichtungen geraten. Sie zeigen ähnliche Verhaltensweisen wie Langzeitpatienten in Anstalten. G. Wienberg (1988) hat in diesem Zusammenhang einen interessanten Artikel geschrieben, in dem er die These etwas verkürzt vertritt, daß eine vermehrte Differenzierung ambulanter Dienste nicht notwendig ist, sondern daß es in den Gemeinden bürgernahe Beratungszentren geben soll, die alle Formen von Beratung abdecken (Gesundheitsamt, Sozialamt, Eheberatung, Erziehungsberatung usw.). In diesem multiprofessionellen Beratungszentrum sollte es nicht um eine Steigerung der Professionalisierung der Helfer gehen, sondern um eine neue Form der Begegnung. Was unter dem neuen Umgehen mit den ratsuchenden Menschen zu verstehen ist, läßt Wienberg offen.

Wenn es in den Anstalten und in den ambulanten Diensten um eine neue Form der Beziehung zwischen Ratsuchendem und Helfern geht, muß man fragen, ob das Pferd bzw. die Beziehung zum Pferd einen Beitrag zur Lösung leisten kann. Im nachfolgenden werde ich beschreiben, wie wir in Bethel versuchen, unseren Teil für Langzeitpatienten beizutragen. Verzichten muß ich auf die Frage, wie die Arbeit mit dem Pferd im ambulanten Dienst aussehen könnte, z. B. mit einen Reitstall als Begegnungsstätte. Dabei ist mir klar, daß die Arbeit mit dem Pferd kein Wundermittel ist, das allen Menschen hilft. An manchen Stellen wird es so klingen, was an meiner Begeisterung über die Arbeit mit dem Pferd liegt. Messen muß sich die Arbeit in der Psychiatrie an dem gezielten Umgang mit chronisch kranken Menschen, die eben nicht „konzeptgerecht sind, sondern bei ihnen ist es die eigentliche Aufgabe, das Konzept patientengerecht zu gestalten" (Wienberg 1988).

Grundsätzlich gilt für die therapeutische Arbeit:

1. Grundlegendes Angebot ist der Aufbau und das Durchhalten von langfristigen Beziehungen zwischen Helfern und Betreuten.
2. Angebote müssen von den professionellen Helfern dem Bewohner nahegebracht werden, ohne direkte Verpflichtung oder gar Zwang.
3. Die Angebote müssen eine geringe Angstschwelle haben oder einen hohen Aufforderungscharakter.
4. Angebote dürfen nicht mit der Erwartung der Gesundung gekoppelt sein. Jeder muß „krank" bleiben dürfen.
5. Spezialistentum muß einer interdisziplinären Betreuung weichen, die den Menschen bei seinem Wachstum unterstützt.
6. Jede Arbeit mit chronisch kranken Menschen ist auch eine sozialpolitische Aktivität. Sie muß Probleme auch außerhalb der Anstalt deutlich machen.

Wegweiser – Mögliche Zielsetzungen

Wohin soll das Heilpädagogische Reiten/Voltigieren den psychisch behinderten Menschen und seinen Therapeuten führen? Zunächst eine Warnung: Das Festsetzen von Zielen verführt leider dazu, sich nur an den Zielen auszurichten und nicht an dem Weg, wie wir dorthin kommen können. Es besteht die Gefahr, daß man sich ein Bild macht, wie der Schüler sein sollte. Dieses Bild-Ideal ist von dem Schüler häufig nicht zu erreichen, was den Reitpädagogen ungeduldig werden läßt und was zu Vorwürfen gegen den Schüler führen kann. Durch solch ein Geschehen wird der Schüler zum Angeklagten, der nicht lernen will.

In unserer Arbeit legen wir Wert darauf, in dem *Durchführen* der einzelnen Übungen schon ein Ziel zu begreifen. Die Durchführung einer Übung ist uns wichtiger als das, was mit einer Übung als Fernziel erreicht werden kann.

In der Übung ist es wichtiger, was ein Schüler erlebt, als das, was wir uns als Ziel einer Übung ausdenken. Deswegen sollten erst die Aspekte des Heilpädagogischen Reitens/Voltigierens beschrieben werden und dann konkrete Zielsetzungen. Ein zweiter Einwurf erscheint mir wichtig.

Es sollen von mir nicht die allgemeinen Ziele für psychisch behinderte Menschen beschrieben werden, sondern konkrete Grobziele sollten hier nur stichpunktartig beschrieben werden, ohne Anspruch auf Vollständigkeit, nur um eine Richtung deutlich zu machen.

A. Psychisch kranke Menschen sollen den Weg in die Gemeinschaft zurückfinden.

B. Unsere Gesellschaft muß lernen, wieder mit psychisch behinderten Menschen zu leben.

C. Der psychisch kranke Mensch kann lernen, sich selbst anzunehmen, um sich dann zu verändern.

Doch zurück zu den Zielsetzungen auf dem Pferd und zu den verschiedenen Aspekten des heilpädagogischen Reitens/Voltigierens. Hierbei richten wir uns nach dem Konzept der Bewegungserziehung von Petzold (1987). Petzold unterscheidet den reparativen, den konservierenden und den evolutorischen Aspekt.

Reparativer Aspekt

Der reparative Aspekt der Arbeit mit psychisch Kranken auf dem Pferd richtet sich in seiner Zielsetzung auf die Behebung und Minderung von Defiziten oder Störungen.

Beispiel für die Behebung/Minderung von Defiziten:
Ein 26jähriger depressiver junger Mann kommt seit einem Jahr zum Reiten. In der Reitsituation ist schnell deutlich geworden, daß er in seiner Kindheit wenig Zeit hatte, zu spielen und sich mit bestimmten Vorbildern zu identifizieren. Beim Reiten imitiert er häufig Westernhelden und Zirkusakteure. Dieses Verhalten kann sich der junge Mann in keinen anderen Zusammenhängen als beim Reiten erlauben. Während des Reitens holt er Defizite nach.

Beispiel für die Behebung/Minderung von chronifizierten Störungen:
Seit 1½ Jahren nimmt eine 35jährige Frau am Heilpädagogischen Reiten teil. Diese Frau reagiert auf Streßsituationen immer wieder gleichbleibend mit Vorwürfen gegen sich selber, sie wäre von Gott verdammt. Ohne hier näher auf ihre Krankheitsgeschichte einzugehen, soll nur gesagt werden, daß sie auf Situationen stereotyp reagiert. Ihre Reaktionen laufen immer im gleichen Verhaltensmuster ab, ohne daß sie unterscheiden kann, ob sie angemessen sind oder nicht.

Während des Reitens kann sie dieses bemerken und feststellen, daß man im Umgang mit dem Pferd nicht stereotyp reagieren kann. Das

Pferd braucht eine, immer der Situation angemessene Reaktion. Durch das Pferd lernte diese Frau, einen Teil ihres stereotypen Verhaltens zu sehen und bemühte sich, es zu verändern.

Beispiel für die Behebung / Minderung von akuten Störungen:
In einer ihrer letzten Stunden kam eine 25jährige depressive Frau sehr aufgeregt in die Reitstunde. In der Nacht vorher hatte sie eine heftige Auseinandersetzung mit ihrem Freund. Dieser hat ihr angedroht, sich von ihr zu trennen.

Ohne konkreter auf die Hintergründe dieses Konfliktes einzugehen, will ich kurz beschreiben, wie die Arbeit am Pferd in diesem Falle ausgesehen hat. Um die Klientin aus der aktuellen Krise von sich ein wenig abzulenken, wurde sie erst einmal mit Aufgaben, z. B. das Pferd zu putzen, beauftragt. Durch diese Aktivität wurde sie zunehmend ruhiger. Das Anfassen des Pferdes und auch die Vertrautheit im Umgang mit dem Pferd brauchte sie, um „auf andere Gedanken zu kommen". Erst als sie an der Longe auf dem Pferd sitzt, spreche ich sie auf die Situation an. Ich fordere sie auf, sich eine Übung auszusuchen, die ihrer jetzigen Stimmung entspricht. Sie möchte galoppieren. Nach dem Galopp äußert sie, daß durch den Galopp, durch die Bewegung und die Geschwindigkeit sich ihr Gefühl ein wenig verändert hat. Sie hat gemerkt, daß sie gar nicht so sehr auf sich selbst wütend ist, sondern auf ihren Freund. In früheren Situationen war sie nur in der Lage, die Aggression in Form einer Depression gegen sich selbst zu richten.

Konservierender Aspekt

Die meisten Teilnehmer am Heilpädagogischen Voltigieren sind sich ihrer Möglichkeiten und Fähigkeiten nicht bewußt. Diese Tatsache erschwert es, von einem konservierenden Aspekt unserer Arbeit zu sprechen. Wir wissen in vielen Fällen nicht genau, was der Einzelne kann oder was er sich nicht zutraut. Um unsere Arbeit verständlicher zu machen, gehe ich im weiteren davon aus, daß, wenn sich jemand seiner Möglichkeiten nicht bewußt ist, er sie nicht nutzbar machen kann, was im Grunde bedeutet, daß er bestimmte Sachen nicht machen kann.

Beispiel:
Seit ca. einem Jahr kommt ein 45jähriger Mann in eine der Reitgruppen. Dieser Mann hat in seinem Leben viele Schicksalsschläge hinnehmen müssen und zieht sich in den letzten Jahren immer mehr in sich zurück. Dieses In-sich-Zurückziehen ist allein an seiner körperlichen Haltung schon zu sehen. Er wirkt steif und ungelenk, kann z. B. seinen Kopf nicht

nach rechts und links drehen, so daß er, wenn er sich umsehen will, sich mit dem ganzen Körper umdrehen muß. An der Wirbelsäule ist durch den Orthopäden kein Grund für solch eine Bewegungseinschränkung festgestellt worden, so daß nun psychosomatische Problematik vermutet werden muß.

In unserer Arbeit auf dem Pferd hat sich bei ihm in seiner Körperhaltung so gut wie nichts verändert. Im letzten Teamgespräch konnten wir festhalten, daß das letzte Jahr für ihn zum erstenmal keine Verschlechterung seiner persönlichen Situation gebracht hatte, was für ihn bedeutet, daß sein Rückzug gestoppt war und seine Beweglichkeit so erhalten blieb.

Evolutorischer Aspekt

Der evolutorische Aspekt hat die Weiterentwicklung der Möglichkeiten und Fähigkeiten des Einzelnen im Auge. Dabei kann man noch einmal unterscheiden die Entwicklung spezifischer Potentiale und die Entwicklung der Gesamtpersönlichkeit.

Beispiel:
Seit zwei Jahren kommt ein junger Mann zum Reiten, der unter stark verspannten Schultern leidet. Die Verspannungen seiner Schultern verhindern eine gute Handhabung der Arme. Durch Lockerungsübungen auf dem Pferd kam er erst zu einem lockeren Sitz und dann auch zu lockeren Schultern. Dies ermöglichte ihm, seine Arme vielfältiger zu benutzen.

Bei diesen jungen Mann veränderte sich auf Dauer auch seine gesamte Persönlichkeit. Früher war er ein Mensch, der in sich zurückgezogen und verkrampft war. Er traute sich zu dieser Zeit wenig oder nichts zu. Im Laufe des Reitens hat er Stück für Stück gelernt, sich etwas zuzutrauen und hat gelernt, offener auf andere Menschen zuzugehen.

Auch ohne diesen Prozeß näher zu beschreiben, wird deutlich, daß die Entwicklung der Gesamtpersönlichkeit des einzelnen das Resultat aus allen drei Aspekten sein muß.

Spezielle Zielsetzungen

Nach den Aspekten der Arbeit auf und mit dem Pferd einige konkrete Zielsetzungen, denen in der Arbeit mit psychisch behinderten Menschen besondere Bedeutung zukommen. Dabei verzichte ich auf die Beschreibung schon bekannter Zielsetzungen, die in diesem Buch ausführlich behandelt wurden, wie z. B. Förderung des Körperschemas und der Körperkoordination, Abbau von Angst usw. Als spezielle Zielsetzungen sehe ich für meine Arbeit an:

Lebensfreude

Das Reiten ist für die Schüler eine Tätigkeit, die Spaß macht. Spaß haben bedeutet für die meisten psychisch kranken Menschen ein neues Erlebnis.

Ich gehe in meiner Arbeit davon aus, daß Freude zu erleben ein Ziel jeglichen menschlichen Handelns ist. Im Laufe des Reitens lernen die Teilnehmer, ihr allgemeines Bedürfnis nach Freude zu differenzieren, und auch an Kleinigkeiten wie z. B. an einem Fohlen, das über die Weide läuft, Freude zu empfinden.

Spaß haben an sich ist eine Zielsetzung. Bei dieser Zielsetzung habe ich nicht die Hintergedanken, daß Spaßmachen zur Gesundung führt, sondern daß Spaßhaben allein einen Wert hat.

Vertraut werden mit dem Leben

Bei dieser Überschrift habe ich länger mit den Worten herumgespielt und habe verschiedene Variationen, wie z. B. Vertrauen ins Leben, vertraut mit dem Leben, sich im Leben trauen, ausprobiert. Ich habe mich entschlossen, den Ausdruck „Vertraut werden mit dem Leben" zu wählen, weil er nach meiner Meinung die anderen Begriffe mit beinhaltet.

Fast alle Menschen – psychisch krank oder nicht – sind nicht mit dem Leben vertraut. Das heißt, sie blenden zumeist negative Teile aus ihrem Bewußtsein aus. Sie versuchen, sich krampfhaft nur an den für sie positiven Aspekten des Lebens auszurichten. Sie versuchen, alle Gewalttätigkeiten oder Schrecklichkeiten um sie herum nicht wahrzunehmen, um in ihrem Wohlsein nicht beeinträchtigt zu werden.

Andererseits erleben sie, daß in ihnen selbst Anteile des „Bösen" (Dunkeln, Gefährlichen) existieren. Bekämpfe ich diese dunklen und von mir nicht gewünschten Anteile, so bekämpfe ich mich praktisch selbst. Erst wenn ich lerne, beide Seiten, die positiven und die negativen Seiten in mir selbst und in meinem Leben anzunehmen, komme ich zu einem erfüllten Leben.

Beim Reiten bin ich sehr konkret immer wieder mit beiden Anteilen von mir konfrontiert; mit dem Guten, das, was ich an mir schön finde, das was ich kann und mit dem Schlechten, das, was ich nicht kann, und das, was ich bei mir eigentlich nicht will (z. B. Aggressionen gegen das Pferd).

In den Reitstunden kann man aber auch lernen, daß beides nebeneinander zu meiner Existenz gehört und daß ich damit umgehen kann.

Für die eigene Sicherheit sorgen

Man könnte diesen Punkt auch „Förderung der Selbstsicherheit" nennen. Dies erscheint mir aber eine Vereinfachung des Problems zu sein. Mit der Überschrift „Für die Sicherheit sorgen", will ich deutlich machen, daß Selbstsicherheit nicht ein ominöses Konstrukt ist, was man hat oder nicht hat, sondern daß man für seine eigene Sicherheit selbst sorgen kann. Bei den psychisch kranken Menschen wird dieses Problem und die Notwendigkeit, für die eigene Sicherheit zu sorgen, besonders deutlich. Immer wieder passiert es, daß Übungen angefangen werden, ohne vorher zu überlegen: Wie kann ich mich absichern, was kann ich, und wo kann die Übung hingehen?

Auf dem Pferd lernt man, darauf zu achten, daß jedes Handeln vorbereitet werden kann: Wie kann ich mich festhalten, wie kann ich mich sichern, was kann ich mir zutrauen? Wieviel Hilfe und wieviel Zeit brauche ich? Alle diese Faktoren zusammengezählt ergeben ein Sorgen um die eigene Sicherheit. Der Schüler lernt auf dem Pferd zu begreifen, daß er für die eigene Sicherheit selbst verantwortlich ist.

Andererseits lernen die Schüler auch, daß Sicherheit die Grundlage ist, etwas zu riskieren, etwas Gewagtes zu unternehmen.

Für Sicherheit sorgen heißt nicht, an Sicherheit zu ersticken. Dieser immer fortwährende Prozeß, für sich selbst zu sorgen, ist schwierig zu begreifen.

Zur Ruhe kommen

Zur Ruhe kommen bedeutet, Situationen besser einschätzen zu können. Der Punkt „Zur Ruhe kommen" ist mit dem Punkt „Für die eigene Sicherheit sorgen" eng verbunden. Wenn ich zur Ruhe komme, kann ich besser unterscheiden, was ich im nächsten Schritt tun möchte. Hierbei ist nicht nur gemeint, in den äußeren Bewegungen zur Ruhe zu kommen, sondern auch innerlich zur Ruhe kommen. Das ist von Bedeutung, weil man einigen Menschen die innere Unruhe nicht ansehen kann. Es wühlt und kämpft in ihnen, ohne daß die äußere Fassade dadurch beeinträchtigt ist. Zur Ruhe kommen heißt wach und flexibel zu sein, ohne den Kontakt zu sich selbst zu verlieren.

Selbst entscheiden

„Ich habe das Gefühl, ich werde gelebt." Diese Aussage einer 35jährigen psychisch kranken Frau zu Anfang einer Reitstunde macht in aller Kraßheit deutlich, wie stark viele Menschen darunter leiden, nicht selbst Entscheidungen zu treffen, sondern das Gefühl zu haben, immer von anderen bestimmt zu werden. Die anderen, das müssen nicht unbedingt Personen sein, sondern können auch Phantasiemenschen oder auch Götter sein. Dabei ist es häufig so, daß diese Menschen gelernt haben, daß sie allen Ansprüchen gerecht werden müssen. Häufig ist es so, daß ihr Gedanke, welche Ansprüche an sie gestellt werden, sich verselbständigt. So erfüllen sie Ansprüche, die von dem Gegenüber gar nicht unbedingt gefordert worden sind.

Für den Einzelnen ist es grundlegend wichtig zu lernen, für sich selbst Verantwortung zu übernehmen und Entscheidungen selbst zu treffen. Zu diesem Zweck brauchen diese Menschen häufig eigene Kriterien, anhand derer sie entscheiden können, was gut für sie ist und was nicht. Auf die Frage, was sie brauchen oder was sie sich wünschen, können sie häufig keine Antwort geben. Im Reiten versuchen wir, solche Kriterien zu erarbeiten. Sich entscheiden zu lernen ist in diesem Zusammenhang als ein Suchen nach Kriterien für eine Entscheidung zu verstehen. Ein Kriterium in diesem Zusammenhang wäre z. B.: „Was schmerzt mich, und was schmerzt mich nicht?"

Zum Einklang mit der Natur kommen
Es gibt mittlerweile reihenweise Untersuchungen über die Unwirtlichkeit unseres Lebens in den Städten. Es ist auffällig, daß gerade psychisch kranke Menschen unter Bedingungen wie Hektik und Anonymität besonders leiden. Wir müssen wieder stärker mit natürlichen Gegebenheiten in Kontakt kommen.

In Einklang mit der Natur zu kommen, bedeutet, auch in Einklang mit unserer eigenen Geschichte zu kommen, bedeutet darüberhinaus, selbst wieder aktiv zu werden und uns als einen Teil in der Natur zu verstehen. (vgl. Perls 1989, S. 289).

Den einfachen Weg finden
In unserer Gesellschaft werden nur Dinge positiv bewertet, für die man sich anstrengen muß. Sachen oder Tätigkeiten, die einem leichtfallen, haben keinen Wert. Dies hat zur Folge, daß wir auch unseren Körper nicht versuchen, möglichst leicht zu bewegen, sondern daß wir dazu neigen, mit möglichst viel Kraftanstrengung Bewegungen durchzuführen. Jede Bewegung oder jede Tätigkeit kann unter einem ökonomischen Gesichtspunkt betrachtet werden. Es kann immer gefragt werden, wie läßt sich die Tätigkeit oder die Bewegung durch weniger Energieaufwand erleichtern? Beim Reiten ist die Frage, wie es durch einfache Bewegungen erleichtert werden kann. Gerade beim Reiten wird der Unterschied zwischen dem angestrengten Reiter, der versucht, das Pferd durch seine Kraft zu unterdrücken, und dem Reiter, der scheinbar auf dem Pferd nichts tut, deutlich. Erst der Reiter, der es schafft, sich in einer spielerischen Leichtigkeit mit dem Pferd in eine harmonische Bewegung zu begeben, gibt auch dem Zuschauer das Gefühl, ein schönes und angenehmes Bild zu sehen.

Diese von mir beschriebenen Zielsetzungen sind als Wegweiser zu verstehen, sie müssen nicht übernommen werden und wollen niemanden einschränken. Der Reitpädagoge ist aufgefordert, immer wieder nach neuen Wegen zu suchen.

Der Sitz auf dem Pferd unter biodynamischen Gesichtspunkten

In meiner Arbeit gehe ich davon aus, daß die Seele und der Körper zwei unterschiedliche Aspekte des lebendigen Menschen sind. Wirke ich auf einen Bereich, z. B. auf die körperliche Ebene ein, so hat es Auswirkungen auf die seelische Ebene. Bei jeder Körperkorrektur, bei jeder Form der Körperarbeit muß ich also beide Gesichtspunkte im Auge behalten. Weiterhin müssen wir auch immer daran denken, daß nicht nur im Seelischen eine Beziehung zum Gedächtnis besteht, sondern daß auch körperliche Haltungen Erinnerung an Vergangenes ausdrücken können. Lösen wir diese Haltungen, kann es sein, daß die Erlebnisse von früher in uns erwachen. Als Beispiel seien hier nur bestimmte Haltungen genannt, die wir als Kinder im Spielen eingenommen haben, die uns später wieder einfallen, wenn wir mit unseren Kindern spielen.

In Bezug auf das Reiten stellt sich die Frage nach dem guten oder richtigen Sitz auf dem Pferd. Wie sitzt man optimal auf dem Pferd?

Die Vision vom richtigen Sitz

Als ich selber das Reiten lernte, war eins der ersten Dinge, die ich hörte, daß man gerade auf dem Pferd sitzen muß und daß die Fersen, der Rücken und der Hinterkopf eine gerade Linie bilden soll. Ich bemühte mich nach Kräften diesem Sitz nachzukommen, doch mußte ich feststellen, daß ich dazu überhaupt nicht in der Lage war, oder diesen Sitz nur für kurze Zeit einhalten konnte. Dieser Sitz war anstrengend und unbequem.

Mein Reitlehrer kommentierte nur, daß Schmerzen noch niemand geschadet hätten. Ich war in der ersten Zeit meines Reitens so damit beschäftigt, den Sitz einzuhalten, so daß ich überhaupt nicht in der Lage war, mich auf das Pferd einzustellen, geschweige denn auf das Pferd einzuwirken. Erst später lernte ich, daß ich dem Pferd weich entgegenkommen mußte, um in eine Harmonie mit ihm zu treten. Auch beobachtete ich immer mehr, daß es Reiter gab, die mit ihren Pferden hervorragend zurecht kamen, die aber „unmöglich" auf dem Pferd saßen.

Ein weiteres Phänomen beschäftigte mich: die meisten Reitschüler saßen mit einem unbewegten Gesicht auf dem Pferd und drückten Angst gegenüber dem Reitlehrer aus. Auch während der Stunden überhaupt kein Widerspruch, Fragen oder Kommunikation zwischen Lehrenden und Lernenden zu beobachten. Es schien so, daß das Lernen des Dressurreitens eines Pferdes dazu führte, daß die Menschen auf dem Pferd dressiert wurden. Den Reiter in eine vorgeschriebene Haltung zu zwängen, ihn unter militärischen Ausdrücken (Abteilung marsch) zu unterrichten, schien nur den Zweck zu haben, den Reiter an die Gegebenheiten eines Reitstalles anzupassen. Sie dienen nicht dem Reiter, Ruhe, Ausgeglichenheit und Individualität zu finden.

Die Erkenntnis, daß es anscheinend nicht den richtigen Sitz gibt, der für alle richtig ist, daß der Sitz nichts Vorgegebenes ist, führte bei mir zuerst zu einer gewissen Unsicherheit. Es galt, davon Abschied zu nehmen, daß es eine klare und einfache Richtung gab. Zu akzeptieren, daß der Sitz etwas Unstatisches und ganz Individuelles ist. Das bedeutet, daß ich mich als Heilpädagoge mehr auf die Individualität des Einzelnen einlassen muß. Jeden Tag, jede Stunde, ja fast jede Minute kann der Sitz anders sein und meine Korrekturen müssen dem Rechnung tragen. Frankl (1982) schreibt, wie schwierig es ist, von der Festigkeit bestimmter Ideen Abschied zu nehmen. Aus dem vorhergehend gesagten Abschnitt ergibt sich, daß wir beim heilpädagogischen Arbeiten besonders darauf achten, uns mit dem Schüler zusammen auf die Suche nach dem guten Sitz zu begeben, auf dem er sich wohlfühlt, am heutigen Tage und zur heutigen Stunde. Dabei soll der Schüler in sich hineinspüren, ausprobieren und eine „kritische Haltung" entwickeln.

Der Reitpädagoge muß jeglicher Bewertung als „gut" oder „schlecht" entsagen. Er kann, wenn er es für angebracht hält, Interpretation anbieten, die der Schüler annehmen oder ablehnen kann. Die Interpretationen müssen sehr vorsichtig gehandhabt werden und dürfen sich nicht wie eine versteckte Beurteilung anhören. Deswegen ist es gut, eine Interpretation mit den Worten zu beginnen, „Ich habe den Eindruck, daß ..., was hältst du davon ...?" beginnen sollte. Um zur guten Interpretation zu kommen, erscheint es mir notwendig, sich Gedanken zu machen über die Körpersprache des Schülers auf dem Pferd.

Bewegungsrichtung der Haltung auf dem Pferd

Der Reiter muß sich als erstes nach unten (Richtung Boden) ausrichten und sich schwer auf das Pferd setzen. Er muß lernen, das Gewicht an das Pferd abzugeben und so zu einem Bezug über das Pferd zur Erde kommen. Dieser Vorgang wird in der Biodynamik als „Erdung" bezeichnet. Im Gegensatz zu dem Stehen auf dem Boden, kommt die Erdung nicht über den Kontakt der Füße zum Boden, sondern er geht vom Gesäß aus. Der Reiter muß sich also als erstes mit dem Gesäß „in das Pferd" setzen. In der Erdung findet eine Verwurzelung auf dem Pferd und über das Pferd mit der Erde statt. Ist der Reiter zu einer guten Erdung gekommen, richtet er seinen Körper nach oben hin auf. Erst auf einem Becken und einem Gesäß, das den Schwerpunkt Richtung Erde hat, ist ein Aufrichten nach oben möglich. (Die Streckung der Wirbelsäule und des Kopfes Richtung Himmel wird in der Körperanalyse dem geistigen Bereich zugeordnet, vgl. Lowen 1988).

Zuletzt wird der Sitz immer nach vorne in die Vorwärtsbewegung ausgerichtet. Der Reiter muß sich körperlich schon darauf einstellen, daß es vorwärts geht. Das heißt nicht, daß er sich nun mehr nach vorne legen soll, sondern nur, daß er sich einrichtet, im körperlichen Vorwärts zu gehen. Die Aktion „Rückwärtsrichten" (aus der Dressur) verbietet sich in der Arbeit mit psychisch behinderten Schülern auf dem Pferd. Es spielt aber insgesamt beim Reiten auch eine völlig nebensächliche Rolle.

Aufrichten und Lösen

Eine vollständige Analyse der Körpersprache zu geben, ist an dieser Stelle unmöglich. Ich habe im folgenden die wichtigsten Gesichtspunkte für die Arbeit auf dem Pferd herausgegriffen.

Bauch und Becken

Auf dem Pferd ist es geradezu notwendig, Spannungen loszulassen. Besonders aktiv wirkt hierbei das Pferd auf den Bereich Gesäß, Becken, Bauchbereich. Wenn man z. B. einen Menschen mit zusammengekniffenem Gesäß und steifem Hals auf das Pferd setzt, ist es absolut erforderlich, daß er seine Spannung im Gesäß verändert. Die Spannung im Gesäß dient ihm dazu, seine Gefühle und vor allem Angst zu kontrollieren. Durch die passive Bewegung im Beckenbereich, durch das Anpassen und Mitgehen auf dem Pferd, durch die Wärme und den Fellkontakt, können beim Sitzen auf dem Pferd Energien freiwerden. Dies erklärt, warum viele Reiter soviele Phantasien, auch sexuelle Phantasien, auf dem Pferd entwickeln.

Wir müssen uns auch mit der Auswirkung des Reitsitzes aus dem Bereich Bauch auseinandersetzen. Der Bereich Bauch ist – psychosomatisch gesehen – oft ein Sammelbecken von Trauer und Wut. Verkrampfungen in diesem Bereich sind geprägt von Festhalten, Nicht-abgeben-Wollen, Zusammenziehen. Dieses Nicht-abgeben-Wollen, äußert sich häufig in Verdauungsstörungen und Schmerzen beim Koten. Durch die

Wärme und Bewegung des Pferdes werden Bauch- und Magenbereich sowie der After gelockert. Dieses führt häufig zu einer Verbesserung der Darmtätigkeiten. Übertragen gesehen, fördert die Lockerung im Bauch- und Afterbereich die Bereitschaft abzugeben, sich und sein Gewicht auf das Pferd abzugeben, genauso wie seine Gefühle herauszulassen. So hat es mich am Anfang erstaunt, wieviele Menschen auf dem Pferd anfangen zu weinen oder ärgerlich werden. Hier scheint eine mögliche Erklärung zu liegen. Von einem angespannten oder gelockerten Gesäß hängt auch die Spannung in den Beinen ab. „Entspannung" meint nicht die völlige Abgeschlafftheit, das absolute Lösen der Muskulatur, sondern es ist das gesunde variable und wache Zusammenspiel zwischen Spannung und Lösung. Spannung wenn ich sie brauche und Entspannung, weil ich sie brauche, sollen gelernt werden. Verspannung ist eine unablässige Anspannung. Am Beispiel des Stehens wird dies deutlich: Zum Stehen brauche ich eigentlich nur eine relativ geringe Spannung in den Beinen, viele Menschen aber versuchen, beim Stehen statisch zu stehen, indem sie eine hohe Spannung in die Beine bringen. Dies ist zu ihrer gewohnten Haltung geworden und sie sind nicht mehr in der Lage, ohne Verspannung zu stehen.

Beine, Knie, Füße

Spannung in den Beinen ist notwendig, wenn ich mich angegriffen fühle, wenn ich denke, daß ich mich gleich verteidigen oder weglaufen muß. In den Beinen finden sich Gefühle der Angst und Aggression wieder. Besonders in den Waden und Oberschenkeln lassen sich aggressive Spannungen feststellen. Wird der Reiter jetzt aufgefordert, die Beine locker zu lassen, zu entspannen und sich den Bewegungen des Pferdes anzupassen, kommt es häufig zu Aggressionsstaus, denn der Reiter weiß nicht mehr wohin mit den aufgestauten Aggressionen. Wenn es gut verläuft, ist er in der Lage, sie zu äußern, wenn es schlecht verläuft, kommt es zu Aggressionen gegenüber dem Pferd. Doch ist es absolut notwendig, die Beine locker zu lassen, um zu einem weichen Sitz zu kommen. Erst wenn die gewohnheitsmäßige Spannung abgelassen worden ist, kann es bewußt zu einer Streckung und Spannung der Wade kommen. Dies wird durch das Senken der Fersen angezeigt. Aggression, die hier frei wird, wird beim Reiten für das Treiben, das heißt zielgerichtet und sinnhaft benötigt. So lernt der Reiter, seine (im Grunde ja lebensnotwendigen) Aggressionen gezielt einzusetzen. Dabei ist immer darauf zu achten, daß der Reiter in der Lage ist, die Fußgelenke locker zu lassen, da er sonst in die gewohnte alte Spannungshaltung zurückkommt und den Einfluß auf seine Aggression verliert. Hier sei nochmal deutlich gesagt, daß Aggression an sich nichts negatives ist. Aggression ist wie die

Sexualität eine Energie, die zum Menschsein dazugehört. Gefährlich wird Aggression, wenn sie aufgestaut wird, wenn sie aus dem direkten Beziehungszusammenhang herausrutscht und auf andere Situationen übertragen wird.

Bei den Menschen, mit denen wir es in der Regel zu tun haben, hat es in der frühen Kindheit viele Kränkungen und Enttäuschungen gegeben. Diese haben zu ungezielter Aggression geführt, die sich im Körper wiederfinden läßt. Diese Aggression wird von vielen gegen sich selber durch Selbstverletzungen, Suizidversuche, Alkohol usw. gerichtet. Diesen eher depressiv veranlagten Menschen kann durch das Reiten geholfen werden, Aggression wahrzunehmen und sie als positive Möglichkeit in ihr Leben einzubeziehen. Dies wird auf dem Pferd geübt, ohne daß es eine „verwörterte" Auseinandersetzung mit Aggression geben muß.

Hals und Rücken

Der Bereich des Rückens und Nackens fällt ungeübten Beobachtern eigentlich als erstes auf. Ob jemand einen Rundrücken hat oder ein Hohlkreuz, erkennt man auf den ersten Blick. Schwieriger ist es dann schon, den Rücken als Ganzes zu beurteilen, und die Schwachstelle im Rücken zu erkennen, die die meisten Menschen haben. Ein Rundrücken z. B. kann manchmal auf eine Schwäche des Lendenwirbelbereiches zurückgeführt werden. Wenn wir uns den Rücken genauer betrachten, gehen wir von unten nach oben, genauso wie wir es später in den Korrekturen machen werden. Dabei ist zu berücksichtigen, daß die Wirbelsäule quasi als Haltestange des Körpers funktionieren kann, wenn Wirbel für Wirbel aufeinander aufgebaut sind, bis hinauf zum Kopf. Weiterhin stellt die Wirbelsäule die Verbindung zwischen Kopf und Bauch dar.

Der Rücken dient als Schutz für die inneren Organe. Wenn wir uns z. B. erschrecken oder etwas auf uns plötzlich zukommt, wenden wir ihm instinktiv den Rücken zu. Mit dem Rücken können wir Angriffe abwehren. Die Haltung des runden Rückens nach vorne gebeugt und vielleicht mit hängendem Kopf, ist eine Haltung des Zurückgezogenseins bzw. der Belastung durch Verantwortungs- und Pflichtgefühle. Menschen mit ausgeprägten Pflichtgefühl fühlen sich für alles verantwortlich, tragen die Last für andere auf den eigenen Schultern. Ihnen sitzt die Pflicht im Nacken.

Das Reiten erfordert, den gesamten Oberkörper inclusive Rücken in einer Senkrechte, bzw. etwas hinter der Senkrechten zu halten. Dazu muß der Rücken aufgerichtet und der Kopf gerade gehalten werden. Diese veränderte Haltung fällt vielen Menschen auf dem Pferd ungeheuerlich schwer. Sie ist für die meisten nur mit Anstrengung zu erreichen, weil die gewohnte Haltung (nach vorne gebeugt) so eingefahren ist.

Durch die Bewegungen des Pferdes kommt es zwangsläufig zu einer Bewegung der Wirbelsäule, die bis zu einer bestimmten Stelle im Rücken hochwandern kann, wo sie von dem Reiter unbewußt gehalten wird. Nur wenn diese Flexibilität und Beweglichkeit der Wirbelsäule sich bis hinauf in den Kopf steigern läßt, ist ein gerader Sitz möglich. Das bedeutet aber auch, aus der alten Schutzhaltung herauszukommen. Dies geht nur, wie vorher schon beschrieben, wenn es zu einer guten Erdung gekommen ist. Gleichzeitig führt uns diese Frage zu der Brust und den Schultern. Denn wenn ich im Rücken gerade werde, muß ich zwangsläufig die Brustmuskulatur weiten und den Brustkorb öffnen. Durch die nach vorne gebeugte Haltung, ist die Panzerung im Brustbereich besonders stark. Sich aufzurichten bedeutet in diesem Fall, sich zu öffnen und auch den Bereich Herz und Zwerchfell zu weiten. Ich gebe mich durch dieses Öffnen etwas mehr der Welt hin und laß sie auch in mich eindringen. Die Schultern müssen zwangsläufig nachkommen, nach hinten gehen und sich fallen lassen. Um die Schultern hängen zu lassen, muß das gesamte Dreieck, Nacken, linke Schulter, rechte Schulter sich lösen.

Das geht wiederum nur, wenn ich eine andere neue Kopfhaltung probiere, indem der Blick geradeaus gerichtet ist. So muß ich der Welt direkt in die Augen schauen und kann meinen Blick nicht eingrenzen, indem ich auf den Boden schaue. Durch die hohe Kopfhaltung bin ich gezwungen, mir die Welt in ihrer ganzen Weite anzusehen. Dies verängstigt viele Menschen und kann erst nach einem guten Selbstbewußtsein als wohltuend erlebt werden. Deswegen sitzen viele Menschen mit geschlossenen Augen gerader auf dem Pferd, als mit offenen Augen.

Das gesamte Gesicht ist immer Ausdruck für die Konzentration und Entspannung, die ein Reiter im Moment hat. Hier ist besonders der Mund deutlich: Beißt der Reiter gerade die Zähne zusammen? Durch zusammengebissene Zähne werden alle Äußerungen, Gefühle und auch die Atmung wie mit einem Riegel zurückgehalten. Manchmal hilft es, Bewegungen mit dem Unterkiefer zu machen, um sich insgesamt zu entspannen.

Arme und Hände

Im „richtigen Reitsitz" sollen die Hände eine Handbreit über dem Pferd getragen werden. Vielen Reitern fällt es schwer, die Hände und die Arme auf längere Zeit so zu halten. Die Verspannung im Oberarm und die schlechte Verbindung zu den vielleicht steifen Schultern schmerzen nach kurzer Zeit. Häufig klagen die Schüler auf dem Pferd über kalte Hände, die aus einer schlechten Durchblutung der Arme und Hände resultieren. Diese Menschen fühlen ihre Arme oft als „darangehängt".

Wenn ich als Reiter mit dem Zügel auf das Pferd einwirken will, muß es eine harmonische Bewegung aus der Schulter heraus bis hinunter zur geschlossenen Faust sein. Erst wenn die Bewegung der Fäuste in den Bewegungsablauf des Körpers integriert wurde, ist eine weiche Zügelführung möglich. Das bedeutet, erst wenn der Reiter seinen gesamten Körper als eine Einheit empfinden kann, wenn er in der Lage ist, bewußt mit den Zügeln zu wirken, sollte ihm erlaubt werden, selbständig zu reiten. Anhand dieser Zügelführung wird deutlich, welche Voraussetzung auf körperlicher Ebene der Schüler haben muß, damit er alleine reiten kann. Alles was in diesem Kapitel vorher beschrieben war, ist nichts anderes als der langsame und gezielte Aufbau des Körpers und der Selbstwahrnehmung als Grundlage für die aktive Einwirkung auf ein anderes Lebewesen, in diesem Falle des Pferdes.

„Es atmet mich"

Die Atmung ist ein entscheidender Faktor in der Körperarbeit. Atmung ist ein direktes Ausdrucksmittel des Menschen, ähnlich wie die Haut. Die Atmung reagiert direkt auf eine Situation, z. B. wenn wir Angst haben und die Luft anhalten, oder wenn wir etwas Schweres heben, weil wir dies mit der Atmung unterstützen können. Bei einem entspannten, in sich ruhenden Menschen kommt die Atmung zu einem eigenen Rhythmus. Der Rhythmus wird häufig durch chronifizierte Fehlhaltung und damit chronifizierte Fehlatmung gestört. Es kann sich z. B. in einem unrhythmischen Atmen oder in sehr kurzen Atmungen äußern. Dieses schlechte Atmen hat direkte Auswirkungen auf die Vitalität des Schülers. Nur wer gut durchatmet, wer einen gleichmäßigen Rhythmus hat und wer in der Lage ist, den Atem kommen und gehen zu lassen, kann seine gesamte Energie entwickeln. Bevor wir darauf etwas näher eingehen, ein paar Grundlagen zum Atmen: Der Atem besteht nicht nur aus den Phasen Ein- und Ausatmen, sondern es gibt auch eine kurze Zeit des Nichtatmens im normalen Atemrhythmus. Der Rhythmus heißt also Einatmen, Ausatmen, Abwarten bis die Einatmung von selber kommt. In der Körperarbeit ist der Schwerpunkt besonders auf die Fähigkeit zu legen, abwarten zu können und den Atem selber kommen zu lassen. Es ist ein Ausdruck für die Fähigkeit des Menschen, sich Situationen hinzugeben und „sich atmen" zu lassen.

Bei einer guten Atmung brauchen die Lungen und das Zwerchfell genügend Platz, um sich ausdehnen zu können. Abgesehen vom Platz ist besonders für das Zwerchfell eine Entspannung notwendig. Bei chronisch verspannten Menschen ist das Zwerchfell so stark angespannt, daß es sich nicht mehr genügend ausdehnen kann. Spannungen im Mund und Gesichtsbereich können direkt eine Behinderung einer guten Atmung sein. Deswegen ist bei Übungen immer darauf zu achten, daß der Mund geöffnet wird und das Einatmen durch die Nase und das Ausatmen durch den Mund geschieht.

Auf dem Pferd sitzend stellt der Schüler schnell fest, daß nicht nur er selber atmet, sondern das Pferd auch. Es ist für ihn auch zu merken, daß das Pferd einen anderen Atemrhythmus hat, als er selber. Dies unterstützt, den eigenen Atem wahrzunehmen und mit seiner Atmung Gefühle auszudrücken (zufriedenes Schnaufen, aufgeregtes Kurzatmen, normales gleichmäßiges Atmen in normalen Situationen usw.) Atmung ist für den Schüler etwas Konkretes, etwas leicht Spürbares und gleichzeitig etwas, was eine starke Auseinandersetzung mit sich bedeutet. Den Atem kommen und gehen zu lassen, nicht mehr zu versuchen, ihn zu beeinflussen – das bedeutet, sich selbst so sein zu lassen, wie man ist.

Übungen mit dem Atmen dienen mehr der Wahrnehmung des Atems als zur Schulung des Atmens. Eine Übung zum Atmen sei an dieser Stelle kurz vorgestellt: Der Schüler sitzt auf dem Pferd und bekommt die Aufforderung, beim Einatmen die Arme schräg nach oben zu strecken, beim Ausatmen die Arme, den Kopf nach vorne fallen zu lassen, dann einen Moment in dieser Haltung zu verharren, bis er wieder hochgeatmet wird. Wichtig bei dieser Übung ist, daß der Reiter sich nach dem Rhythmus seiner Atmung ausrichtet und nicht sein Kopf versucht, den Atem zu bestimmen.

Schnell wie der Wind

Was bedeutet die Geschwindigkeit für den Sitz auf dem Pferd? Gerade introvertierte Menschen genießen es, auf dem Pferd zu galoppieren und alles „hinter sich zu lassen". Ich glaube, daß der Mensch eine besondere Lust an Geschwindigkeit hat, die sich in einen regelrechten Geschwindigkeitsrausch steigern kann. Beim Galoppieren auf dem Pferd werden viele Assoziationen zu Freiheit, Fliegen, Unabhängigkeit und Macht geweckt. Der Reiter auf dem Pferd muß sich auf die schnelle Bewegungsform des Trab oder Galopp einstellen. Dabei sind unterschiedliche Anforderungen an ihn gestellt. Der Trab verlangt vom Reiter, zumindestens wenn er aussitzt, ein vermehrtes Lockern und im Hüftbereich Mitgehen in der Bewegung. Die Bewegungen im Trab sind kurz und hart, so daß der Reiter gefordert ist, schnell zu reagieren und das Hin und Her zwischen Anspannung und Loslassen herauszubekommen. Der Galopp als eine mehr wiegende und tragende Bewegung wird eigentlich als angenehmer empfunden. Auch hat diese Bewegung eher den Charakter des Schaukelns.

Sinnvolle Korrekturen des Sitzes

Aus dem zuvor Geschriebenen lassen sich Konsequenzen ziehen für die Korrektur des Reiters. Bei Korrekturen ist der Zusammenhang zwischen psychischen und körperlichen Auswirkungen auf das Pferd immer zu beachten. Das bedeutet, der Schüler sollte angeleitet werden, von innen heraus zu wachsen und sich aufzurichten. Dabei soll nicht eine Haltung, die von außen vorgegeben wird, eingenommen werden. Auch ist deutlich geworden, daß der Aufbau des Körpers immer von dem Kontakt zum Pferd ausgehen muß, so daß folgende Reihenfolge der Korrektur stattfinden sollte:

1. Wahrnehmung und Stärkung des Kontaktes mit dem Gesäß zum Pferd (Gewicht abgeben, anvertrauen, Gleichgewicht)
2. Lockerung des Hüft- und Bauchbereiches
3. Streckung des Rückens, Aufbau der einzelnen Wirbel und Lockerung der Beine
4. Fallenlassen der Schulter und Armhaltung
5. Kopf aufrichten und den Blick geradeaus richten
6. Streckung der Beine unter dem Körper

Dabei ist die Atmung immer zu beachten. Auch ist zu versuchen, immer wieder eine Integration des gesamten Körpers herzustellen.

Beispiel:
Der Reiter läßt den Kopf nach vorne hängen, die Schultern fallen mit nach vorne, aber dann richtet der Reiter den Kopf langsam mitsamt den Schultern auf, bis er das Gefühl hat, in einer geraden Haltung zu sein. Ist diese Übung ein paarmal gemacht worden, fordere ich den Reiter auf, diese Übung z. B. mit den Füßen zu unterstützen, also wenn er den Kopf nach vorne fallen läßt, auch die Füße nach vorne gehen zu lassen. So entsteht die Aufmerksamkeit auf den Gesamtzusammenhang des Körpers. Es wird deutlich, daß es vielleicht ein Zusammenspiel zwischen Füßen und Kopf gibt. Die Integration der gesamten Körperfunktion zu einem Ganzen ist eines der Hauptziele beim Heilpädagogischen Reiten/ Voltigieren.

Vom Erstkontakt zum selbständigen Reiten

In fünf systematischen Schritten können wir den Schüler vom Erstkontakt mit dem Pferd zum selbständigen Reiten führen: Zunächst das Kennenlernen von Pferd und Reitstall, dann Übungen an der Longe,

248

Reiten auf dem geführten Pferd, schließlich Handpferdereiten, das dann in das selbständige Reiten münden kann.

Kennenlernen

Bei dem Erstkontakt zwischen Pferd, Schüler und Reitpädagoge geht es erst einmal darum, den Schüler mit der Situation vertraut zu machen und Interesse zu wecken. Dazu ist es sinnvoll, freilaufende Pferde zu beobachten und dem Schüler den Freiraum zu lassen, so nah ans Pferd zu gehen wie er will. Der Reitpädagoge hält sich soweit es geht zurück und fungiert nur als „Reiseführer". Die Beziehung Pferd–Schüler steht im Mittelpunkt. Man muß sich klarmachen, daß Anbahnung am Anfang jeder Stunde geschieht. Jedesmal muß der Schüler eine Beziehung aufbauen und entwickeln. Dabei lernt er, daß es jedesmal anders sein kann. (Nähere Einzelheiten zur Anbahnung der Beziehung vgl. vorangehende Beiträge.)

An der Longe

Nach der Anbahnung kommen auf den Schüler die ersten Anforderungen zu, nämlich das Putzen des Pferdes und das erste Aufsitzen. In der Regel fangen die Schüler in der Halle an der Longe an. Die Arbeit an der Longe hat den Schwerpunkt, sich tragen zu lassen und sich anzuvertrauen. Die Halle und der durch die Longe vorgegebene Weg geben ein Gefühl der Geborgenheit und Sicherheit als Grundvoraussetzung, sich an das Pferd abzugeben.

Die Zeit an der Longe ist ganz stark auf das Interesse und das Bedürfnis des Schülers ausgerichtet. Der Schüler lernt unabhängig von Außeneinflüssen, Übungen nach seiner Lust durchzuführen (einige Übungen beschreibe ich im nächsten Kapitel). Besonders häufig kommen von den Schülern ganz kindliche Bedürfnisse, die sie dem Pferd gegenüber äußern, vom Schmusen bis zu dem Wunsch „in das Pferd hineinzukriechen". So entsteht bei dem Schüler eine starke „Ich-Wahrnehmung", die vorher oft nur latent vorhanden war.

Das Pferd wird als Elternersatz genommen; Übertragungen und Projektionen sind regelmäßig in dieser Phase am stärksten zu beobachten.

Die Beziehung zu dem Reitpädagogen verändert sich in dem Sinne, daß der Reitpädagoge zum Ratgeber wird. Vorsicht ist geboten, daß sich der Reitpädagoge nicht selber als Objekt für Übertragungen anbietet, sondern immer wieder auf das Pferd verweist und sich persönlich zurücknimmt.

Automatisch entwickelt sich so eine vertraute Beziehung zum Reitpädagogen. Diese vertraute Beziehung erlaubt, langsam wieder Forderungen an den Schüler zu stellen, wie z. B. auf dem Außenplatz longie-
ren, unangenehmere Übungen zu fordern und mit Beobachtungen zu
konfrontieren.

Wenn wir mit Menschen zu tun haben, die langfristig in einer Klinik
leben werden, muß ihnen genügend Zeit gelassen werden, Anforderungen dürfen nicht zu schnell gestellt werden.

Am Führzügel

Zeigt sich an der Longe, daß der Schüler sicher geworden ist und in der
Lage ist, sich selber besser wahrzunehmen, fange ich in der Regel an, mit
dem Führzügel zu arbeiten.

Dabei verändert sich für den Schüler auf dem Pferd vor allem, daß er
sich aus dem vorgegebenen Weg, dem Zirkel, herausbegeben und sich
dem Reitpädagogen anvertrauen muß, der jetzt über den Führzügel den
Weg bestimmt.

In dieser Phase ist die Einflußnahme des Reitpädagogen am direkte-
sten und er wird im wahrsten Sinne des Wortes zum Führenden.

Der psychisch behinderte Mensch hat häufig Schwierigkeiten, sich
führen zu lassen, ist aber – nachdem er gelernt hat, sich dem Pferd an der
Longe anzuvertrauen – in der Lage, die Führung anzuerkennen.

Neben der veränderten Beziehung zum Reitpädagogen ist es für den
Schüler oft ein ganz neues Gefühl, sich in der *Gruppe* auf den Weg zu
machen. Dieses gemeinsame Meistern von Schwierigkeiten stärkt das
Selbstbewußtsein und fördert den Mut, neue Wege auszuprobieren. Das
bedeutet, Abschied zu nehmen von gewohnten Wegen und Bekanntes
zurückzulassen.

Als wichtig hat sich in meiner Arbeit gezeigt, daß der Reitpädagoge
das Pferd selber führt und dabei neben dem Reiter geht und nicht am
Pferdekopf. Das Pferd soll möglichst frei gehen und auf Situationen
reagieren können. Auch hat sich als schlecht erwiesen, wenn der Pferdeführer vor dem Pferd geht, so daß er dem Reiter den Rücken zuwendet.
Hier wird die Beziehung zum Schüler unterbrochen.

Handpferd

Nach dem Reiten auf dem geführten Pferd wäre der nächste Schritt das
Handpferdereiten. In anderen Teilen dieses Buches wird das Handpferdereiten genauer beschrieben. Ich will mich wieder nur auf den Bezie-

hungsaspekt zwischen Pferd, Reitpädagoge und Schüler beschränken. Die Veränderung in der Beziehung zum Schüler durch das Handpferdereiten hat mich sehr überrascht. Ich hatte erwartet, daß das Sitzen auf einer Ebene – beide auf dem Pferd zu mehr Gleichberechtigung führen würde. Das stimmte auch, aber es führte über diese Gleichberechtigung auch mehr zu meinen eigenen Bedürfnissen. Ich bin selbst Reiter und damit aktiv mit einem Pferd in körperlicher Beziehung und werde damit zwangsläufig auch zum Schüler.

Hier ist ein Beispiel notwendig: Mit einem 27jährigen Mann arbeite ich seit zwei Jahren an der Longe und seit einem halben Jahr mit dem geführten Pferd. Als wir das erste Mal mit dem Handpferd arbeiten wollten, hatte ich die Nacht vorher nicht gut geschlafen, da meine ½jährige Tochter mehrmals wach war. Wir machten zusammen die beiden Pferde fertig und ritten los. Während des Reitens merkte ich selber Rückenschmerzen als Resultat des schlechten Schlafes. Auf dem Pferd gibt es kein Verdrängen der eigenen Befindlichkeit, und ich berichtete meinem Schüler von meinen Rückenschmerzen. Der Schüler erzählt daraufhin spontan von seinen Rückenproblemen und zeigte mir, wie er versucht, sich auf dem Pferd zu lockern.

Das Miteinander-Erleben, sich als Menschen mit Problemen, Freuden und Gefühlen wahrzunehmen ist der Schwerpunkt dieser Phase. Natürlich wirkt der Reitpädagoge noch über den Führzügel auf das Pferd und damit auf den Schüler ein, aber es geschieht viel offensichtlicher und mehr als Ausgleich der Schwächen des Schülers.

Erst mit dem Abnehmen des Führzügels und dem selbständigen Reiten löst sich der Schüler endgültig vom Reitpädagogen.

Die Zügel in die Hand nehmen

Das selbständige Reiten wird bei psychisch kranken Menschen, die langfristig in einer Klinik leben, selten erreicht. Zu schwierig sind die Anforderungen, nicht nur mit sich selber zurechtzukommen, sondern auch noch ein anderes Lebewesen zu dirigieren. Während in den vorhergehenden Phasen immer noch der Reitpädagoge als Helfer zur Verfügung stand, ist der Schüler jetzt auf sich und das Pferd allein angewiesen.

Um allein in der Beziehung zum Pferd bestehen zu können, muß der Schüler lernen, sich durchzusetzen und angemessen aggressiv zu reagieren. Auch muß der Schüler endgültig für sich selbst Verantwortung übernehmen und kann nicht mehr andere alles machen lassen. Genau dies sind Fähigkeiten, die der Schüler braucht, um aus dem geschützten Rahmen der Anstalt herauszutreten und die „Zügel seines Lebens" wieder in die Hand zu nehmen und selber zu laufen.

Therapiemüde – Beziehungsmüde

Die Menschen, die über die Werkstatt für Behinderte zum Reiten kommen, werden in der Regel als „therapieresistent" oder „therapiemüde" beschrieben, was bedeutet, daß sie außer einer medikamentösen Therapie alle Angebote zurückweisen.

„Therapiemüde" ist aus meiner Erfahrung der falsche Ausdruck und zeigt die Tendenz, dem psychisch kranken Menschen vorzuwerfen, er wolle ja nur nicht. Damit macht man ihn zum Angeklagten. Deswegen finde ich den Begriff „beziehungsmüde" treffender. Diese Menschen sind in den Beziehungen aus ihrer Sicht zu oft enttäuscht worden, sowohl in der Kindheit, wie auch in den Beziehungen zu den professionellen Helfern ihrer langen „Psychiatriekarriere".

Aufbau von Beziehungen ist für sie etwas Schweres geworden, und sie sind vorsichtig geworden, wie weit sie sich einlassen, und haben häufig Formen der Verneinung von Beziehung entwickelt, die wirklichen Kontakt unmöglich machen.

Das Pferd setzen wir als „Übergangsobjekt" ein, um den psychisch behinderten Menschen eine Möglichkeit anzubieten, sich zu öffnen.

Ich habe in meiner Arbeit mit dem Pferd mehrmals erlebt, daß positive Beziehungserfahrungen auch schmerzhaft erlebt werden können, denn die damit entstehenden Gefühle können die Menschen überrollen. Das bedeutet für unsere Arbeit mit dem Pferd: Auch die positiven Erfahrungen müssen Zeit haben, verarbeitet zu werden. Der psychisch kranke Mensch muß die Möglichkeit haben, diese Erfahrungen zu genießen und auszukosten und dann selbst zu entscheiden, ob er sich weiterentwickeln will. Zeit ist ein entscheidender Faktor in meiner Arbeit. Für eine Förderung in den beschriebenen Stufen sind fünf bis sieben Jahre anzusetzen.

Einstieg, Übergänge, Rückschritte

Mit welcher Phase, mit welchem der fünf Schritte soll der Schüler beginnen? Die Erfahrung hat gezeigt, daß die meisten psychisch behinderten Schüler feste Vorstellungen haben, wie der Anfang gestaltet werden sollte.

Dazu ein Beispiel: Ein 35jähriger Mann, der vor 11 Jahren in Bethel aufgrund eines Suizidversuches und paranoiden Erlebnissen eingewiesen wurde, fragte an, ob er am Reiten teilnehmen könnte. Wir trafen uns zum Erstgespräch im Reitstall und ich stellte ihm vor, wie wir normalerweise das Reiten anfangen. Er wurde ärgerlich und sagte, daß er nicht an der Longe und schon gar nicht ohne Sattel reiten wolle. Er wolle nur durch den Wald galoppieren und alles andere interessiere ihn nicht. Wir einigten uns auf einen Kompromiß; reiten mit Sattel aber in der Halle.

Mir war sehr daran gelegen, daß dieser Mensch zum Reiten kam, da er mir schon lange als ein schwieriger Mitmensch bekannt war und ich das Gefühl hatte, daß er gut auf Pferde anspricht, es aber nicht schafft, sich auf die Bedingungen einzulassen. Beim Reiten wurde der Mann schnell mit seinen Grenzen konfrontiert. In anderen Situationen, in denen er nicht zurecht kam, rannte er weg oder wurde wieder suizidal. Hier hielt er mit einer unglaublichen Energie aus, kam jede Woche zum Reiten – kam aber nicht weiter. Nach einem halben Jahr waren wir beide ziemlich verzweifelt und wußten nicht weiter. Jetzt machte ich den Vorschlag, wieder an der Longe anzufangen und den Sattel wegzulassen. Etwas widerwillig stimmte er ein. An der Longe erlebten wir ein kleines Wunder, denn er saß auf einmal sicher und locker. Er war begeistert von seinem Fortschritt.

Aus diesem Beispiel zog ich die Konsequenz, daß der Schüler die Form des Einstiegs mitbestimmen kann, daß aber die Tendenz da sein sollte, die Phasen zu durchlaufen.

Mit welcher Phase begonnen wird, damit die Form des Beziehungsdreiecks (Pferd, Schüler, Reitpädagoge) angeboten wird, muß in der Auseinandersetzung mit dem Schüler herausgefunden werden.

Nicht selten taucht zwischendurch das Phänomen auf, daß sich ein Schüler eine Stufe zurückwünscht. Er will z. B. wieder in der Halle an der Longe reiten, obwohl er seit einiger Zeit schon im Gelände auf dem geführten Pferd arbeitet. Diesem Bedürfnis bin ich immer nachgegangen und habe erlebt, daß nach der Phase der Regression immer eine Phase des Wachstums kommt. Wird dieser Wunsch nach „Rückschritten" unterdrückt, wird auch das Wachstum des Schülers gebremst. Daß dieses Phänomen bei der Arbeit mit dem Pferd möglich ist, führe ich darauf zurück, daß das Pferd immer einen unvoreingenommenen Reiz zum Wachstum gibt und nicht „enttäuscht" über Rückschritte ist. Bei der Frage der „Rückschritte" wird auch deutlich, daß den Übergängen von einer Phase zur anderen besondere Bedeutung zukommen. Es würde zu weit führen, einzelne Formen der Übergänge zu beschreiben; es sei darauf hingewiesen, daß die Übergänge behutsam und kontinuierlich vor sich gehen müssen. Eine Phase bereitet gleichzeitig die nächste mit vor.

Übungen auf dem Pferd

In diesem Abschnitt soll es um die Wirkungsweise der Übungen an der Longe gehen (also aus der Phase „auf dem Pferd sitzen"). Die vorgestellten Übungen sind die am häufigsten vorkommenden. Nicht auf Vollständigkeit kommt es an, sondern auf die Art des Verstehens der Übungen. Die Übungen sollen aufzeigen, welche Lernmöglichkeiten der Schüler auf dem Pferd hat. Was der Schüler dann auf dem Pferd empfindet, was er in einer Übung lernt, ist individuell verschieden und hängt von dem Interesse und der Bereitschaft des Schülers ab. In jeder Übung findet der Schüler eine Möglichkeit, seinem Thema nachzugehen. Der Reitpädagoge muß in der Lage sein, sich von dem Interesse des Schülers leiten zu lassen und angemessene Übungen anzubieten. Man muß immer wieder Übungen erfinden, um das Interesse des Schülers zu treffen. Neben dem *Interesse* des Schülers gilt die Hauptaufmerksamkeit der *Bereitschaft* des Schülers. „Wozu ist der Schüler bereit" ist eine grundsätzlich andere Frage als „Was kann der Schüler und will es bloß nicht". Der Reitpädagoge versucht zu erspüren, zu erahnen oder zu erfragen, wozu der Schüler bereit ist.

Dabei unterscheide ich zwischen einer bewußten Bereitschaft (aussprechbar von dem Schüler) und einer unbewußten Bereitschaft (vom Pädagogen erspürbar). Die bewußte Bereitschaft ist die einfachere, die unbewußte ist viel schwerer zu erfassen, da sie durchaus anders sein kann, als die Äußerungen des Schülers vermuten lassen. Hier ist vor allem die nonverbale Kommunikation zwischen Reitpädagogen und Schüler gefragt.

Häufig gilt es zu warten, bis die Bereitschaft zu lernen sich bei dem Schüler entwickelt hat. Diese ist nicht statisch, sondern entwickelt sich immer wieder neu. Deswegen braucht der Schüler Zeit auszuprobieren, ob seine Bereitschaft akzeptiert wird, ob er seine Bereitschaft zurücknehmen kann und wie der Reitpädagoge auf „Nicht-bereit-Sein" reagiert.

Auf diesem Hintergrund sind die von mir beschriebenen Möglichkeiten der einzelnen Übungen in jeder Stunde zu überprüfen. Nur wenn die Möglichkeiten einer Übung auf eine Bereitschaft oder/und ein Interesse treffen, kommt es einem sinnhaften Lernen des Schülers entgegen, welches über ein Auswendig-Lernen hinausgeht. Als letzte Bemerkung zu der nachfolgenden Übung ist noch zu sagen, daß ich den Begriff „Übung" bewußt gewählt habe. Denn jedes Gelernte verfestigt sich nur durch wiederholen (üben). Viele Möglichkeiten müssen dem Schüler immer wieder angeboten werden, bis er begreift, um was es geht. Jede Übung bietet körperliche Möglichkeiten und psychische Möglichkeiten zu lernen. Jede Übung läßt offen, womit der Schüler experimentieren möchte, ob er Bewegungsmöglichkeiten seines Körpers erfahren möchte oder ob ihn neue Verhaltensweisen oder Gefühle interessieren.

Sich auf den Hals legen

Der Schüler legt sich auf den Hals des Pferdes, indem er erst den Kopf senkt und dann sich mit den Händen abstützt. Dann geht er langsam mit den Händen nach vorne und beugt den Rücken langsam Wirbel für Wirbel nach vorne, bis er auf dem Hals liegt. Dort soll er versuchen, das ganze Gewicht an das Pferd abzugeben und um den Hals greifen, das Pferd also in den Arm nehmen. Bei dieser Übung werden besonders der Rücken, der Hals, der Kopf, die Brust und die Arme betroffen. Die Beine und Füße sind in dem Sinne betroffen, daß man sie locker lassen muß, damit sie nicht nach hinten weggehen. Dazu ist eine Streckung der hinteren Beinmuskulatur nötig. Der Hüfte kommt bei dieser Übung als Drehpunkt besondere Bedeutung zu.

Der Sinn der Übung: Der Übende hat die Möglichkeit, näheren Kontakt zum Pferd zu bekommen, indem er es ganz nahe berührt und intensiv spürt und riecht. Außerdem kann er in dieser Lage auch die Bewegung des Pferdes besser nachspüren. Es ist letztlich auch ein großer Schritt, die Angst vor dem Pferd zu überwinden. Sich in so eine unsichere Position zu bringen, verlangt von dem Schüler Vertrauen in das Pferd, da er zum Kopf hin orientiert ist. Die Schüler streicheln das Pferd spontan und liebkosen es. Sie können hier ihrem Bedürfnis nach Körperkontakt ungehemmt nachkommen.

Weiterhin ist diese Übung gut geeignet, die Beweglichkeit der Wirbelsäule und der Hüfte zu trainieren. Das stärkere Fühlen der Wirbelsäule und deren Zusammenspiel mit der Hüfte und den Beinen kann helfen, den Aufbau eines guten Sitzens vorzubereiten.

Mit geschlossenen Augen reiten

Der Schüler bekommt die Aufgabe die Augen zu schließen und einen bequemen Sitz einzunehmen. Er kann jetzt beobachten, wie er auf dem Pferd sitzt.

Der Schüler darf die Augen sofort öffnen, wenn er das will, denn die Angst, die durch die geschlossenen Augen und die damit verstärkte innere Wahrnehmung zustande kommt, kann unter Umständen psychische Symptome verstärken oder im Extremfall einen neuen Schub auslösen.

Sinn der Übung: Das Sehen ist eine Funktion, die nach außen gerichtet ist. Schließen wir die Augen, geraten wir in einen engeren Kontakt zum eigenen Erleben. Weiterhin hat das Sehen eine wichtige Aufgabe bei der

Findung des Gleichgewichts. Schließt man die Augen, müssen die anderen Sinne die Aufgabe mit übernehmen und werden so trainiert. Es entsteht eine gewisse Unsicherheit und der Schüler muß lernen, mit dieser Unsicherheit fertig zu werden. Es wird deutlich, wie der einzelne auf Unsicherheit reagiert: Strengt er sich an, um die Unsicherheit zu verdrängen oder gibt er gleich auf? Die Übung wird so verändert, daß der Schüler einen Weg findet, mit Unsicherheit besser fertig zu werden.

Sich hintenüber auf den Rücken legen

Der Schüler legt sich nach hinten über, so daß sein ganzer Rücken und der Kopf auf dem Pferd liegt. Die Arme können seitlich vom eigenen Körper auf dem Pferd liegen.

Sich hinzulegen und sich wieder aufzurichten, bedeutet für viele Schüler eine große Anstrengung, da sie nicht in der Lage sind, den ganzen Körper zur Unterstützung zu nutzen und eine starke Angst entwickeln.

Der Rücken soll möglichst langsam nach hinten abgerollt werden und versucht werden, Wirbel für Wirbel abzulegen.

Beim Hinlegen und Hochkommen wird die Bauchmuskulatur besonders angestrengt und damit trainiert. Durch die Biegung der Wirbelsäule und die durch den Schritt entstehende Dreh- und Hebebewegung entsteht eine Lockerung des gesamten Rückens. Die Hüfte wird stark mitbewegt und muß im Zusammenhang mit dem Kreuzbein locker gelassen werden. Die Schultern liegen auf der Kruppe des Pferdes, wo die Auf- und Abbewegung am stärksten zu spüren ist. Da der Hals und der Kopf auf der Längslinie des Pferdes liegen und die Schultern abwechselnd gehoben werden, kommt es zu einer Streckung des Hals-Wirbelbereiches. Die ganze Übung funktioniert nur bei gut entspannten Beinen und lockeren Füßen.

Wichtig: Dies ist wohl die schwerste Übung. Sie kann erst gemacht werden, wenn der Reiter ein Höchstmaß an Sicherheit gewonnen hat. Diese Übung verlangt ein vorbehaltloses „Sich-Hingeben" an das Pferd, was immer berücksichtigt werden sollte. Das Pferd sollte einen langsamen Schritt gehen, bei dem die Bewegungen gleichmäßig und möglichst gering sind. Gut eignet sich bei dieser Übung, die Kruppe als Sicherung einzubeziehen.

256

Beschreiben lernen

„Ich weiß gar nicht was ich tun soll, es ist soviel Verschiedenes, an das ich denken muß" ist eine oft gemachte Aussage von Schülern. Diese Vielfalt von Anforderungen, von Zielen und Wünschen machen handlungsunfähig.
Um dem entgegen zu wirken, sollen die Schüler lernen zu beschreiben, was sie gerade tun. Jeder Mensch tut immer etwas, vieler Aktivitäten sind wir uns gar nicht bewußt (Sitzen, Atmen, Herzschlagen usw.). Was tut man beim Sitzen, welche Arbeit leistet der Rücken? Zu merken was ich tue, ist unglaublich schwer, wenn ich die Frage stelle „wie tue ich etwas". Die Frage ist nicht nur wie ich mich bewege, sondern auch, wie ich mich zum Raum und zum Boden verhalte und besonders, wie ich anderen Menschen begegne. Wie geht das eigentlich, einen anderen Menschen anzusprechen? Wie ist meine individuelle Art, andere Menschen anzusprechen?

Beschreibungen sollen drei Gesichtspunkte berücksichtigen:

– so genau wie es geht
– ohne Bewertung
– ohne das Beobachtete zu verändern

Sich zu beobachten, sich wahrzunehmen, ist schwer und muß gelernt werden. Deswegen hier ein aufbauendes Modell, wie und in welchen Schritten Beschreibungen gelernt werden können.

Lernschritte:

a) Beschreibung einer bekannten Bewegung (Arm kreisen)
b) Beschreibung der beteiligten Körperteile und ihrer Funktion
c) Beschreibung der Innenbewegung (Atmen)
d) Beschreibung der Haltung (Dynamische Haltung)
e) Beschreibung einer Bewegung in bezug auf Raum und Geschwindigkeit
f) Beschreibung des Kontakts zum Pferd
g) Beschreibung des Kontakts zu einem anderen Menschen
h) Beschreibung des Kontakts zur Gruppe
i) Beschreibung der Gesamtsituation

Das Beobachten und Beschreiben des eigenen Tuns ist schon der erste Schritt zur Veränderung, denn es führt zum Akzeptieren seiner selbst und seines Handelns. Es wird wichtig „wie" ich etwas tue und nicht, wie ich es tun könnte.

Bewegungsübung

Folgende Übung setze ich nur ein, wenn ein Schüler in seiner eigenen Arbeit stecken bleibt und nicht weiß was er will. Vorteil dieser Übung ist, daß der gesamte Körper angesprochen wird und der Zusammenhang zwischen den einzelnen Bewegungen erkannt werden kann. Als Übungsabfolge, die immer im Ganzen gemacht werden sollte, hat sich bewährt:

a) Lassen Sie Ihre Arme hängen und machen Sie Ihre Beine so lang wie möglich. Versuchen Sie sie auszuschütteln.

b) Lassen Sie Ihren Fuß kreisen, erst in kleinen, kaum sichtbaren, dann in größeren Kreisen aus dem gesamten Fußgelenk heraus.

c) Schwingen Sie den Unterschenkel locker hin und her. Dann versuchen Sie ihn im Takt mit dem Vorderfuß des Pferdes mitzubewegen.

d) Bewegen Sie Ihre Hüfte, schieben Sie sie nach vorne und nach hinten, so wie nach rechts und nach links.

e) Ziehen Sie die Schultern hoch und lassen Sie sie locker wieder fallen. Wiederholen Sie dies ein paarmal.

f) Strecken Sie Ihre Arme zur Seite und machen Sie nun erst kleine und dann immer größer werdende Kreisbewegungen, drehen Sie zwischendurch auch mal in die andere Richtung.

g) Strecken Sie Ihre Arme ganz weit nach oben, so als ob Sie die Decke berühren wollten.

h) Fassen Sie erst mit der linken, dann mit der rechten Hand zum Schweif. Drehen Sie dabei Ihren Rumpf und nehmen Sie auch Ihre Augen mit nach hinten.

i) Strecken Sie sich ganz weit nach vorne mit einer Hand, versuchen Sie die Ohren des Pferdes zu berühren.

k) Jetzt lassen Sie Ihren Kopf kreisen, einmal rechts herum und einmal links herum.

l) Verschränken Sie die Hände hinter Ihrem Rücken und spüren Sie im Schritt des Pferdes, die Bewegung in Ihrem Rücken nach.

m) Bewegen Sie Ihren Rücken, machen Sie einen Buckel, richten Sie sich danach wieder gerade auf (Schulterblätter zusammen).

n) Machen Sie sich ganz klein auf dem Pferd und strecken Sie sich dann ganz lang nach oben.

Wichtig ist, bei den Füßen anzufangen und durch den ganzen Körper hochzuarbeiten. Die Übung kann vereinfacht werden, indem man die Aufmerksamkeit bei den Armen und Beinen zunächst nur auf eine Körperseite beschränkt (erst rechts, dann links, dann umgekehrt).

Aktive und Passive

Die meisten psychisch kranken Schüler erleben sich nicht als handelnde Menschen, sondern sie empfinden sich als fremdbestimmt. In dieser Übung soll der Schüler aufmerksam gemacht werden, wo sein Körper aktiv ist und wo er passiv ist. Viele stereotype Bewegungen werden mitunter gar nicht als eigene Aktivität wahr genommen, genauso wie eine passive Beinhaltung eher zufällig eingenommen wird.

Folgende Fragen und Anweisungen haben sich in der Arbeit bewährt, müßten aber immer wieder auf die Situation abgestimmt werden:

- Können Sie die Bewegungen des Pferdes in Ihrem Körper spüren?
- Wie weit können Sie die Bewegung in den Körper hineinlassen?
- Wie sind Kopf und Füße beteiligt?
- Welche Bewegung macht Ihre Hüfte?
- Spüren Sie eine Sperre, wo Sie die Bewegung anhalten?
- Nehmen Sie die Bewegung, die vom Pferd kommt, auf und versuchen Sie sie zu verstärken. Verstärken Sie auch die Bewegung in den Armen, Kopf und Beinen.
- Stoppen Sie jetzt und versuchen nur noch passiv zu sein, nur noch die Bewegung anzunehmen.
- Wie tief in dem Körper (Bauch, Brust) ist die Bewegung zu spüren?
- Ist es möglich, ohne jegliche Anstrengung und ohne Muskelkraft auf dem Pferd zu sitzen?

Im Trab und Galopp kann die Übung weitergeführt werden. – Jede Bewegung, die ein Mensch tut, besteht aus aktiven und passiven Anteilen. Diese Übung macht bewußt, wieviel Aktivität man braucht, um auf dem Pferd zu sitzen, aber auch wieviel Annehmen (Passivität) nötig ist. Auch kann dem Schüler deutlich gemacht werden, daß das Passive zu sein, eine Entscheidung ist, die rückgängig gemacht werden kann. Es kommt zur klaren Unterscheidung von Passivität und Hilflosigkeit. Dadurch lernt der Schüler, ökonomischer Bewegungen durchzuführen, und er lernt, wann er Hilfe bedarf.

Alternativen schaffen

Moshe Feldenkrais weist in seinem Buch „Bewußtheit durch Bewegung" darauf hin, daß es die eigentliche Krankheit vieler Menschen ist, für ein bestimmtes Verhalten keine Alternative zu haben. Erst die Möglichkeit, zwischen zwei, drei oder mehreren Möglichkeiten auszusuchen, führt zu einer inneren Freiheit, sich für das richtige zu entscheiden. Jede Übung beim Reiten wird in verschiedenen Formen durchgeführt.

Dabei entwickelt sich zwischen mir und dem Teilnehmer ein Gespräch, wie eine Übung durchgeführt werden kann. Zum Beispiel ist es eine Möglichkeit, die Mühle rechtsrum oder linksrum durchzuführen. Aber auch jeder einzelne Handgriff kann durch einen anderen ersetzt werden. Das heißt: Die Entscheidung, wann und wie ich mit der Hand loslasse, wird von dem Teilnehmer selbst gestellt.

Ein anderes Beispiel ist: überlegen, wie ich jetzt sitze, und ausprobieren, wie man noch sitzen kann. Wenn man verschiedene Stellungen ausprobiert hat, kann man sich entscheiden und findet überhaupt erst Kriterien für die Entscheidung.

Es werden aber von mir keine verschiedenen Lösungsmöglichkeiten angeboten, sondern der Schüler wird aufgefordert, selber nach Lösungen zu suchen.

Fehler verstärken

In den Reitstunden fällt immer wieder auf, wie schwer sich die Schüler tun, Fehler an sich selbst zu erkennen. Fällt es z. B. einem Reiter schwer, zu merken, wie verkrampft seine Schultern sind, fordere ich ihn auf, die Verkrampfung in den Schultern bewußt zu verstärken. Die Verstärkung soll so weit fortgeführt werden, wie es geht. Die Aufforderung heißt also: Verspann Dich so stark Du kannst in den Schultern. Indem der Schüler anfängt, die Bewegung, die im Schulterbereich zur Verspannung führt, zu verstärken, spürt er, daß die Verspannung von ihm selbst produziert wird und der Schüler lernt, wie er durch seine Muskulatur Schmerzen produziert. Wenn ich weiß, wie ich eine Verspannung produziere, läßt sich auch einfacher ein Weg finden, die Entspannung zu fördern.

Handeln auf Probe

Viele Menschen versuchen, ihr eigenes Handeln einzuschränken oder die Verantwortung für ihr Handeln auf andere Menschen zu übertragen. Beim Reiten wird an kleinen Handlungen versucht, Neues auszuprobieren, ohne daß man die Verantwortung für das Resultat direkt übernehmen muß. Das, was man tut, kann zurückgenommen werden. Ganz bewußt liegt der Schwerpunkt auf „ausprobieren". Man kann auf dem Pferd einmal genau das Gegenteil von dem darstellen, wie man sich fühlt. Der Schüler kann sich großmachen, obwohl er sich klein fühlt. Ich kann mal schreien, obwohl ich gelernt habe zu schweigen. Keiner wird verlangen, immer zu schreien oder groß zu sein. Aber der Schüler probiert es einmal aus.

Ein anderes Kapitel sind Agressionen dem Pferd gegenüber. Die meisten Schüler haben gelernt, daß man Tiere nicht schlagen darf. Hier darf der Schüler ausprobieren, was passiert, wenn man schlägt, wie reagiert das Pferd. Kleine Wünsche auszuprobieren, ohne eine moralische Bewertung zu bekommen („Ich finde das nicht nett von Dir") ist unglaublich erleichternd.

Besondere Anforderungen an den Reitpädagogen in der Psychiatrie

Welche Kriterien müssen eigentlich erfüllt werden, damit aus einem Pädagogen ein guter „Reitpädagoge" werden kann? Diese Frage stellt sich immer wieder bei der Ausbildung von Praktikanten oder im Ausbildungslehrgang für Pädagogen.

In diesem Buch wird an anderer Stelle auf die Ausbildung im Heilpädagogischen Reiten/Voltigieren, die eine pädagogische und reiterliche Ausbildung als Voraussetzung haben, hingewiesen. Wenn man dies als Grundlage ansieht, von der aus sich ein Reitpädagoge spezialisiert, stellt sich die Frage nach Art der Weiterbildung.

Aus meiner Sicht ist zu empfehlen, daß der Reitpädagoge Selbsterfahrung im Bereich von Körperarbeit (Yoga, Feldenkrais, Bioenergetik) haben sollte.

Dem Reitpädagogen muß die Rolle Patient aus eigener Erfahrung bekannt sein; er muß wissen, wie Lernen über den Körper funktioniert. Er sollte sich Anregungen aus anderen Methoden der Körperarbeit suchen, um die eigenen Möglichkeiten zu erweitern und die Methode des Heilpädagogischen Reitens/Voltigierens zu befruchten. Nichts ist schlimmer für den Reitpädagogen, als das Interesse an Weiterentwicklung zu verlieren. Neben der Aufforderung, die eigene Entwicklung zu fördern, will ich aber eine unverrückbare klientenorientierte Grundhaltung deutlich machen.

Fehler machen können

Es ist wichtig, daß ein Reitpädagoge in der Lage ist, Fehler zu machen, sie sich einzugestehen und sie vor den Schülern nicht zu verstecken. Dieses fällt vielen schwer, weil sie befürchten, sie müßten ihre Autorität verlieren, wenn sie Fehler machen.

Autorität entwickelt sich dann, wenn ich mit meinen Schwächen, meinen Schwierigkeiten, aber auch mit meinem Können offen leben kann. Fehlermachen ist Voraussetzung, etwas Neues zu lernen. Wer in seiner Arbeit nichts riskiert, also auch nicht riskiert, Fehler zu machen, wird sich in seiner Arbeit nicht weiterentwickeln. Erlebt der Schüler, daß der Reitpädagoge einen Fehler gemacht hat, stellt er also fest, daß der Übungsleiter genauso menschliche Züge hat wie er selbst, kommt es zu vermehrtem Vertrauen untereinander. Für die Arbeit ist nichts störender als ein unnahbarer, fehlerloser Mitarbeiter.

Ungeduldig sein

Ein guter Reitpädagoge ist durch ein gewisses Maß an Ungeduld ausgezeichnet. Ungeduldig sein heißt auch, Interesse an der Entwicklung des anderen zu haben. Jemand, der nicht ungeduldig ist, läßt sein Gegenüber nicht spüren, daß er Interesse an ihm hat. Ungeduldig sein darf nicht dahin führen, daß wir in unserer Ungeduld resignieren. Ungeduld sagt auch etwas über unsere eigene Betroffenheit, über unser eigenes Mitfühlen am anderen aus. Wer ungeduldig ist, fiebert mit den Schülern mit. Wie bei jeder Sache, gibt es auch hier zwei Seiten. So ist auch in der Ungeduld die Gefahr der Überforderung der Schüler oder des Reitpädagogen enthalten. Wir müssen lernen zu merken, wann Ungeduld in Resignation oder in Vorwürfe an den Schüler umschlägt.

Lernfähigkeit

Der Reitpädagoge muß die Bereitschaft haben, von seinen Schülern zu lernen. Nur wenn ich begreife, daß ein gegenseitiges Lernen Grundvoraussetzung für eine positive Entwicklung des Schülers ist, kann ich die Möglichkeiten, die im Heilpädagogischen Voltigieren/Reiten liegen, nutzen. Lernfähigkeit bedeutet nicht nur das Lernen von dem anderen, sondern auch Lernen über sich selber. Die Bereitschaft, sich in Frage zu stellen und die Bereitschaft, daraus Konsequenzen zu ziehen, muß jeder Reitpädagoge mitbringen.

Sich zurücknehmen

Das Pferd kann seiner Aufgabe nur dann gerecht werden, wenn der Reitpädagoge sich zurücknimmt und Erfahrungen geschehen läßt. Es ist ein ständiger Drahtseilakt zwischen zuviel und zuwenig Zurückhaltung. Viele Praktikanten verstehen Zurückhaltung als Verbot von Spontaneität und Lebhaftigkeit. Das ist nicht gemeint, sondern die kritische

Bewertung der eigenen Wichtigkeit. Nicht der Reitpädagoge erzielt beim Schüler die „Fortschritte", sondern die Kommunikation und Beziehung zwischen Pferd und Schüler machen neue Schritte möglich.

Es ist eine Form von Bescheidenheit nötig, aus der man weiß, daß wir eigentlich nur Vermutungen und kleinste Einblicke in das Geschehen haben. Diese Bescheidenheit ist nicht Mangel an Selbstbewußtsein, sondern Stärke, die zulassen kann, ein Faktor unter vielen zu sein. „Ein jeder hat zwei Welten, seine eigene und die, welche allgemein ist. In meiner eigenen gibt es die gemeinsame und alles, was in ihr ist, nur solange ich lebe. Sie ist mit mir geboren, stirbt und verschwindet mit mir. In der anderen, der gemeinsamen Welt, bin ich ein Tropfen im Wasser, ein Sandkorn in der Wüste. In ihr sind mein Leben und mein Tod kaum spürbar." (Feldenkrais 1982).

Grenzen

Bei der Arbeit mit dem Pferd geht es darum, einen angemessenen Platz zum Leben zu finden. Wo dieser Platz ist, ob in der Anstalt oder außerhalb, ist erst einmal sekundär. Vielmehr kommt es darauf an, daß jeder Mensch einen humanen Arbeits- und Lebensplatz bekommt.

Es ist klar, daß das Reiten nicht gesellschaftliche Situationen grundlegend verändern kann. Das Reiten steht sogar – wie auch andere therapeutische Maßnahmen – in der Gefahr, Lebenssituationen erträglicher zu machen, aber nicht humaner. Eine gute Förderung durch das Pferd hat nur dann Sinn, wenn dem psychisch kranken Bewohner entsprechende Wohn- und Arbeitsformen angeboten werden.

In Bethel z. B. werden im Rahmen des anstaltseigenen Reitstalls vier Arbeitsplätze angeboten. Will die Anstalt auf Dauer mit ihren Rehabilitationsforderungen glaubhaft sein, müßten z. B. auch im Bereich Pferdepflege Ausbildungsplätze angeboten werden. So konnten wir zwar einem jungen Mann, nachdem er die Förderung durch das Pferd durchlaufen hatte, einen Lehrplatz beim Beschlagschmied vermitteln, was aber in sieben Jahren ein einzelner Fall geblieben ist. So wird auf die Dauer die Forderung nach langfristigen Arbeitsplätzen – z. B. im Rahmen einer WfB (= Werkstatt für Behinderte) und Ausbildung (vielleicht auch auf der Ebene eines Berufsbildungswerkes) immer lauter zu stellen sein.

Neben den Grenzen der Institution und den gesellschaftlichen Gegebenheiten gibt es auch immer wieder Menschen, die mit dem Pferd nichts Grundsätzliches erreichen, obwohl sie gerne zum Reiten kommen. So hat es unter den psychisch behinderten Reitschülern in sieben Jahren drei Selbstmorde gegeben. Die Verarbeitung unserer eigenen Machtlosigkeit war schwierig und hat uns alle betroffen gemacht. Das Verständnis, warum es zu diesen Selbstmorden gekommen ist, hat uns ein wenig geholfen, hat aber letztendlich meine Trauer nicht beseitigen können.

Gelernt habe ich aus diesen Vorfällen, mich und die Arbeit besser einzuordnen, die Möglichkeiten zu sehen, ohne aber die Grenzen aus den Augen zu verlieren.

Literatur

Dörner, K., Plog, U. (1978): Irren ist menschlich oder Lehrbuch der Psychiatrie/Psychotherapie. Psychiatrie-Verlag, Hannover.
Feldenkrais, M. (1982): Bewußtheit durch Bewegung. Suhrkamp, Frankfurt/M.
Frankl, V. E. (1982): ... trotzdem Ja zum Leben sagen, dtv, München.
Goffman, E. (1977): Asyle. Suhrkamp, Frankfurt/M.
Lowen, A. (1988): Bio-Energetik. Rowohlt, Reinbek.
Perls, F. (1989): Das Ich, der Hunger und die Aggression. Klett, Stuttgart.
Petzold, H. (Hrsg.) (1987): Die neuen Körpertherapien. 5. Aufl. Junfermann, Paderborn.
Wienberg, G. (1988): Gemeindenahe sozialpsychiatrische Versorgung in Bielefeld. Hrsg. von der Psychosozialen Arbeitsgemeinschaft Bielefeld. Selbstverlag, Bielefeld.